# Säfte & Shakes

# Säfte & Shakes

## Tolle Rezeptideen für jede Gelegenheit

Parragon

Bath • New York • Cologne • Melbourne • Delhi
Hong Kong • Shenzhen • Singapore • Amsterdam

Fotos: Günter Beer
Fachberatung: Stevan Paul
Layout: Talking Design
Text: Linda Doeser


Parragon Books Ltd
Chartist House
15-17 Trim Street
Bath BA1 1HA, UK
www.parragon.com

Übersetzung: Sabine Schiffner, Köln
Satz und Projektmanagement: trans texas publishing, Köln

ISBN 978-1-4748-0296-3
Printed in China

Sofern die Schale von Zitrusfrüchten benötigt wird, verwenden Sie unbedingt unbehandelte Früchte.
Sind Zutaten in Löffeln angegeben, ist immer ein gestrichener Löffel gemeint: Ein Teelöffel entspricht 5 ml, ein Esslöffel 15 ml.
Sofern nicht anders angegeben, wird Vollmilch (3,5 % Fett) verwendet.
Es sollte stets frisch gemahlener schwarzer Pfeffer verwendet werden.
Bei Eiern und einzelnen Gemüsesorten verwenden Sie mittelgroße Exemplare.
Kinder, ältere Menschen, Schwangere, Kranke und Rekonvaleszenten sollten auf Gerichte mit rohen oder nur leicht gegarten Eiern verzichten.

# Inhalt

# Einleitung

Milchshakes und Fruchtsäfte sind keine neue Erfindung. Die heutigen Smoothies und Säfte sind jedoch mit den Getränken von einst nicht zu vergleichen. Sie sind vielfältiger, raffinierter und vor allem gesünder geworden und spiegeln so den Geist des 21. Jahrhunderts wider.

Die Wurzeln der Smoothies reichen zurück zum Milchpunsch des 18. Jahrhunderts. Bei diesem wurde heiße Milch mit Weinbrand oder Likör versetzt. Im Lauf des 20. Jahrhunderts wurde der Milchpunsch zunehmend vom alkoholfreien Milchshake verdrängt. Dieser bestand aus Milch, Eiscreme und etwas Fruchtsirup. Durch die Zugabe von künstlichen Farb- und Aromastoffen degenerierte der Milchshake jedoch zunehmend zu einem ungesunden und klebrigen Getränk, das nur noch künstlich und süß schmeckte. Vor einiger Zeit entstanden in den USA schließlich die Smoothies, die auf pürierten frischen Früchten, Gemüse und Milchprodukten basieren. Kräuter und Gewürze runden den Geschmack eines guten Smoothies ab. Diese gesunden Mixgetränke enthalten weder Zucker noch künstliche Zusatzstoffe und sind dadurch ein vitaminreicher Genuss für die ganze Familie!

Frucht- und Gemüsesäfte galten schon immer als gesunde Durstlöscher. Doch in der Vergangenheit wurden meist nur leicht auszupressende Früchte zu Saft verarbeitet. Auch wurde nur in den seltensten Fällen weitere Würze hinzugefügt, wie der Spritzer Worchestersauce beim Tomatensaft. Nach und nach verdrängte der industriell hergestellte Saft aus dem Supermarkt die frisch gepressten Säfte. Günstig an dieser Entwicklung war immerhin, dass die Industrie begann, Mischsäfte herzustellen, für die z. B. auch tropische Früchte verwendet wurden.

Ernährungswissenschaftler raten, täglich fünf Portionen Obst und Gemüse zu sich zu nehmen. Häufig fehlt aber die Zeit, um Arbeit, Familie, Einkaufen und Kochen unter einen Hut zu bekommen. Smoothies und Säfte helfen Ihnen dabei, die Ernährungsempfehlungen einzuhalten, und sind in Minutenschnelle zubereitet. Ohne langes Vorbereiten und Kochen nehmen Sie Ihre fünf Portionen Obst und Gemüse mit Genuss ein. So liefern Ihnen Smoothies und Säfte schon am Morgen die Vitamine, die Sie brauchen, und geben Ihnen neue Energie, wenn Sie sich müde und träge fühlen.

Besonders bei Kindern und Teenagern sind Smoothies sehr beliebt und bilden eine gesunde Alternative zu zuckrigen Limonaden. Und falls Sie keinen Alkohol trinken, können Sie auf Ihren Partys die alkoholischen Cocktails durch die alkoholfreien Getränke aus diesem Buch ersetzen. Smoothies sind zudem ideal für Diäten, da sie meist nur wenige Kalorien enthalten und sehr sättigend sind.

Dieses Buch ist in fünf Kapitel unterteilt und bietet Ihnen sowohl süße als auch pikante Rezepte. Das Kapitel *Frühstücks-Smoothies* enthält Rezepte, die Ihnen einen guten Start in den Tag ermöglichen. Auch für einen zusätzlichen Energiekick im Lauf des Tages sind diese Smoothies sehr gut geeignet. Das Kapitel *Vitaminreiche Smoothies* enthält Rezepte, die Ihr Wohlbefinden steigern. Diese Smoothies helfen Ihnen dabei, in Topform zu bleiben oder zu kommen, und bieten alles, was der Körper an Nährstoffen braucht. Das Kapitel *Fruchtige Durstlöscher* bietet Ihnen eine Auswahl an erfrischenden und durststillenden Saft- und Smoothie-Rezepten. Falls Sie nach einer gesunden Erfrischung suchen, sollten Sie das Kapitel *Leckere Muntermacher* aufschlagen. *Perfekte Milchshakes* schließlich beinhaltet leckere Shakes für die ganze Familie. Vor allem Ihre Kinder werden sie lieben!

# Obst

**Obst bildet die Grundlage für die meisten Smoothies und Säfte, aber auch Gemüse wird immer häufiger hinzugemixt.**

Äpfel: Äpfel stecken voller Ballaststoffe und enthalten die Vitamine A und C. Süße Sorten sind z. B. Braeburn, Gala, Cox Orange und Red Delicious. Äpfel lassen sich sehr gut mit Karotten, Beeren und anderem Obst kombinieren.

Bananen: Sie sind reich an Kalium, Magnesium und Calcium. Außerdem enthalten sie Riboflavine und die Vitamine A und C. Sie lassen sich gut mit Beeren, Nüssen, Steinobst und tropischen Früchten kombinieren.

Blaubeeren: Sie enthalten viel Vitamin C und Eisen. Falls gerade keine Saison ist, können Sie auch tiefgefrorene Ware verwenden.

Grapefruits: Sie sind wahre Vitamin-C-Bomben! Rote Grapefruits sind süßer als die gelben Sorten.

Guaven: Eine Frucht deckt den Tagesbedarf eines Erwachsenen an Vitamin C und enthält viel Kalium. Sie harmonieren gut mit Äpfeln und tropischen Früchten.

Kiwis: Sie enthalten Vitamin E und viel Vitamin C. Seien Sie vorsichtig bei der Kombination mit Milchprodukten, da die Enzyme der Kiwi die Milchgerinnung beeinflussen. Sie schmecken sehr gut mit Beeren und exotischen Früchten.

Mangos: Sie sind reich an Vitamin A und C und enthalten Beta-Karotin. Mangos schmecken gut zu Melone, Kokosnuss und anderen tropischen Früchten.

Melonen: Sie enthalten viele Mineralstoffe. Die orangefleischigen Cantaloupe- und Charentais-Melonen sind besonders aromatisch. Melonen schmecken gut mit Beeren, Ananas, Gurken, Minze und Ingwer.

Orangen: Alle Zitrusfrüchte haben einen hohen Vitamin-C-Gehalt. Für Säfte werden meist süße Orangen ausgepresst. Blutorangen bringen bei Getränken noch etwas mehr Farbe ins Spiel. Orangen lassen sich gut mit Beeren, Steinfrüchten und anderen Zitrusfrüchten kombinieren.

**Passionsfrüchte:** Sie enthalten Vitamin A und C und haben einen süßlich sauren Geschmack. Die Samen sind zwar verzehrbar, doch wird das Fruchtfleisch meist passiert. Bewahren Sie Passionsfrüchte niemals im Kühlschrank auf! Die Früchte passen geschmacklich gut zu Beeren und anderen tropischen Früchten.

**Pfirsiche:** Enthalten die Vitamine A, B und C und schmecken wunderbar süß und aromatisch. Es gibt Pfirsiche mit weißem und mit gelbem Fruchtfleisch. Vor der Verarbeitung sollten die Früchte geschält und entkernt werden. Ihr Geschmack harmoniert gut mit dem von Nüssen und den meisten anderen Früchten, besonders aber mit Himbeeren.

**Birnen:** Sie enthalten Riboflavine, Kalium und die Vitamine A und C. Besonders saftig sind die Sorten Williams Christ, Packhams und Forelle.

**Ananas:** Sie enthält viel Vitamin C und verdauungsfördernde Enzyme. Bewahren Sie die Frucht niemals im Kühlschrank auf. Ananas ist gut mit Melone, tropischen Früchten, Kokosnuss, Ingwer und Zimt kombinierbar.

**Himbeeren:** Sie enthalten viel Vitamin C, Kalium, Eisen und Magnesium und wirken dadurch krampflösend. Es gibt viele verschiedene Himbeersorten, die alle süß und saftig schmecken. Man sollte die Früchte nicht länger als 2 Tage aufbewahren. Himbeeren schmecken gut zu Pfirsichen, Melonen und anderen Beeren.

**Erdbeeren:** Sie gehören zu den beliebtesten Beeren und enthalten Eisen, Kalium und die Vitamine B und C. Verwenden Sie bevorzugt reife Früchte aus regionalem Anbau. Erdbeeren sollten nicht allzu lange aufbewahrt werden. Sie schmecken hervorragend in Kombination mit Pfirsichen, Bananen, Ananas und anderen Beeren.

**Wassermelonen:** Enthalten die Vitamine B und C. Die Früchte haben einen hohen Wassergehalt und sind dadurch sehr durstlöschend. Verwenden Sie immer reife Früchte. Diese erkennen Sie daran, dass die Frucht nicht hohl klingt, wenn man dagegenklopft. Wassermelonen lassen sich gut mit Zitronen, Orangen, Grapefruits und anderen Melonen kombinieren.

# Wichtige Küchenhelfer

**Die meisten Geräte, die man benötigt, um Smoothies, Säfte und Shakes herzustellen, sind in einer gut ausgestatteten Küche schon vorhanden. Sie müssen sich keine teuren Spezialgeräte anschaffen, um in den Genuss eines leckeren Smoothies zu kommen.**

Mixer: Ein guter, leistungsfähiger Mixer ist eine Investition wert. Der Motor befindet sich im Sockel des Gerätes. Darauf steht ein abnehmbarer Behälter, in den die Lebensmittel gegeben werden. Kleine Messer auf dem Boden des Behälters zerkleinern oder verbinden Bestandteile zu einem Püree. Die gängigen Modelle haben 2 Geschwindigkeitsstufen und gute Sicherheitsvorrichtungen. Um Smoothies oder Milchshakes herzustellen, können Sie auch eine gute Küchenmaschine benutzen.

Elektrische Entsafter: Falls Sie gerne frisch gepresste Säfte trinken, sind elektrische Entsafter eine sehr lohnende Anschaffung. Man kann mit ihnen in kürzester Zeit Früchte auspressen, ohne dabei viel Kraft aufwenden zu müssen. Obst und Gemüse müssen vor dem Entsaften nur in Stücke geschnitten werden. Schale, Fruchtfleisch und Kerne werden automatisch entfernt und der klare Fruchtsaft bleibt übrig.

Schneidebrett: Obst und Gemüse sollten nie auf demselben Schneidebrett wie Fleisch oder Fisch verarbeitet werden! Holzbretter lassen Messerklingen nicht so schnell abstumpfen, können aber, im Gegensatz zu Kunststoff-Schneidebrettern, nicht sterilisiert werden.

Zitruspresse: Die klassische Zitruspresse ist günstig und leicht zu bedienen. Es gibt auch elektrische Modelle, die allerdings etwas kostspieliger sind.

Entkerner: Einen Entkerner steckt man vom Stiel bis zur Blüte durch einen Apfel. Mit dem Zylinder zieht man dann das Kerngehäuse heraus. Falls die Früchte zerkleinert werden, kann man das Kerngehäuse auch mit dem Messer entfernen.

Reibe: Reiben und Hobel gibt es in großen und kleinen Ausführungen. Sehr praktisch sind rostfreie Zitrusreiben, denen die Säure der Früchte nichts anhaben kann.

Küchenmesser: Ein gutes Küchenmesser ermöglicht es Ihnen, schneller und präziser zu arbeiten. Gute Messer erkennen Sie daran, dass sie fest und ausgewogen in der Hand liegen. Allzweckmesser sind meist 20–25 cm lang und haben eine breite, leicht gebogene Klinge. Kleinere Messer mit einer 13–18 cm langen Klinge eignen sich für feinere Schneidearbeiten. Ein Obstmesser hat eine 8–10 cm lange Klinge und ist ideal zum Schälen und Schneiden von Früchten und zum Hacken von kleinen Lebensmitteln. Bewahren Sie Messer immer in einem Messerblock auf, da sie in der Schublade leicht zerkratzen und die Klinge stumpf wird. Es ist wichtig, die Messerklingen regelmäßig mit einem Messerschärfer zu bearbeiten.

Siebe: Siebe gibt es in verschiedenen Größen und Feinheitsgraden. Haarsiebe eignen sich beispielsweise hervorragend dazu, Fruchtfleisch zu passieren. Die unerwünschten Kerne bleiben im Sieb und stören Sie nicht im Getränk. Für Zitrusfrüchte sollte man immer ein Plastiksieb verwenden, da sie sehr schnell den Metallgeschmack des Siebes annehmen.

Gemüseschäler: Mit einem Gemüseschäler lassen sich Obst und Gemüse sehr schnell und einfach schälen. Es gibt sie in verschiedenen Ausführungen und Preisklassen. Linkshänder sollen darauf achten, dass sie einen speziellen Linkshänder-Gemüseschäler kaufen.

# 10 Tipps für den Smoothie-Genuss

1 Verwenden Sie nur frische und reife Früchte. Überreife, beschädigte Früchte und fast verdorbene Ware schmecken Sie in einem Smoothie sofort heraus.

2 Bevorzugen Sie Früchte und Gemüse der Saison und aus lokalem Anbau. Das garantiert den besten Geschmack und die meiste natürliche Fruchtsüße.

3 Bereiten Sie Früchte und Gemüse niemals lange im Voraus zu, da sie austrocknen und sich verfärben. Wichtige Vitamine werden schnell zerstört, wenn sie mit Luft in Berührung kommen.

4 Smoothies werden eisgekühlt serviert. Eiswürfel verwässern den Smoothie jedoch. Kühlen Sie stattdessen die Zutaten gut vor. Auch die Gläser, in denen Sie die Smoothies servieren, sollten gut gekühlt werden. Eis sollte nur zerkleinert in den Mixer kommen, da es sonst die Messer des Gerätes zerstören könnte.

5 Falls Gewürze mit intensivem Geschmack, wie Ingwer oder Chili, verwendet werden, sollte man vorsichtig würzen. Geben Sie zunächst nur die Hälfte der im Rezept angegebenen Menge zu, probieren Sie dann und würzen Sie nach Bedarf nach.

6 Niemals den Mixer überfüllen! Halbvoll ist optimal für Smoothies. Bei größerem Bedarf befüllen Sie den Mixer lieber mehrmals.

7 Um Zeit zu sparen, sollten die Zutaten klein geschnitten werden, bevor sie in den Mixer kommen. Auf diese Weise werden die verschiedenen Zutaten auch besser verbunden.

8 Um Honig gut dosieren zu können, sollte man den Löffel vorher in heißes Wasser tauchen. So bleibt nicht so viel Honig am Löffel kleben.

9 Die verwendeten Kräuter sollten so frisch wie möglich sein. Sind die benötigten Kräuter momentan nicht erhältlich, sollte man auf Tiefkühlware zurückgreifen. Getrocknete Kräuter sind für Smoothies nicht geeignet.

10 Lassen Sie Ihrer Fantasie freien Lauf! Sie können die Zutaten in den Rezepten so abwandeln oder ersetzen, wie Sie es möchten.

# 10 große Vorteile von Smoothies

1 Frisches Obst und Gemüse enthalten ein Maximum an Nährstoffen.

2 Mit Smoothies kann man auf einfache Weise die täglichen Portionen an Obst und Gemüse erhöhen.

3 Smoothies enthalten weder künstliche Aromen, Farbstoffe noch Konservierungsmittel.

4 Früchte und einige Gemüsesorten enthalten natürliche Fruchtsüße; so muss man auf Süßes nicht verzichten und isst weniger Süßigkeiten.

5 Die Herstellung von Smoothies und Säften erfordert wenig Zeit.

6 Sie bieten eine wohlschmeckende Alternative zu kommerziellen Produkten, kosten wenig, sind gesünder und lassen sich nach den individuellen Vorlieben zubereiten.

7 Sie können zu jeder Tageszeit getrunken werden und sind ein gesunder Snack für zwischendurch.

8 Übrig gebliebenes Obst kann in einen köstlichen Smoothie verwandelt werden.

9 Man weiß, was in den Smoothies steckt, und es gibt keine unangenehmen Überraschungen wie versteckte Fette oder zu viel Zucker.

10 Sie schmecken fantastisch.

# Frühstücks-Smoothies

# Bananen-Frühstücksshake

Beginnen Sie Ihren Tag gesund mit diesem schnell zubereiteten und leckeren Bananenshake. Bananen enthalten viel Kalium, das sich günstig auf den Blutdruck auswirkt.

**Für 2 Personen**

2 reife Bananen
200 g fettarmer Joghurt
125 ml fettarme Milch
½ TL Vanillezucker

Bananen, Joghurt, Milch und Vanillezucker in den Mixer oder die Küchenmaschine geben und cremig pürieren.

Sofort servieren.

# Zitrusshake

Dieses fruchtige Getränk ist ein Muntermacher und gibt Ihnen morgens einen regelrechten Energieschub.

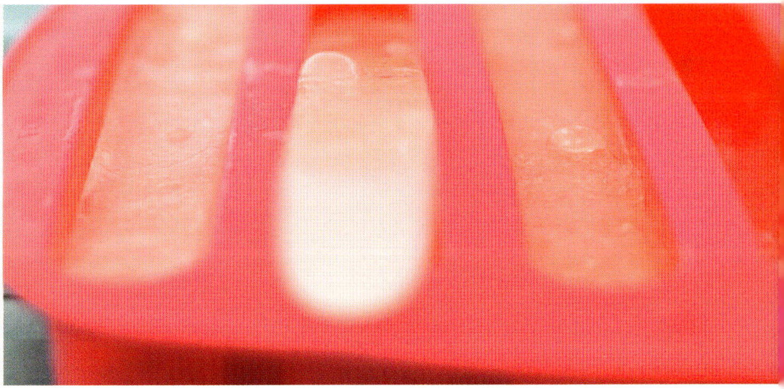

**Für 4 Personen**

2 Grapefruits
2 Orangen
4 EL Zitronensaft
3 EL Limettensaft
450 ml Orangensaft, gekühlt

Die Grapefruits und Orangen schälen und filetieren. Dabei über einer Schüssel arbeiten, um den Saft aufzufangen. Filets und aufgefangenen Saft in den Mixer oder die Küchenmaschine geben.

Die restlichen Zutaten zufügen und gut mixen.

Auf 4 eisgekühlte Gläser verteilen und servieren.

# Sonnenaufgangssaft

Dieser Frühstückssaft enthält Tomaten und Karotten. Er schmeckt köstlich und steckt voller Vitamine und Mineralstoff

**Für 1 Person**

4 Tomaten, geviertelt
85 g Karotten, gerieben
1 TL Limettensaft

Tomaten, Karotten und Limettensaft in den Mixer oder die Küchenmaschine füllen und einige Sekun den glatt pürieren.

Durch ein Haarsieb in ein Glas gießen. Mit einer Gabel so viel Flüssigkeit wie möglich durch das Sieb drücken. Sofort servieren.

# Frühstücks-Smoothie

Starten Sie mit diesem Vitamin- und Mineralienpaket gut in den Tag!

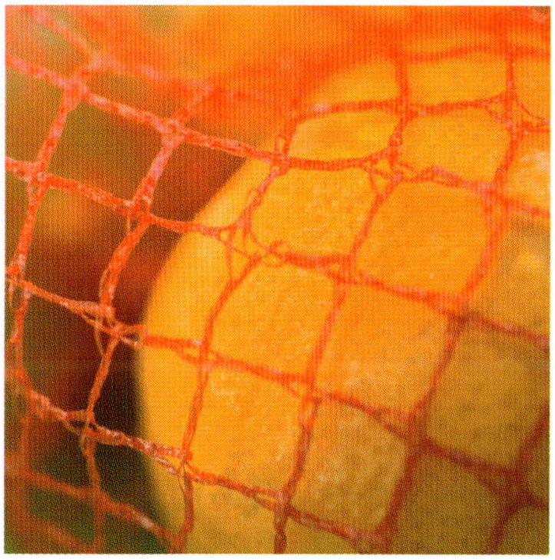

**Für 2 Personen**

250 ml Orangensaft
125 g Naturjoghurt
2 sehr frische Eier
2 Bananen, in Stücke geschnitten und tiefgekühlt
2 Babybananen, zum Garnieren

Orangensaft und Joghurt in den Mixer oder die Küchenmaschine geben und cremig mixen.

Eier und gefrorene Bananen zugeben und glatt pürieren.

Den Smoothie auf 2 Gläser verteilen. Die Babybananen in der Mitte einschneiden und auf die Glasränder stecken. Sofort servieren.

# Süßer Grapefruitdrink

Pomelos sind süßer und saftiger als Grapefruits und eignen sich hervorragend für Smoothies. So beginnt der Tag nicht zu sauer.

**Für 2 Personen**

3 große, reife Pomelos oder Grapefruits
150 ml Mineralwasser
1 EL Blütenhonig (nach Belieben)

**Zum Garnieren**
4–8 dünne Limetten- oder Kiwischeiben
2 EL fettarmer Joghurt

Die Pomelos halbieren und entsaften. Den Saft auf 2 hohe Gläser verteilen.

Wasser und nach Belieben Honig zugeben. Mit einem Löffel verrühren.

1–2 Limetten- oder Kiwischeiben auf den Drink legen und mit jeweils 1 Esslöffel Joghurt servieren.

# Beeren-Smoothie

Dieser Smoothie macht Sie morgens schnell munter. Falls Sie ihn etwas süßer mögen, fügen Sie 1–2 Teelöffel flüssigen Honig hinzu.

**Für 2 Personen**

175 g Blaubeeren
150 ml Cranberry-Saft
150 g Naturjoghurt
2–4 TL Honig (nach Belieben)
Strohhalme, zum Servieren

Blaubeeren und Cranberry-Saft in den Mixer oder die Küchenmaschine geben und 1–2 Minuten pürieren.

Den Joghurt und nach Belieben Honig zufügen und noch einmal gut mixen.

Auf 2 gekühlte Gläser verteilen, Strohhalme hineinstecken und servieren.

# Tropischer Wassermelonen-Smoothie

Perfekt für einen heißen Sommertag. Dieser Smoothie löscht Ihren Durst von Sonnenauf- bis Sonnenuntergang!

**Für 2 Personen**

1 kleine Wassermelone (etwa 600 g)
2 Babybananen
220 ml Kokosmilch

Die Wassermelone achteln, entkernen und schälen. Das Fruchtfleisch in Stücke schneiden. Die Bananen schälen und in Scheiben schneiden.

Wassermelone, Banane und Kokoscreme in den Mixer oder die Küchenmaschine geben und glatt pürieren.

Auf 2 gekühlte Gläser verteilen und servieren.

# Himbeer-Erdbeer-Smoothie

**Die zwei beliebtesten Beerensorten werden in diesem Smoothie gemixt und ergeben eine köstliche Einheit!**

**Für 2–4 Personen**

50 g Himbeeren
50 g Erdbeeren, halbiert
225 g Crème fraîche
225 ml Milch
einige Tropfen Bittermandelaroma (nach Belieben)
2–3 EL flüssiger Honig

Die Himbeeren durch ein Haarsieb in eine Schüssel passieren.

Das Himbeermark mit den restlichen Zutaten in den Mixer oder die Küchenmaschine geben und glatt pürieren.

Den Smoothie auf 2–4 gekühlte Gläser verteilen und sofort servieren.

# Rosa Grapefruitdrink

## Dieser Smoothie bringt Sie gut gelaunt durch die Woche.

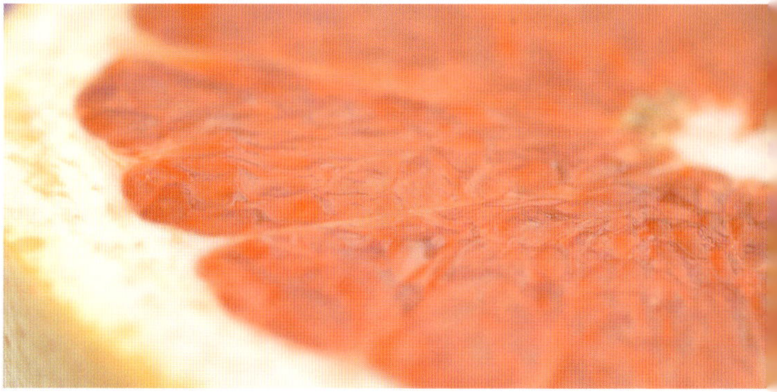

**Für 2 Personen**

- 1 große, rote oder rosafarbene Grapefruit
- 100 ml eisgekühltes Wasser
- 100 g Joghurt (10 %)
- 1 EL flüssiger Blüten- oder Akazienhonig
- 2 Grapefruitscheiben, zum Garnieren

Die Grapefruit schälen und filetieren. Dabei über einer Schüssel arbeiten, um den Saft aufzufangen. Filets, aufgefangenen Saft und das Wasser in den Mixer oder die Küchenmaschine geben.

Joghurt und Honig zufügen und gut mixen.

Auf 2 Gläser verteilen, mit Grapefruitscheiben garnieren und servieren.

# Blaubeer-Smoothie

Blaubeeren sind eine Köstlichkeit. In diesem Smoothie wird ihr süß-säuerlicher Geschmack durch den Joghurt unterstrichen.

**Für 2 Personen**

100 g Joghurt (10 %)
100 ml Wasser
125 g gefrorene Blaubeeren, plus ein paar mehr zum Garnieren

Joghurt, Wasser und Blaubeeren in den Mixer ode die Küchenmaschine geben und glatt pürieren.

Den Smoothie auf 2 Gläser verteilen, mit Blaubeeren garnieren und servieren.

# Orangen-Erdbeer-Schaum

Einer der beliebtesten Smoothies! Die verschiedenen Obstaromen verbinden sich zu einem zarten, schaumigen Traum.

**Für 2 Personen**

125 g Naturjoghurt
175 g Erdbeerjoghurt
175 ml Orangensaft
175 g gefrorene Erdbeeren
1 Banane, in Stücke geschnitten und tiefgekühlt

**Zum Garnieren**
2 Orangenfilets
2 frische Erdbeerhälften
2 Zahnstocher

Beide Joghurtsorten in den Mixer oder eine Küchenmaschine geben und verrühren. Den Orangensaft zugießen und mixen.

Erdbeeren und Banane zufügen und glatt pürieren.

Den Smoothie auf 2 Gläser verteilen. Jeweils 1 Orangenfilet und 1 Erdbeerhälfte auf einen Zahnstocher stecken und auf die Gläser legen. Sofort servieren.

# Fruchtkefir

Sie können den Pfirsichjoghurt auch durch andere Joghurtsorten ersetzen. So lässt sich dieser Drink variieren.

**Für 4 Personen**

1 Banane, in Stücke geschnitten
120 g Erdbeeren, halbiert
225 g Pfirsichjoghurt
2 EL flüssiger Honig
225 ml Apfelsaft, gekühlt

Banane, Erdbeeren, Joghurt und Honig in den Mixer oder die Küchenmaschine geben und glatt pürieren. Den Apfelsaft langsam zugießen und gut mixen.

Auf 4 gekühlte Gläser verteilen und servieren.

# Pinkfarbener Beerentraum

Die Beeren verleihen diesem Smoothie ein intensives Rosa. Der Star auf jedem Mädchen-Kindergeburtstag!

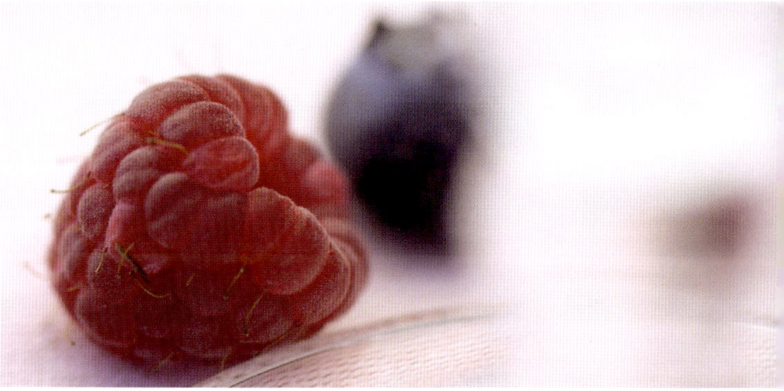

**Für 2 Personen**

300 ml Milch oder Sojamilch
2 EL Naturjoghurt
1 EL Ahornsirup
3 Himbeeren
50 g Blaubeeren
25 g Schwarze Johannisbeeren
geröstete Sesamsaat, zum Garnieren

Alle Zutaten in den Mixer oder die Küchenmaschine geben und schaumig pürieren.

Auf 2 hohe Gläser verteilen, Sesamsaat darüberstreuen und sofort servieren.

# Mandel-Bananen-Smoothie

Dies ist ein toller Smoothie für alle, die nur auf Milch aber nicht auf Geschmack verzichten wollen.

**Für 3–4 Personen**

125 g blanchierte Mandeln
600 ml laktosefreie Milch
2 reife Bananen, in Stücke geschnitten
1 TL Vanilleessenz
gemahlener Zimt, zum Bestäuben

Die Mandeln in die Küchenmaschine geben und sehr fein pürieren. Milch, Bananen und Vanilleessenz zufügen und cremig mixen.

Auf 3–4 Gläser verteilen, mit Zimt bestreuen und servieren.

# Bananen-Pfirsich-Erdbeer-Smoothie

Diese Fruchtkombination ist ein Traum! Der Geschmack ist die Mühe wert.

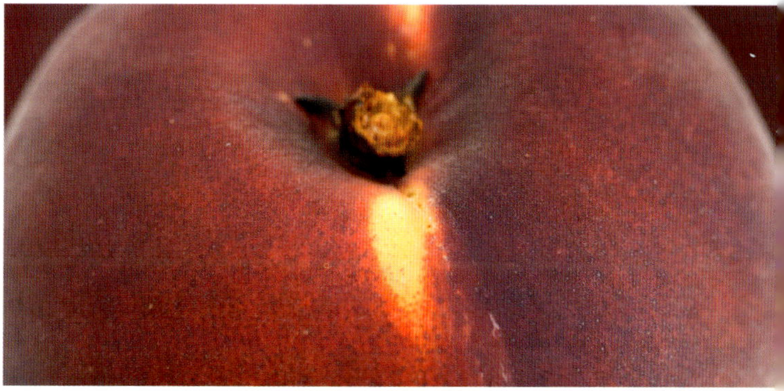

**Für 2 Personen**

300 ml Milch oder Sojamilch
2 EL Naturjoghurt
1 EL Ahornsirup
½ Banane, in Stücke geschnitten
½ reifer Pfirsich, gehäutet und in Stücke geschnitten
3 Erdbeeren

Alle Zutaten in den Mixer oder in die Küchenmaschine geben und cremig pürieren.

Auf 2 Gläser verteilen und servieren.

# Smoothie aus Gartenobst

Durch das kurze Aufkochen der Früchte werden Geschmack und Aroma intensiver.

**Für 2 Personen**

- 1 reife Birne, geschält und geviertelt
- 1 Apfel, geschält und geviertelt
- 2 große rote Pflaumen, halbiert
- 4 reife Zwetschgen, halbiert
- 200 ml Wasser
- Apfel- und Birnenspalten, zum Garnieren

Birne, Apfel, Pflaumen, Zwetschgen und Wasser ir einen Topf geben, abdecken und bei mittlerer Hitz zum Kochen bringen. Sofort vom Herd nehmen und abkühlen lassen. Dann für 30 Minuten in den Kühlschrank stellen.

Die Früchte mit der Flüssigkeit in den Mixer oder die Küchenmaschine geben und cremig pürieren.

Auf 2 Gläser verteilen und mit Apfel- und Birnenspalten dekorieren.

# Melonen-Ananas-Saft

**Diese großartige Kombination süßer und etwas säuerlicher Säfte wird Sie wieder in Schwung bringen.**

**Für 2 Personen**

100 ml Ananassaft
4 EL Orangensaft
125 g Galia-Melone, in Stücke geschnitten, plus 2 Scheiben mit Schale, zum Dekorieren
140 g Ananas, in Stücke geschnitten und tiefgekühlt
4 gestoßene Eiswürfel

Ananas- und Orangensaft in den Mixer oder die Küchenmaschine geben und kurz mixen.

Melone, Ananasstücke und Eiswürfel zufügen und pürieren, bis der Saft etwas andickt.

Auf 2 Gläser verteilen, mit Melonenscheiben dekorieren und servieren.

# Karotten-Pfeffer-Turbo

Dieser Shake bringt Sie auf Hochtouren und lässt Sie energiegeladen in den Tag starten.

**Für 2 Personen**

250 ml Karottensaft
250 ml Tomatensaft
2 große rote Peperonis, entkernt und in Stücke geschnitten
1 EL Zitronensaft
frisch gemahlener schwarzer Pfeffer
Strohhalme, zum Servieren

Karotten- und Tomatensaft in den Mixer oder die Küchenmaschine geben und kurz mixen.

Peperonis und Zitronensaft zufügen, mit reichlich Pfeffer abschmecken und cremig pürieren.

Den Shake auf 2 Gläser verteilen und etwas gemahlenen Pfeffer darübergeben. Strohhalme hineinstecken und servieren.

# Feuriger Tomatensaft

## Dieses Getränk schmeckt würzig-scharf und bringt jeden in Schwung.

**Für 2 Personen**

3 frische rote Chillies
Eiswasser
500 ml Tomatensaft
1 Spritzer Worchestersauce
1 Frühlingszwiebel, fein gehackt, plus etwas mehr zum Garnieren
6 gestoßene Eiswürfel

Für die Garnierung 2 Chillies mit einem scharfen Messer der Länge nach sechsmal einschneiden. Dafür die Messerspitze etwa 1 cm unterhalb des Stiels ansetzen und bis zum Ende durchziehen. Die Chillies in eine Schüssel mit Eiswasser geben und etwa 25–30 Minuten darin liegen lassen, bis sich di Enden aufrollen und eine Blütenform annehmen.

Die dritte Chili fein hacken, zusammen mit den restlichen Zutaten in den Mixer oder die Küchenmaschine geben und glatt pürieren.

Die Mischung auf 2 Gläser verteilen, mit jeweils einer Chiliblüte und Frühlingszwiebeln garnieren und servieren.

# Gemüsecocktail

Dieser würzige Cocktail enthält eine komplette Gemüsemahlzeit in einem Glas!

**Für 2 Personen**

- 125 ml Karottensaft
- 500 g Tomaten, gehäutet und in Stücke geschnitten
- 1 EL Zitronensaft
- 4 Selleriestangen, geputzt, Fäden entfernt und in Stücke geschnitten, plus 2 kurze Stangen mit Blättern zum Garnieren
- 4 Frühlingszwiebeln, grob gehackt
- 1 EL Petersilie
- 1 EL Minze

Karottensaft, Tomaten und Zitronensaft in den Mixer oder die Küchenmaschine geben und kurz mixen.

Sellerie, Frühlingszwiebeln, Petersilie und Minze zufügen und glatt pürieren.

Die Mischung auf 2 Gläser verteilen, mit den kurzen Selleriestangen garnieren und servieren.

# Vitaminreiche Smoothies

# Süßsaurer Smoothie

Dieser köstliche und farbenfrohe Smoothie bringt das Immunsystem auf Trab und hilft beim Entschlacken.

**Für 2 Personen**

225 ml frisch gepresster Orangensaft
175 g gekochte Rote Bete, in Stücke geschnitten, plus etwas mehr zum Garnieren
5 EL Naturjoghurt
150 ml Wasser
Salz (nach Belieben)

Alle Zutaten in den Mixer geben und glatt pürieren.

Den Smoothie auf 2 Gläser verteilen, mit Roter Bete garnieren und servieren.

# Papaya-Bananen-Smoothie

Dies ist ein vitaminreicher Smoothie, der verdauungsfördernd wirkt und den Kreislauf ankurbelt.

**Für 2 Personen**

1 Papaya, entkernt, geschält und in Stücke geschnitten
Saft von 1 Zitrone
1 große Banane, in Stücke geschnitten
350 ml frisch gepresster Orangensaft
1/4 TL gemahlener Ingwer

Die Papayastücke mit dem Zitronensaft beträufeln.

Papaya, Banane, Orangensaft und Ingwer in den Mixer oder die Küchenmaschine geben und cremig pürieren.

Auf 2 gekühlte Gläser verteilen und servieren.

# Entschlackender Shake

Finden Sie, dass Ihr Haar gerade etwas stumpf aussieht und Ihre Gesichtshaut etwas blass? Dann hilft Ihnen dieser köstliche Shake dabei zu entschlacken.

**Für 2 Personen**

1 Mango, geschält und in Stücke geschnitten
1 Kiwi, geschält und in Stücke geschnitten
350 ml Ananassaft
4 frische Pfefferminzblätter

Alle Zutaten in den Mixer oder in die Küchenmaschine geben und cremig pürieren.

Auf 2 gekühlte Gläser verteilen und servieren.

# Belebender Apfel-Sellerie-Shake

Geben Sie Ihrem Körper und Geist einen Energieschub mit diesem wohlschmeckenden Shake. Er hilft Ihnen auch über jeden Kater!

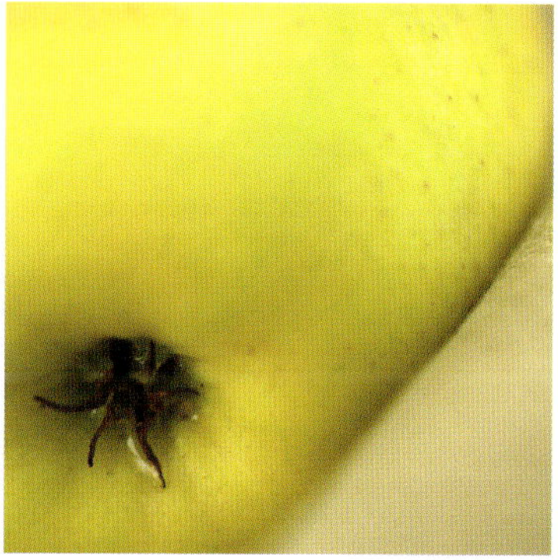

**Für 2 Personen**

1 Apfel, geschält, entkernt und in Stücke geschnitten
120 g Selleriestangen, in Stücke geschnitten, plus ein paar dünne Streifen zum Garnieren
600 ml Milch
Zucker (nach Belieben)
Salz (nach Belieben)

Apfel, Sellerie und Milch in den Mixer oder die Küchenmaschine geben und glatt pürieren.

Nach Belieben mit einer Prise Zucker und Salz abschmecken.

Den Shake auf 2 Gläser verteilen, mit Selleriestreifen garnieren und servieren.

# Bananen-Erdbeer-Smoothie

Schnell zubereitet und dabei so köstlich! Bananen und Erdbeeren sind einfach eine großartige Kombination.

**Für 2 Personen**

1 Banane, in Stücke geschnitten
85 g Erdbeeren, plus 2 Erdbeeren zum Garnieren
150 g fettarmer Joghurt

Alle Zutaten in den Mixer oder die Küchenmaschine geben und cremig pürieren.

Auf 2 Gläser verteilen, mit den Erdbeeren garnieren und mit einem Löffel servieren.

# Tropischer Smoothie

Ananas und Papaya sind reich an Antioxidantien und enthalten Enzyme, die sich positiv auf das Verdauungssystem auswirken.

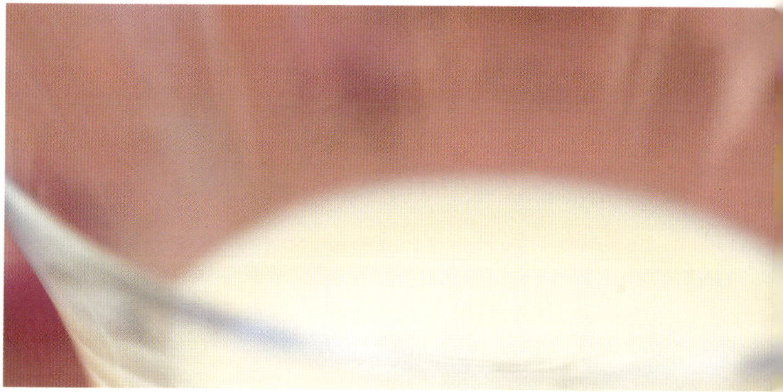

**Für 2 Personen**

1 reife Papaya, geschält, entkernt und in Stücke geschnitten
½ Ananas, geschält und in Stücke geschnitten, plus etwas mehr zum Garnieren
150 ml Sojamilch
300 g Sojajoghurt

Alle Zutaten in den Mixer oder die Küchenmaschine geben und glatt pürieren.

Auf 2 Gläser verteilen, mit Ananasstücken garnieren und servieren.

# Apfel-Karotten-Gurken-Saft

Dieses Getränk steckt voller Antioxidantien und löslicher Ballaststoffe. Die harntreibenden Eigenschaften von Gurke und Karotte schwemmen Giftstoffe aus dem Körper aus.

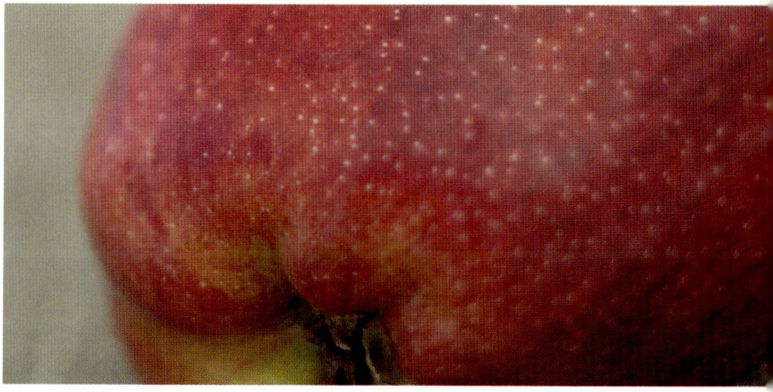

**Für 1 Person**

- 1 Apfel, in Stücke geschnitten, plus etwas mehr zum Garnieren
- 1 Karotte, in Stücke geschnitten, plus etwas mehr zum Garnieren
- ½ Gurke, in Stücke geschnitten, plus etwas mehr zum Garnieren
- 2 Holzspieße

Alle Zutaten in den Mixer oder die Küchenmaschine geben und glatt pürieren.

Den Saft in ein Glas geben. Apfel-, Karotten- und Gurkenstücke abwechselnd auf die Holzspieße stecken und auf das Glas legen. Sofort servieren.

# Blaubeershake

## Süß, aromatisch, saftig und cremig – das ist Magie im Glas!

**Für 2 Personen**

- 175 ml Apfelsaft
- 125 g Naturjoghurt
- 1 Banane, in Stücke geschnitten und tiefgekühlt
- 175 g gefrorene Blaubeeren, plus ein paar mehr zum Garnieren
- 2 kurze Holzspieße

Apfelsaft und Joghurt in den Mixer oder die Küchenmaschine geben und kurz mixen. Banane und Blaubeeren zufügen und cremig pürieren.

Den Shake auf 2 Gläser verteilen. Ein paar Blaubeeren auf die Holzspieße stecken, auf die Gläser legen und servieren.

# Aprikosen-Orangen-Smoothie

Dieser Smoothie ist eine vitamin- und mineralhaltige Mahlzeit im Glas. Denken Sie daran, die Aprikosen über Nacht einzuweichen!

**Für 2 Personen**

125 g getrocknete Aprikosen
250 ml kochendes Wasser
Saft von 4 mittelgroßen Orangen
2 EL Naturjoghurt
1 TL dunkler Rohrzucker

Die Aprikosen in eine Schüssel geben, das heiße Wasser darübergießen und über Nacht einweichen

Am nächsten Morgen die Aprikosen mit dem Einweichwasser in den Mixer oder die Küchenmaschine geben und pürieren. Den Orangensaft zufügen und glatt mixen.

Den Smoothie auf 2 Gläser verteilen, jeweils 1 Esslöffel Joghurt und etwas Zucker darübergebe und servieren.

# Beeren-Sesam-Smoothie

Die Sesamsaat gibt diesem Smoothie das gewisse Etwas. Sie können den fertigen Smoothie auch nach Belieben zusätzlich mit etwas Sesam garnieren.

**Für 1 Person**

25 g Blaubeeren
85 g frische Himbeeren, oder Tiefkühlware aufgetaut
1 TL flüssiger Honig
200 g Biojoghurt
2 EL gestoßenes Eis
1 EL Sesamsaat

Die Blaubeeren in den Mixer oder die Küchenmaschine geben und 1 Minute mixen.

Himbeeren, Honig und Joghurt zufügen und wiede 1 Minute mixen.

Eis und Sesamsaat zugeben und cremig pürieren.

In ein großes Glas gießen und servieren.

# Guavenshake

Guaven enthalten sehr viel Vitamin C. Mit Milch gemischt, ergeben sie einen wahren Energiedrink!

**Für 2 Personen**

400 g frische Guaven, oder Guaven in Sirup, abgetropft
250 ml eiskalte Milch

Guaven und Milch in den Mixer oder die Küchenmaschine geben und glatt pürieren.

Durch ein Sieb in 2 Gläser gießen und servieren.

# Brombeershake

Kulturbrombeeren sind schön saftig, ihre wilde Verwandten dafür aromatischer. Falls Sie genügend wilde Brombeeren finden, können Sie diese natürlich auch verwenden.

**Für 2 Personen**

125 g Kulturbrombeeren
125 g Blaubeeren
100 ml eiskaltes Wasser
150 g Naturjoghurt

Brombeeren, Blaubeeren, Wasser und Joghurt in den Mixer oder die Küchenmaschine geben und glatt mixen.

Den Shake auf 2 Gläser verteilen und servieren.

# Birnen-Himbeer-Traum

Dieser erfrischende Smoothie schmeckt wunderbar fruchtig. Sollten die Himbeersamen Sie stören, können Sie den Drink vor dem Servieren durch ein Sieb passieren.

**Für 2 Personen**

2 große Birnen, geschält, geviertelt und entkernt
125 g frische oder gefrorene Himbeeren, plus ein paar mehr zum Garnieren
200 ml eiskaltes Wasser
Honig (nach Belieben)
2 Cocktailspieße

Birnen, Himbeeren und Wasser in den Mixer oder die Küchenmaschine geben und glatt pürieren.

Nach Belieben mit Honig abschmecken und auf 2 Gläser verteilen.

Ein paar Himbeeren auf die Cocktailspieße stecken, in die Gläser geben und servieren.

# Gurken-Minze-Wasser

Gurke und Minze sind sehr durstlöschend und erfrischend. Dieses Getränk ist einfach perfekt für einen heißen Sommertag.

**Für 1 Person**

Minzeblätter, fein gehackt
1 TL Zucker
Saft von 1 Zitrone
2-cm-Stück Gurke, in feine Scheiben geschnitten
Sprudelwasser, gekühlt
Eiswürfel

Einen Teil der Minzeblätter mit dem Zucker mischen.

Den Rand eines Glases mit Zitronensaft anfeuchte und in den Minzezucker tauchen. Beiseitestellen ur trocknen lassen.

Den restlichen Zitronensaft, Gurke und Minzeblätter in einer kleinen Schüssel vermischen und im Kühlschrank kurz ziehen lassen.

Die Gurkenmischung in das vorbereitete Glas gebe mit Sprudelwasser und einigen Eiswürfeln aufzuller und servieren.

# Karottencocktail

Ananas und Karotten sind tolle Vitaminlieferanten und ergänzen sich geschmacklich hervorragend.

**Für 1 Person**

85 g Karotten, in Stücke geschnitten
1 Scheibe frische Ananas, geschält und in Stücke geschnitten
1 TL Zitronensaft
1 EL flüssiger Honig
Eiswürfel
Minzeblätter, zum Garnieren

Karotten, Ananas, Zitronensaft und Honig in den Mixer oder die Küchenmaschine geben und in 1–2 Minuten glatt pürieren.

Ein paar Eiswürfel in ein Glas geben und den Karottencocktail darübergießen. Mit ein paar Minzeblättern garnieren und servieren.

# Ananas-Karotten-Drink

Ananas enthält Enzyme, die sehr förderlich für die Verdauung sind. Auch wird ihnen nachgesagt, dass sie Entzündungen und Schwellungen schneller abklingen lassen.

**Für 2 Personen**

- 1 Handvoll gestoßenes Eis
- 2 Karotten, in Stücke geschnitten
- 120 g Ananas aus der Dose, abgetropft
- 175 ml gekühlter Ananassaft
- Gurkenstreifen, zum Garnieren

Das Eis in den Mixer geben, Karotten, Ananasstücke und -saft zufügen und glatt pürieren.

Auf 2 gekühlte Gläser verteilen, mit Gurkenstreif garnieren und servieren.

# Rote-Bete-Smoothie

Rote Bete ist sehr ballaststoffreich. Falls Sie es noch gesünder haben möchten, dann verzichten Sie auf das Salz.

**Für 2 Personen**

- 175 g gekochte Rote Bete, in Stücke geschnitten
- 175 ml Orangensaft, gekühlt
- 5 EL Naturjoghurt, gekühlt
- 150 ml stilles Mineralwasser, gekühlt
- Salz (nach Belieben)
- 2 Orangenscheiben, zum Garnieren

Rote Bete, Orangensaft, Joghurt und Wasser in de Mixer oder die Küchenmaschine geben und glatt pürieren. Nach Belieben mit Salz abschmecken.

Auf 2 gekühlte Gläser verteilen. Zum Garnieren die Orangenscheiben auf die Glasränder stecken und servieren.

# Rote-Bete-Birnen-Saft

Rote Bete regt den Verdauungstrakt und die Leber an. Die Birne verleiht dem Getränk Süße und zusätzliche Ballaststoffe. Der Spinat enthält Antioxidantien.

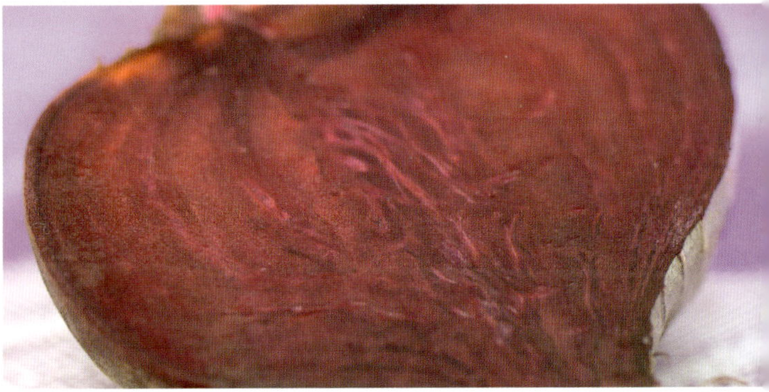

**Für 1 Person**

1 Rote Bete, geschält und in Stücke geschnitten
1 Birne, geschält, entkernt und in Stücke geschnitten
25 g frischer Blattspinat, plus 1 Blatt zum Garnieren
stilles Wasser (nach Belieben)

Rote Bete, Birne und Spinat in den Mixer oder di Küchenmaschine geben und glatt pürieren. Nach Belieben etwas Mineralwasser zugießen und noch mals kurz mixen.

In ein Glas füllen, mit einem Spinatblatt garniere und servieren.

# Karotten-Ingwer-Saft

Der Ingwer gibt dem Getränk nicht nur geschmacklich einen Kick, sondern ist auch gut für den Stoffwechsel.

**Für 2 Personen**

250 ml Karottensaft
4 Tomaten, gehäutet, entkernt und in Stücke geschnitten
1 EL Zitronensaft
25 g frische Petersilie, plus etwas mehr zum Garnieren
1 EL frisch geriebener Ingwer
6 gestoßene Eiswürfel
125 ml Wasser

Karottensaft, Tomaten und Zitronensaft in den Mixer oder die Küchenmaschine geben und kurz mixen.

Petersilie, Ingwer und Eiswürfel zufügen und glat pürieren. Das Wasser zugießen und nochmals kur mixen.

Den Saft auf 2 Gläser verteilen, mit Petersilie garnieren und servieren.

# Paprika-Tomaten-Saft

Dieser Saft wird Sie aus jedem mittäglichen Tief heraus-holen und Ihnen neue Kraft verleihen.

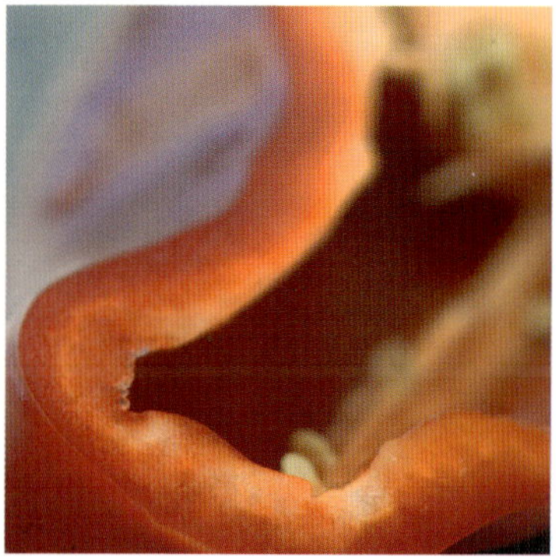

**Für 2 Personen**

250 ml Karottensaft
250 ml Tomatensaft
2 große rote Paprika, in Stücke geschnitten
1 EL Zitronensaft
frisch gemahlener schwarzer Pfeffer
Karottenstreifen, zum Garnieren

Karotten- und Tomatensaft in eine Küchenmaschir geben und kurz mixen.

Paprika, Zitronensaft und reichlich Pfeffer zufüger und glatt pürieren.

Den Saft auf 2 Gläser verteilen, mit Karottenstreif garnieren und servieren.

# Fruchtige Durstlöscher

# Wassermelonen-Smoothie

In Südeuropa, besonders in Griechenland, sind Wassermelonen sehr beliebt, da sie extrem durstlöschend sind.

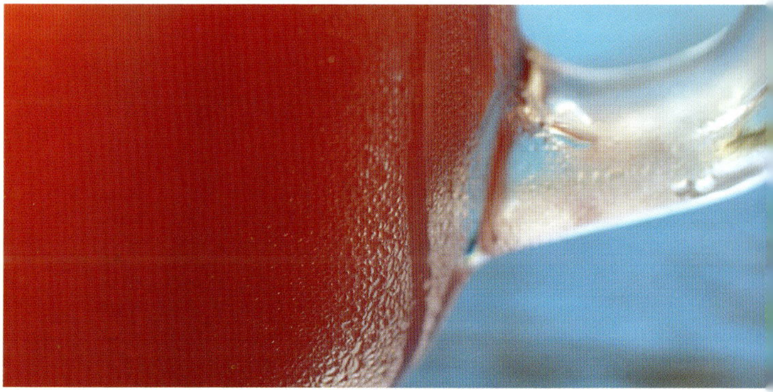

**Für 2 Personen**

400 g Wassermelone, geschält, entkernt und in Stücke geschnitten, plus 2 Stücke mit Schale, zum Garnieren
Eiswürfel

Das Melonenfleisch in den Mixer oder die Küchenmaschine geben und glatt pürieren.

In jedes Glas jeweils ein paar Eiswürfel geben und mit dem Smoothie aufgießen. Mit den Wassermelonenstücken garnieren und servieren.

# Melonen-Mango-Smoothie

## Alle Melonensorten eignen sich hervorragend dazu, erfrischende Sommergetränke herzustellen.

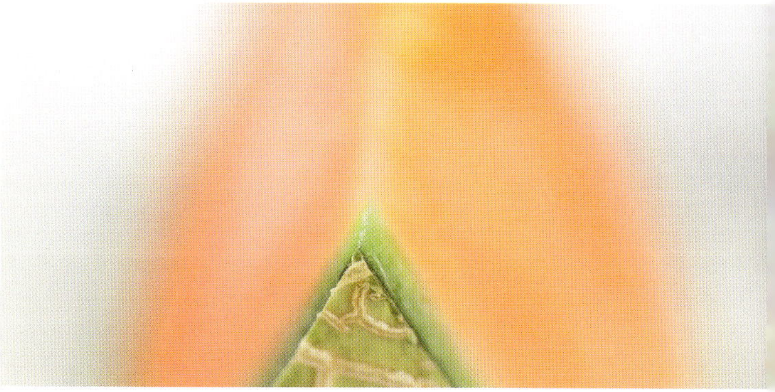

**Für 2 Personen**

1 Cantaloupe-Melone, halbiert und entkernt
600 ml Mangosaft
2 EL frisch gepresster Orangensaft
2 Orangenscheiben, zum Garnieren

Das Melonenfleisch mit einem Löffel aus der Schale lösen und in den Mixer oder die Küchenmaschine geben. Mango- und Orangensaft zugebe und glatt pürieren.

Auf 2 gekühlte Gläser verteilen. Zum Garnieren die Orangenscheibe an die Glasränder stecken unc servieren.

# Ananas-Bananen-Smoothie

Dieser tropische Smoothie wird Sie nicht nur mit einer geballten Ladung an Mineralstoffen, sondern auch mit seinem unvergleichlichen Geschmack verwöhnen.

**Für 4 Personen**

- 1 Handvoll gestoßenes Eis
- 2 Bananen
- 225 ml Ananassaft, gekühlt
- 125 ml Zitronensaft
- 4 halbe Ananasscheiben, zum Garnieren

Das Eis in den Mixer geben. Die Bananen schälen und direkt in den Mixer schneiden. Ananas- und Zitronensaft zugießen und glatt pürieren.

Den Smoothie auf 4 Gläser verteilen, mit den Ananasscheiben garnieren und servieren.

# Cranberry-Smoothie

Cranberrys sind die größeren amerikanischen Verwandten der Preiselbeere und bei uns getrocknet oder tiefgefroren erhältlich.

**Für 4 Personen**

350 g Cranberrys, Tiefkühlware aufgetaut
450 ml Cranberry-Saft, gekühlt
300 g Naturjoghurt
2–3 EL flüssiger Honig

Beeren und Saft in den Mixer oder die Küchenmaschine geben und glatt pürieren.

Joghurt und Honig zufügen und erneut kurz mixen. Auf 4 gekühlte Gläser verteilen und servieren.

# Erdbeer-Colada

Diese Colada – ein Mixgetränk auf Kokosbasis – enthält keinen Alkohol, dafür aber viele Mineralien und Vitamine.

**Für 2 Personen**

450 g Erdbeeren, plus
  2 Stück zum Garnieren
150 ml Kokoscreme
600 ml Ananassaft, gekühlt

Die Erdbeeren halbieren und in den Mixer geben.

Kokoscreme und Ananassaft zugießen und glatt pürieren. Auf 2 gekühlte Gläser verteilen, mit den Erdbeeren garnieren und servieren.

# Watermelon Sunset

Ein wunderbar erfrischender alkoholfreier Cocktail, der perfekt auf jede Sommerparty passt.

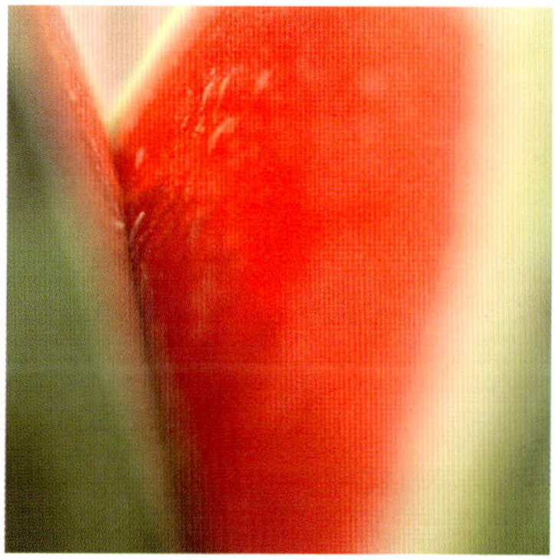

**Für 4 Personen**

1 Wassermelone, geviertelt
6 EL frisch gepresster rosafarbener Grapefruitsaft
6 EL frisch gepresster Orangensaft
Limettensaft

4 kleine Stücke Wassermelone mit Schale zurückbehalten und die restliche Melone schälen und in Stücke schneiden. Die Kerne entfernen und das Fleisch in den Mixer schneiden. Grapefruit-, Orangen- und Limettensaft zugießen und glatt pürieren.

Auf 4 gekühlte Gläser verteilen, mit den Melonenstücken garnieren und servieren.

# Apple Cooler

Der klassische alkoholfreie Drink wird aus Äpfeln, Erdbeeren und Orangen gemixt.

**Für 2 Personen**

2 reife Äpfel, geschält und in Stücke geschnitten, plus 2 Apfelscheiben mit Schale, zum Garnieren
50 g Erdbeeren
Saft von 4 Orangen
Zucker (nach Belieben)

Apfelstücke, Erdbeeren und Orangensaft in den Mixer oder die Küchenmaschine geben und glatt pürieren.

Nach Belieben mit Zucker abschmecken.

Den Cocktail auf 2 Gläser verteilen, mit jeweils einer Apfelscheibe garnieren und servieren.

# Lemon Surprise

Sowohl Zitrone als auch Petersilie enthalten viel Vitamin C. Hier werden sie mit Wasser gemischt und ergeben ein gesundes und sehr erfrischendes Getränk.

**Für 2 Personen**

- Saft von 1 Zitrone
- 1 EL frisch gehackte Petersilie
- 450 ml Sprudelwasser
- 3 TL Zucker
- Strohhalme, zum Servieren

Zitronensaft, Petersilie und Sprudelwasser in den Mixer oder die Küchenmaschine geben und auf geringster Stufe kurz mixen.

Den Mixer auf die höchste Stufe stellen, bei laufendem Motor den Zucker einrieseln lassen und 30 Sekunden mixen.

Die Limonade auf 2 gekühlte Gläser verteilen, Strohhalme hineinstecken und servieren.

# Melonen-Minze-Cooler

Cantaloupe- und Galia-Melonen sind die perfekte Wahl für erfrischende Sommergetränke.

**Für 2 Personen**

- 1 Cantaloupe- oder ½ Galia-Melone, in Stücke geschnitten
- 1 EL frisch gehackte Minze
- 1 EL frisch gehackter Ingwer
- 100–150 ml Mineralwasser
- 2–4 Strohhalme, zum Servieren

Melone, Minze und Ingwer in den Mixer oder die Küchenmaschine geben und glatt pürieren. Bei laufendem Motor nach und nach das Mineralwasser zugießen, bis die Mischung die gewünschte Konsistenz hat.

Das Getränk auf 2 Gläser verteilen, Strohhalme hineinstecken und servieren.

# Mimosa

Es muss nicht immer Sekt sein! Dieses nicht alkoholische Getränk schmeckt wunderbar zum Brunch und eignet sich auch für diejenigen, die sonst eher Cocktails bevorzugen.

**Für 2 Personen**

175 ml frisch gepresster Orangensaft
100 ml weißer Traubensaft
Sprudelwasser

Orangen- und Traubensaft auf 2 gekühlte Sektgläser verteilen.

Mit dem Sprudelwasser auffüllen und servieren.

# Pfirsch-Johannisbeer-Smoothie

Die Kombination von reifem Pfirsich und Johannisbeeren ist ein Klassiker und ergibt einen eleganten Smoothie.

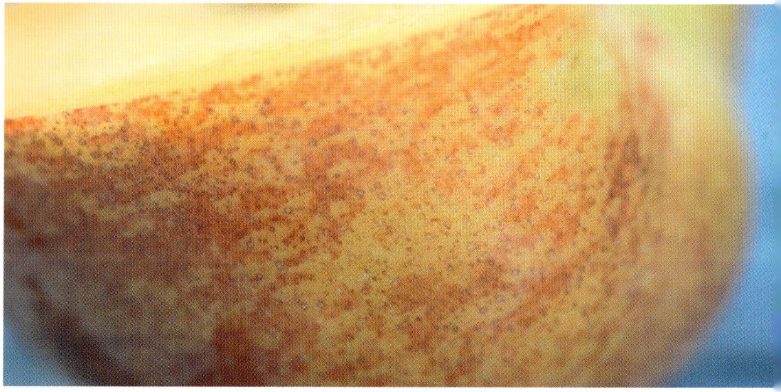

**Für 2 Personen**

2 große, reife Pfirsiche, halbiert, entkernt und in Stücke geschnitten
100 g Rote Johannisbeeren
200 ml eiskaltes Wasser
1–2 EL flüssiger Honig

Die Pfirsichstücke in die Küchenmaschine geben.

2 Johannisbeerrispen zum Garnieren beiseitelegen die restlichen Beeren abstreifen und in den Mixer oder die Küchenmaschine geben. Wasser und Honig zufügen und glatt pürieren.

Den Smoothie auf 2 Gläser verteilen, mit den Johannisbeerrispen garnieren und servieren.

# Ananas-Melonen-Smoothie

Die Kombination von Orangensaft, Ananas und Melone wird dieses Getränk zu einem Ihrer Favoriten machen!

**Für 2 Personen**

- 100 ml Ananassaft
- 4 EL Orangensaft
- 125 g Galia-Melone, in Stücke geschnitten
- 140 g gefrorene Ananasstücke
- 4 Eiswürfel
- 2 Orangenscheiben, zum Garnieren

Ananas- und Orangensaft in den Mixer oder die Küchenmaschine geben und kurz mixen.

Melone, Ananasstücke und Eiswürfel zugeben unc cremig pürieren.

Den Smoothie auf 2 Gläser verteilen. Zum Garnieren die Orangenscheiben auf die Glasrände stecken und servieren.

# Granatapfelsaft

Dieses Getränk ist ideal für einen schönen Spätsommertag. Es wird aus den ersten saftigen Granatäpfeln der Saison zubereitet, die ab August verkauft werden.

**Für 2 Personen**

2 reife Granatäpfel
1 Passionsfrucht
1 EL flüssiger Honig
gestoßenes Eis
2 Strohhalme, zum Servieren

Die Granatäpfel halbieren und den Saft mit einer Zitruspresse herauspressen.

Die Passionsfrucht halbieren, das Fruchtfleisch herauslöffeln und durch ein Haarsieb in eine Schüssel streichen. Granatapfelsaft und Honig zugeben und gut verrühren.

2 Gläser zur Hälfte mit gestoßenem Eis füllen un den Granatapfelsaft darauf verteilen. In jedes Gla einen Strohhalm stecken und servieren.

# Apfel-Himbeer-Saft

## Dieses Getränk ist schnell und einfach herzustellen und hat einen unnachahmlichen Geschmack!

**Für 2 Personen**

8 gestoßene Eiswürfel
2 EL Himbeersirup
500 ml gekühlter Apfelsaft

**Zum Garnieren**
Apfelstücke
Himbeeren
2 Holzspieße

Das Eis auf zwei Gläser verteilen und jeweils 1 Esslöffel Himbeersirup darübergießen.

Mit dem Apfelsaft aufgießen und gut verrühren.

Apfelstücke und Himbeeren abwechselnd auf die beiden Holzspieße stecken. Auf jedes Glas einen Spieß legen und servieren.

# Erdbeertraum

Dieser durststillende Smoothie ist ideal für heiße Sommertage. Der Balsamico-Essig unterstreicht den Erdbeergeschmack.

**Für 2 Personen**

125 g gefrorene Erdbeeren
200 ml eiskaltes Wasser
1 EL Balsamico-Essig
1 EL flüssiger Blütenhonig, z. B. Akazienhonig
2 frische Erdbeeren, zum Garnieren

Erdbeeren, Wasser, Essig und Honig in den Mixer oder die Küchenmaschine geben und glatt püriere

Das Getränk auf 2 Gläser verteilen. Zum Garnieren die Erdbeeren unten einschneiden und auf die Glasränder setzen.

# Süß-saurer Papayadrink

Wenn die Papaya ihren Reifungsprozess durchläuft, wechselt sie die Farbe von Grün zu Gelb. Das orangefarbene Fruchtfleisch gibt diesem Getränk seine satte Farbe.

**Für 2 Personen**

250 g reife Papaya
200 ml eiskaltes Wasser
Saft von 1 Limette

Die Papaya halbieren und mit einem Löffel die Kerne herauslösen. 4 schmale Scheiben Papaya zum Garnieren beiseitelegen, die restliche Papaya schälen und in Stücke schneiden.

Die Papayastücke in den Mixer oder die Küchenmaschine geben, Wasser und Limettensaft zugieß und glatt pürieren.

Auf 2 Gläser verteilen, mit jeweils 2 Papayastück garnieren und servieren.

# Traubenschorle mit Sorbet

Verwenden Sie für dieses spritzige Getränk nur große kernlose Trauben.

**Für 2 Personen**

- 125 g dunkle kernlose Trauben
- 200 ml Sprudelwasser
- 2 große Kugeln Zitronensorbet
- 2 Limettenscheiben, zum Garnieren

Trauben, Wasser und Zitronensorbet in die Küchenmaschine geben und kurz glatt pürieren.

Auf 2 Gläser verteilen, mit jeweils 1 Limettenscheibe garnieren und servieren.

# Himbeer-Cassis-Drink

Frisch und einfach herzustellen, ist dieses Getränk etwas für einen wirklich heißen Sommertag.

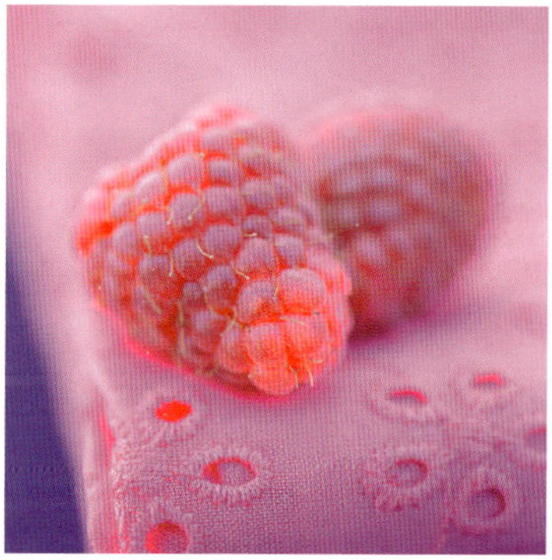

**Für 2 Personen**

75 g gefrorene Himbeeren
300 ml Sprudelwasser
2 Kugeln Schwarzes Johannisbeersorbet

Himbeeren und Wasser in den Mixer oder die Küchenmaschine geben und glatt pürieren.

Das Sorbet zufügen und noch einmal kurz mixen.

Auf 2 Gläser verteilen und sofort servieren.

# Blutorangensprudel

Blutorangen sind inzwischen das ganze Jahr über erhältlich. Sie haben eine wunderbar rote Farbe, sind sehr gesund und schmecken hervorragend.

**Für 2 Personen**

250 ml Blutorangensaft
100 g Erdbeeren
100 g Himbeeren
50 ml Sprudelwasser
2–4 kurze Strohhalme, zum Servieren

Blutorangensaft, Erdbeeren, Himbeeren und Wasser in den Mixer oder die Küchenmaschine geben und glatt pürieren. Nach Belieben durch ein Haarsieb gießen, falls keine Kerne im Getränk sein sollen.

In Gläser füllen, Strohhalme hineinstecken und servieren.

# Erdbeer-Ananas-Smoothie

Ananassaft und gefrorene Erdbeeren ergeben eine eiskalte Erfrischung. Schnell zubereitet und noch schneller getrunken!

**Für 2 Personen**

150 g gefrorene Erdbeeren
300 ml Ananassaft
1 EL Zucker
Ananasscheiben mit Strunk, zum Garnieren

Erdbeeren, Ananassaft und Zucker in den Mixer oder die Küchenmaschine geben und glatt pürieren.

Auf 2 Gläser verteilen, mit Ananasscheiben garnieren und servieren.

# Leckere Muntermacher

# Sommernachts-Smoothie

Dieser Smoothie-Traum aus Beeren, Passionsfrucht und Eis wird Sie verzaubern!

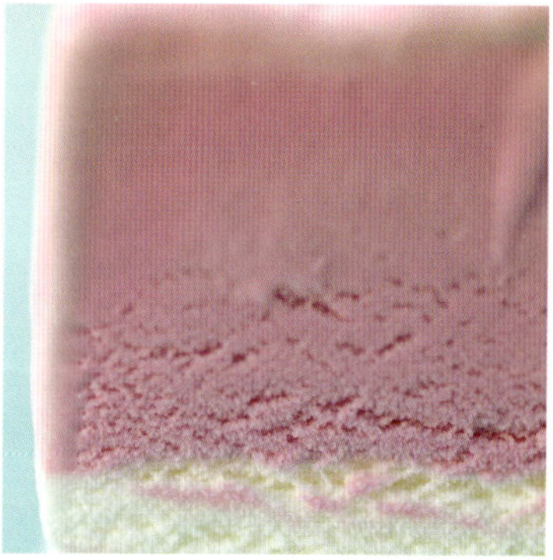

**Für 2 Personen**

1 reife Passionsfrucht
120 g Erdbeeren
120 g Himbeeren
60 g Blaubeeren
150 ml fettarme Milch
Vanille-Erdbeer-Eis, zum Servieren

Die Passionsfrucht halbieren und das Fruchtfleisch in den Mixer oder die Küchenmaschine löffeln. Die Beeren zugeben und 1 Minute lang pürieren. Die Milch zugießen und cremig mixen.

Auf 2 Gläser verteilen und jeweils 1 Kugel Eis daraufgeben. Sofort servieren.

# Mango-Orangen-Smoothie

Wenn Sie Ihren Smoothie gerne etwas cremiger trinken, dann ersetzen Sie einfach das Mangosorbet durch Vanilleeis.

**Für 2 Personen**

1 große, reife Mango, in Stücke geschnitten
Saft von 2 Orangen
3 Kugeln Mangosorbet
Orangenzesten, zum Garnieren

Mango, Orangensaft und Sorbet in den Mixer oder die Küchenmaschine geben und glatt pürieren.

Den Smoothie auf 2 Gläser verteilen, mit Orangenzesten garnieren und servieren.

# Birnen-Ingwer-Smoothie

Ingwer ist sehr gesund und harmoniert wunderbar mit dem Birnengeschmack. Verwenden Sie reife Birnen, damit ihr Aroma im Orangensaft nicht untergeht.

**Für 2 Personen**

2 große, reife Birnen, z. B. Williams Christ, geschält und in Stücke geschnitten
Saft von 4 Orangen
4 Stücke kandierter Ingwer

Birnen, Orangensaft und Ingwer in den Mixer ode die Küchenmaschine geben und glatt pürieren.

Auf 2 Gläser verteilen und servieren.

# Honigmelonen-Smoothie

Aus Honigmelonen lassen sich köstliche Smoothies herstellen. Falls die Melone süß genug ist, können Sie den Honig auch weglassen.

**Für 2 Personen**

250 g Honigmelone
300 ml Sprudelwasser
2 EL flüssiger Honig
Johannisbeerrispen, zum Garnieren

Die Melone vierteln, entkernen, schälen und in Stücke schneiden.

Melonenstücke, Wasser und Honig in den Mixer oder die Küchenmaschine geben und glatt pürieren.

Den Smoothie auf 2 Gläser verteilen, mit Johannisbeeren garnieren und servieren.

# Sommerfrucht-Smoothie

Falls Sie diesen Smoothie mit frischen Beeren herstellen möchten, dann geben Sie diese vor der Verwendung für kurze Zeit ins Gefrierfach.

**Für 2 Personen**

100 ml Sprudelwasser
4 EL Orangensaft
1 EL Limettensaft
350 g gefrorene gemischte Beeren, z. B. Blaubeeren, Himbeeren, Brombeeren und Erdbeeren
4 gestoßene Eiswürfel

Sprudelwasser und Orangen- und Limettensaft in die Küchenmaschine geben und kurz mixen.

Beeren und Eiswürfel zugeben und kurz pürieren.

Den Smoothie auf 2 Gläser verteilen und servieren.

# Waldbeeren-Smoothie

## Waldbeeren, Orangensaft und Bananen verbinden sich zu einem himmlisch leckeren Smoothie!

**Für 2 Personen**

- 350 ml Orangensaft
- 1 Banane, in Scheiben geschnitten und tiefgekühlt
- 450 g gefrorene gemischte Waldbeeren, z. B. Blaubeeren, Himbeeren und Brombeeren
- 2 Orangenscheiben, zum Garnieren
- 2 Strohhalme, zum Servieren

Orangensaft, Banane und Waldbeeren in den Mixer oder die Küchenmaschine geben und glatt pürieren.

Den Smoothie auf 2 Gläser verteilen. Zum Garnieren die Orangenscheiben auf die Glasränder stecken. Strohhalme hineinstecken und servieren.

# Erfrischender Melonen-Smoothie

Dieser Smoothie besteht aus 3 verschiedenen Melonensorten. Verwenden Sie nur reife, aromatische Melonen.

**Für 2 Personen**

250 g Naturjoghurt
100 g Galia-Melone, in Stücke geschnitten
6 gestoßene Eiswürfel
100 g Cantaloupe-Melone, in Stücke geschnitten, plus 2 dünne Spalten zum Garnieren
100 g Wassermelone, in Stücke geschnitten

Joghurt und Galia-Melone in den Mixer oder die Küchenmaschine geben und kurz mixen.

Eiswürfel, Cantaloupe- und Wassermelone zufüge und cremig pürieren.

Den Smoothie auf 2 Gläser verteilen, mit jeweils einer Melonenspalte garnieren und servieren.

# Hausgemachte Zitronenlimonade

Dieses klassische Erfrischungsgetränk ist sehr beliebt und sehr viel gesünder und leckerer als gekaufte Limonade.

**Für 2 Personen**

150 ml Wasser
6 EL Zucker
1 TL abgeriebene Zitronenschale
125 ml Zitronensaft
6 Eiswürfel
Zitronenscheiben, zum Garnieren
Sprudelwasser, zum Auffüllen

Wasser, Zucker und Zitronenschale in einem Topf zum Kochen bringen. 5 Minuten köcheln, vom Herd nehmen und abkühlen lassen.

Den Zitronensaft zugießen, gut verrühren und in eine Kanne füllen. Abdecken und im Kühlschrank mindestens 2 Stunden ziehen lassen.

Eiswürfel und Zitronenscheiben in die Kanne geben und mit Sprudelwasser auffüllen. (Das Verhältnis von Sirup zu Wasser sollte 1 : 3 betragen.) Gut umrühren und servieren.

# Cranberry-Drink

Dieser Cranberry-Drink ist eine wahre Vitaminbombe und gibt Ihnen neue Energie.

**Für 2 Personen**

300 ml Cranberry-Saft
100 ml Orangensaft
150 g Erdbeeren
1 EL Zitronensaft

**Zum Garnieren**
Orangenscheiben und -zesten
2 Holzstäbchen

Cranberry- und Orangensaft in den Mixer oder di Küchenmaschine geben und kurz mixen. Erdbeere und Zitronensaft zufügen und glatt pürieren.

Auf 2 Gläser verteilen. Die Orangenscheiben zusammenfalten und auf die Holzstäbchen stecken. Orangenzesten darauf verteilen und die Stäbchen auf die Gläser legen. Sofort servieren.

# Sauerkirsch-Smoothie

Für diesen leicht säuerlichen Smoothie werden Sauerkirschen mit ihrem Saft aus dem Glas verwendet.

**Für 2 Personen**

250 g Sauerkirschen aus dem Glas
150 g Joghurt (10 %)
Zucker (nach Belieben)

**Zum Garnieren**
Kirschen mit Stiel
2 Cocktailspieße

Die Kirschen mit dem Saft aus dem Glas in den Mixer oder die Küchenmaschine geben, den Joghurt zufügen und glatt pürieren.

Nach Belieben mit Zucker abschmecken und auf 2 Gläser verteilen.

Zum Garnieren auf jedes Glas ein Cocktailstäbchen legen, Kirschen daranhängen und servieren.

# Bananen-Apfel-Smoothie

Ingwer und Zimt wärmen den Körper von innen. Dieser Smoothie eignet sich hervorragend zum Frühstück an einem kalten Wintermorgen.

**Für 2 Personen**

250 ml Apfelsaft
½ TL gemahlener Zimt
1 TL frisch geriebener Ingwer
2 Bananen, in Scheiben geschnitten und tiefgekühlt

**Zum Garnieren**
Apfelstücke
Cocktailspieße

Apfelsaft, Zimt und Ingwer in den Mixer oder die Küchenmaschine geben und kurz mixen.

Bananen zufügen und cremig pürieren. Die Mischung auf 2 Gläser verteilen. Zum Garnieren Apfelstücke auf Cocktailspieße stecken, in die Gläser geben und servieren.

# Cassis-Smoothie

Dieser Smoothie hat eine hinreißende pink-violette Farbe! Für die Erwachsenen können Sie den Sirup auch durch Crème de Cassis ersetzen.

**Für 2 Personen**

100 g gefrorene Schwarze Johannisbeeren
4 Kugeln Johannisbeersorbet
100 g Crème fraîche
2 EL Cassis-Sirup, plus etwas mehr zum Beträufeln
1 EL Wasser
Zucker (nach Belieben)

**Zum Garnieren**
Minzeblätter
Brombeeren

Johannisbeeren, Sorbet, Crème fraîche, Sirup und Wasser in die Küchenmaschine geben und glatt pürieren. Nach Belieben mit etwas Zucker abschmecken.

Auf 2 Gläser verteilen und mit etwas Sirup beträufeln. Mit Minzeblättern und Brombeeren garnieren und servieren.

# Kiwi Cooler

Das rosafarbene Erdbeereis bildet einen schönen Kontrast zu dem grünen Smoothie. Falls Ihnen das zu grell erscheint, können Sie auch Limonensorbet verwenden.

**Für 2 Personen**

4 reife Kiwis, geschält und geviertelt
200 ml kalte Zitronenlimonade (s. S. 160)
2 Kugeln Erdbeereis, zum Servieren

Kiwis und Limonade in die Küchenmaschine geben und glatt pürieren.

Auf 2 Gläser verteilen, jeweils 1 Kugel Erdbeereis in die Mitte geben und servieren.

# Ananas-Smoothie

Dieses erfrischende Getränk bringt Sie wieder in Schwung, wenn Sie müde oder gestresst sind.

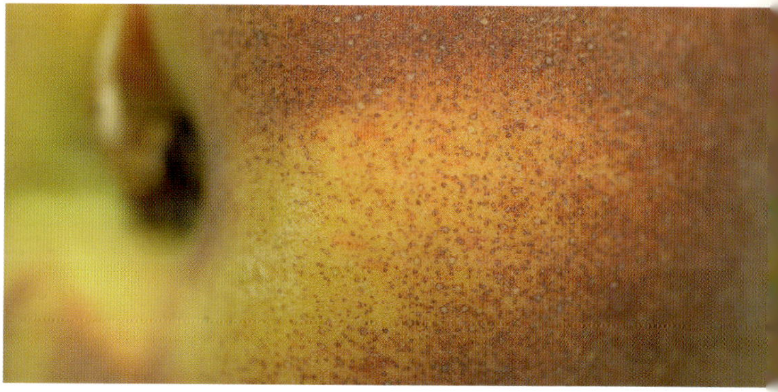

**Für 2 Personen**

100 ml Wasser
125 ml Ananassaft
Saft von 1 Zitrone
3 EL brauner Zucker
175 g Naturjoghurt
1 Pfirsich, in Stücke geschnitten und tiefgekühlt
100 g gefrorene Ananasstücke
2 dünne Ananasscheiben mit Strunk, zum Garnieren

Wasser, Ananas- und Zitronensaft, Zucker und Joghurt in eine Küchenmaschine geben und glatt pürieren.

Pfirsich- und Ananasstücke zugeben und nochmals kurz mixen.

Den Smoothie auf 2 Gläser verteilen, mit jeweils 1 Ananasscheibe dekorieren und servieren.

# Cherry Kiss

Ein großartiges Partygetränk für alle, die keinen Alkohol trinken. Es schmeckt genauso gut, wie es aussieht.

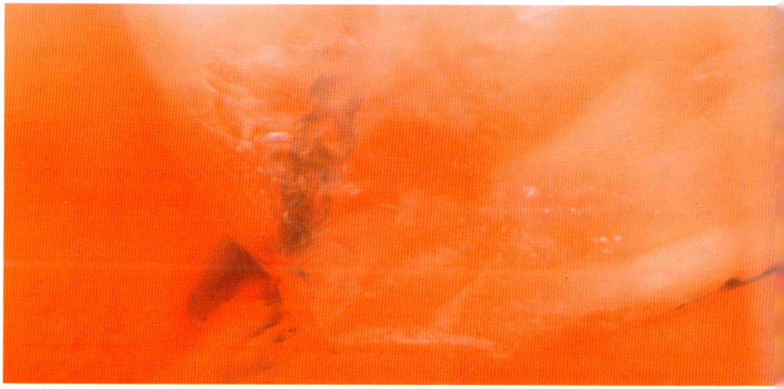

**Für 2 Personen**

8 gestoßene Eiswürfel
2 EL Kirschsirup
500 ml Sprudelwasser

**Zum Garnieren**
4 Maraschino-Kirschen
2 Cocktailspieße

Das Eis auf zwei Gläser verteilen und den Sirup darübergießen.

Mit Sprudelwasser auffüllen. Jeweils 2 Maraschino Kirschen auf einen Cocktailspieß stecken, in die Gläser geben und servieren.

# Trauben-Holunder-Schaum

Verwenden Sie für diesen Smoothie bevorzugt Muskattrauben, denn sie besitzen ein süß-würziges Aroma, das perfekt mit den anderen Zutaten harmoniert.

**Für 2 Personen**

125 g weiße kernlose Trauben, plus ein paar mehr zum Garnieren
200 ml Sprudelwasser
2 große Kugeln fettarmes Joghurteis
1½ EL Holunderblütensirup

Trauben, Wasser, Eis und Sirup in die Küchenmaschine geben und schaumig pürieren.

Auf 2 Gläser verteilen, mit ein paar Trauben garnieren und servieren.

# Holunderblüten-Birnen-Smoothie

Diesen Smoothie sollte man im späten Frühjahr bis frühen Sommer zubereiten, wenn der Holunder in voller Blüte steht.

**Für 2 Personen**

- 4 kleine, feste Birnen, geschält und in Stücke geschnitten
- 2 Holunderblütendolden, oder etwas Holunderblütensirup
- 1 Streifen Zitronenschale
- 1 EL brauner Zucker
- 4 EL Wasser
- 200 ml fettarme Milch
- Biskuits, zum Servieren

Birnen, Holunderblüten, Zitronenschale, Zucker und Wasser in einem Topf zum Kochen bringen. Den Topf abdecken und die Mischung so lange köcheln, bis die Birnen weich sind. Vom Herd nehmen und abkühlen lassen.

Holunderblüten und Zitronenschale aus dem Topf entfernen. Birnen mit der Garflüssigkeit und die Milch in die Küchenmaschine geben und glatt pürieren.

Den Smoothie auf 2 Gläser verteilen und zusammen mit Biskuits servieren.

# Feigen-Ahornsirup-Smoothie

## Verwöhnen Sie sich mit diesem luxuriösen Smoothie!

**Für 2 Personen**

- 350 g Haselnussjoghurt
- 2 EL frisch gepresster Orangensaft
- 4 EL Ahornsirup
- 8 große, frische Feigen, geschält und in Stücke geschnitten
- 6 gestoßene Eiswürfel
- geröstete gehackte Haselnüsse, zum Garnieren

Joghurt, Orangensaft und Ahornsirup in den Mixer oder die Küchenmaschine geben und kurz mixen.

Feigen und Eiswürfel zufügen und glatt pürieren.

Den Smoothie auf 2 Gläser verteilen, mit den gehackten Haselnüssen garnieren und servieren.

# Grüntee-Pflaumen-Smoothie

Der Geschmack von Grüntee ergänzt sich fantastisch mit dem der Pflaume. Dieser Smoothie schmeckt sowohl kalt als auch warm hervorragend.

**Für 2 Personen**

300 ml kochendes Wasser
1 Beutel Grüntee mit indischen Gewürzen
1 EL Zucker
125 g gelbe Pflaumen, halbiert

Das heiße Wasser in eine Kanne gießen, den Teebeutel hineinhängen und 7 Minuten ziehen lassen. Den Teebeutel entfernen und den Tee abkühlen lassen. In den Kühlschrank stellen und ganz auskühlen lassen.

Den Tee in den Mixer oder die Küchenmaschine geben. Zucker und Pflaumen zufügen und glatt pürieren.

Den Smoothie auf 2 Gläser verteilen und servieren

# Perfekte Milchshakes

# Schokoladen-Milchshake

Der ultimative Milchshake für Kinder und Schokoladenfans. Diesen Shake werden alle lieben!

**Für 2 Personen**

150 ml Milch
2 EL Schokoladensirup
400 g Schokoladeneiscreme
geriebene Zartbitterschokolade, zum Garnieren

Milch und Sirup in den Mixer oder die Küchenmaschine gießen und kurz mixen.

Das Schokoladeneis zufügen und glatt mixen. Den Shake auf 2 große Gläser verteilen, geriebene Schokolade darüberstreuen und servieren.

# Würziger Bananen-Milchshake

Diese karibische Kombination aus Frucht und Gewürzen wird Ihre Geschmacksknospen anregen.

**Für 2 Personen**

300 ml Milch
½ TL Lebkuchengewürz, plus etwas mehr zum Garnieren
150 g Bananeneis
2 Bananen, in Stücke geschnitten und tiefgekühlt

Milch, Lebkuchengewürz und Bananeneis in den Mixer oder die Küchenmaschine geben und kurz mixen. Die Bananen zufügen und glatt pürieren.

Den Shake auf 2 Gläser verteilen, etwas Lebkuchengewürz darüberstreuen und servieren.

# Erdbeer-Sahne-Shake

Der ultimative Erdbeermilch-Shake! Nicht mit Erdbeersirup hergestellt, sondern aus frischen Erdbeeren. Dadurch schmeckt dieser Milchshake wunderbar fruchtig und sahnig.

**Für 2 Personen**

150 g gefrorene Erdbeeren
100 g Sahne
200 ml Vollmilch
1 EL Zucker
Minzeblätter, zum Garnieren
2–4 Strohhalme, zum Servieren

Erdbeeren, Sahne, Milch und Zucker in den Mixe oder die Küchenmaschine geben und glatt püriere

Den Shake auf 2 große Gläser verteilen und mit Minzeblättern garnieren. 1–2 Strohhalme in jedes Glas stecken und servieren.

# Nektarinen-Milchshake

Mango und Nektarine sind eine vorzügliche Kombination. Das i-Tüpfelchen auf diesem Shake ist das Zitronensorbet.

**Für 2 Personen**

250 ml Milch
350 g Zitronensorbet
1 reife Mango, in Stücke geschnitten
2 reife Nektarinen, in Scheiben geschnitten, plus ein paar Scheiben zum Garnieren

Milch und Sorbet in den Mixer oder die Küchenmaschine geben und kurz mixen.

Nach und nach Mango- und Nektarinenstücke zufügen und glatt pürieren.

Den Shake auf 2 Gläser verteilen, mit Nektarinenscheiben garnieren und servieren.

# Tropical Storm

## Der Genuss dieses Shakes ist genauso belebend und erholsam wie Urlaub in der Karibik!

**Für 2 Personen**

250 ml Milch
50 ml Kokosmilch
150 g Vanilleeis
2 Bananen, in Stücke geschnitten und tiefgekühlt
200 g Ananasstücke aus der Dose, abgetropft
1 Papaya, geschält und in Stücke geschnitten
Kokosraspel, zum Garnieren

Milch und Kokosmilch in den Mixer oder die Küchenmaschine geben und kurz mixen. Das Eis zufügen und nochmals mixen.

Nach und nach Bananen-, Ananas- und Papayastücke zugeben und glatt pürieren.

Den Shake auf 2 große Gläser verteilen, mit Kokosraspeln bestreuen und servieren.

# Pfirsich-Frucht-Shake

Pfirsiche, Aprikosen, Erdbeeren und Bananen werden zu einem fabelhaft fruchtigen Milchshake gemixt.

**Für 2 Personen**

220 g Pfirsiche aus der Dose
175 ml Milch
4 Aprikosen, in Stücke geschnitten, plus ein paar Stücke zum Garnieren
400 g Erdbeeren
2 Bananen, in Stücke geschnitten und tiefgekühlt, plus ein paar Stücke zum Garnieren
2 Cocktailspieße, zum Garnieren

Die Pfirsiche abtropfen lassen und in Stücke schneiden. Ein paar Stücke zum Garnieren zurückbehalten und die übrigen zusammen mit der Milch in den Mixer oder die Küchenmaschine geben und kurz mixen. Aprikosenstücke zufügen und nochmals mixen. 2–4 Erdbeeren zum Garnieren zurückbehalten und die übrigen zusammen mit den Bananen in den Mixer geben und glatt pürieren.

Den Shake auf 2 große Gläser verteilen. Zum Garnieren Erdbeeren, Pfirsich-, Aprikosen- und Bananenstücke abwechselnd auf die Cocktailspieß stecken. Jeweils 1 Spieß auf jedes Glas legen und servieren.

# Pflaumenshake

Ein wundervoller fruchtig-cremiger Spätsommershake!

**Für 2 Personen**

250 g reife Pflaumen, geviertelt und entsteint
200 ml Wasser
1 EL Zucker
4 Kugeln fettarmes Joghurteis
2 zerkrümelte Cantuccini, zum Garnieren

2 Pflaumenviertel zum Garnieren zurückbehalten und die restlichen in einen Topf geben. Wasser un Zucker zufügen und zum Kochen bringen. Den Topf abdecken und 15 Minuten köcheln lassen, bi die Pflaumen sehr weich sind. Vom Herd nehmen und abkühlen lassen.

Die Pflaumen in den Mixer oder die Küchenmaschine geben, das Eis zufügen und schaumig mixe

Den Shake auf 2 Gläser verteilen und mit Cantuccini-Krümeln bestreuen. Die zurückbehaltenen Pflaumenviertel an der Hautseite anritzen und auf die Gläser stecken. Sofort servieren.

# Himbeer-Reismilch-Shake

Ein Shake ohne tierische Produkte. Er ist cholesterin- und laktosefrei und schnell zubereitet! Reismilch sollte vor der Verwendung gekühlt werden, da sie dann besser schmeckt.

**Für 2 Personen**

125 g gefrorene Himbeeren
300 ml Reismilch

Himbeeren und die Hälfte der Reismilch in den Mixer oder die Küchenmaschine geben und cremig mixen.

Auf 2 Gläser verteilen und vorsichtig die restliche Milch hineinrühren, sodass der Shake einen Marmoreffekt bekommt. Sofort servieren.

# Kaffee-Bananen-Shake

Der Kaffee und die Bananen in diesem Shake werden Sie wieder in Schwung bringen!

**Für 2 Personen**

300 ml Milch
4 EL Instantkaffeepulver
150 g Vanilleeis
2 Bananen, in Stücke geschnitten und tiefgekühlt

Milch und Kaffeepulver in den Mixer oder die Küchenmaschine geben und kurz mixen. Das Eis zugeben und nochmals mixen. Die Bananen zufügen und glatt pürieren.

Den Shake auf 2 Gläser verteilen und servieren.

# Pflaumenschaum

Für diesen schaumig-fruchtigen Shake können Sie jede Pflaumensorte benutzen. Dunklere Pflaumensorten verleihen dem Shake eine etwas kräftigere Farbe.

**Für 2 Personen**

4 reife Pflaumen, entsteint
200 ml eiskalte Milch
2 Kugeln Bourbon-Vanilleeis
Haferkekse, zum Servieren

Pflaumen, Milch und Eis in den Mixer oder die Küchenmaschine geben und schaumig mixen.

Den Shake auf 2 Gläser verteilen und mit Haferkeksen servieren.

# Pfirsich-Orangen-Milchshake

Die Kombination von Pfirsich und Orange schmeckt sehr fruchtig und erfrischend.

**Für 2 Personen**

100 ml Milch
125 g Pfirsichjoghurt
100 ml Orangensaft
250 g Pfirsichstücke aus der Dose, abgetropft
6 gestoßene Eiswürfel
Orangenzesten, zum Garnieren

Milch, Joghurt und Orangensaft in den Mixer oder die Küchenmaschine geben und kurz mixen.

Die Pfirsichstücke und Eiswürfel zufügen und glatt pürieren.

Den Shake auf 2 Gläser verteilen, mit Orangenzesten garnieren und servieren.

# Black-&-White-Milchshake

Sie können diesen Shake aus weißer Schokolade und Schwarzkirschen auch als Nachtisch servieren. Bestreuen Sie ihn dann noch mit Schokoladensplittern.

**Für 2 Personen**

150 g Schwarzkirschen, halbiert und entsteint
3 große Kugeln weißes Schokoladeneis
150 ml Milch

Die Schwarzkirschen in den Mixer oder die Küchenmaschine geben und pürieren.

Eiscreme und Milch zufügen und kurz auf höchster Stufe mixen.

Den Shake auf 2 Gläser verteilen und servieren.

# Ahorn-Vanille-Shake

**Die feinen Aromen von Ahorn, Vanille und Mandel harmonieren vorzüglich und ergeben diesen leckeren Milchshake.**

**Für 2 Personen**

150 ml Milch
2 EL Ahornsirup
400 g Vanilleeis
1 EL Mandelaroma
gehackte Mandeln, zum Garnieren

Milch und Ahornsirup in den Mixer oder die Küchenmaschine geben und kurz mixen.

Eiscreme und Mandelaroma zufügen und schaumig mixen.

Den Shake auf 2 Gläser verteilen, gehackte Mandeln darüberstreuen und servieren.

# Kiwi-Limetten-Milchshake

Dieser Shake enthält jede Menge Vitamin C und schmeckt wunderbar süß-säuerlich.

**Für 2 Personen**

150 ml Milch
Saft von 2 Limetten
2 Kiwis, in Stücke geschnitten
1 EL Zucker
400 g Vanilleeis

**Zum Garnieren**
Kiwischeiben
Limettenzesten

Milch und Limettensaft in eine Küchenmaschine geben und kurz mixen.

Kiwistücke und Zucker zufügen und erneut mixen. Das Eis zufügen und alles glatt pürieren.

Den Shake auf 2 Gläser verteilen, mit Kiwischeiben und Limettenzesten garnieren und servieren.

# Pfefferminzshake

Pfefferminze wirkt wunderbar kühlend und verleiht diesem Milchshake eine frische Note.

**Für 2 Personen**

150 ml Milch
2 EL Pfefferminzsirup
400 g Pfefferminzeis
Minzeblätter, zum Garnieren

Milch und Sirup in den Mixer oder die Küchenmaschine geben und kurz mixen. Das Eis zufügen und schaumig mixen.

Den Shake auf 2 hohe Gläser verteilen, mit Minzeblättern garnieren und servieren.

# Kokosnuss-Milchshake

Ein cremiger Shake, der an tropische Strände erinnert. Urlaub im Glas!

**Für 2 Personen**

350 ml Ananassaft
100 ml Kokosmilch
150 g Vanilleeis
140 g gefrorene Ananasstücke
2 EL Kokosraspel, zum Garnieren

**Zum Servieren**

2 Kokosnussschalen
2–4 Strohhalme

Ananassaft, Kokosmilch und Eis in den Mixer oder die Küchenmaschine geben und kurz mixen.

Ananasstücke zufügen und glatt pürieren.

Den Shake in die Kokosnussschalen oder in hohe Gläser füllen. Mit geriebener Kokosnuss garnieren, Strohhalme hineinstecken und servieren.

# Vanille-Cola-Shake

Kinder lieben den Geschmack und das Aussehen dieses Shakes. Sie können anstatt Cola auch Limonade verwenden.

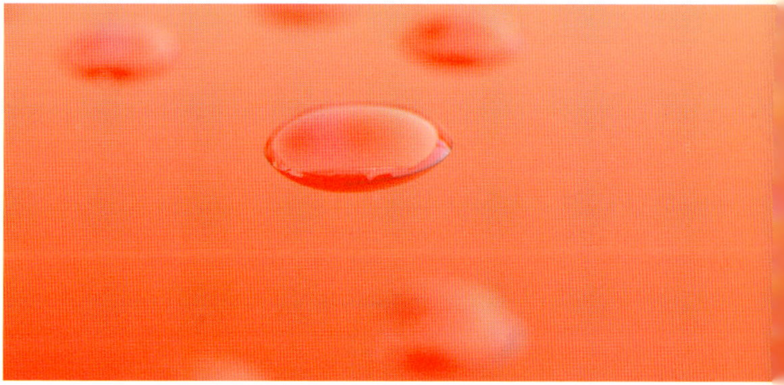

**Für 1 Person**

2 Kugeln Vanilleeis
2 cl Limettensirup
Cola
Eiswürfel
1–2 Strohhalme, zum Servieren

Eiscreme und Sirup mit etwas Cola in den Mixer oder die Küchenmaschine geben und 5–10 Sekunden mixen.

Ein paar Eiswürfel in ein großes Glas geben und die Eiscrememischung darübergießen. Das Glas mit Cola auffüllen, 1–2 Strohhalme hineinstecken und servieren.

# Mokkashake

Die Verbindung von Kaffee und Schokolade wird mit einem Schlag Sahne zum Geschmackserlebnis!

**Für 2 Personen**

200 ml Milch
50 g Sahne
1 EL brauner Zucker
2 EL Kakaopulver
1 EL Kaffeesirup oder Instantkaffeepulver
6 gestoßene Eiswürfel

**Zum Garnieren**
Schlagsahne
geriebene Schokolade

Milch, Sahne und Zucker in den Mixer oder die Küchenmaschine geben und kurz mixen. Kakaopulver, Sirup und Eis zugeben und cremig pürieren.

Den Shake auf 2 Gläser oder Tassen verteilen. Etwas Schlagsahne und geriebene Schokolade darübergeben und servieren.

# Kaffee-Minze-Shake

Kaffee, Pfefferminze und Schokolade verbinden sich zu einem köstlichen Shake.

**Für 2 Personen**

400 ml Milch
200 ml Kaffeesirup
100 ml Pfefferminzsirup
1 EL frisch gehackte Minze
4 gestoßene Eiswürfel

**Zum Garnieren**
geriebene Schokolade
Minzeblätter

Milch, Kaffee- und Pfefferminzsirup in den Mixer oder die Küchenmaschine geben und kurz mixen. Minze und Eiswürfel zufügen und cremig mixen.

Den Shake auf 2 Gläser verteilen, mit geriebener Schokolade und Minze garnieren und servieren.

# Register

**Gisela Hagemann**
**Die Hohe Schule der Motivation**

Gisela Hagemann

# Die Hohe Schule der Motivation

## – materielle Anreize, offene Kommunikation, Mitwirkung –

3. Auflage

verlag
moderne industrie

**Die Deutsche Bibliothek – CIP-Einheitsaufnahme**

**Hagemann, Gisela:**
Die Hohe Schule der Motivation: materielle Anreize, offene Kommunikation, Mitwirkung/Gisela Hagemann. – 3. Aufl. – Landsberg/Lech: Verl. Moderne Industrie, 1992
ISBN 3-478-31633-2

3. Auflage 1992
2. Auflage 1991

Schutzumschlag: Hubert Patscheider, 8900 Augsburg
Satz: Fotosatz Reinhard Amann, 7974 Aichstetten
Druck und Bindearbeiten: Druckerei Schoder, 8906 Gersthofen
Printed in Germany 310633/0292202
ISBN 3-478-31633-2

# Inhaltsverzeichnis

# Einleitung

*Jedes Problem hat drei Lösungen:*
*meine Lösung,*
*deine Lösung*
*und die richtige Lösung.*
*Chinesisches Sprichwort*

Sie können einem Menschen befehlen, etwas zu tun, ihn aber niemals dazu zwingen, daß er dies auch wirklich will. Der Wunsch zu wollen kommt von innen. Motivation ist die innere Triebkraft, die Lust an der Arbeit schafft. Persönliches Wohlbefinden und Effektivität hängen eng zusammen.

Die wichtigste Quelle zur Innovation ist der einzelne Mitarbeiter im Unternehmen. Hohe Produktivität ist nicht nur abhängig von moderner Technologie, sondern auch von individuellen Einstellungen: Sind wir bereit, uns zu engagieren? Machen wir uns das Ziel des Unternehmens zu eigen und zeigen Einsatzbereitschaft, um es zu erreichen? Oder langweilen wir uns bei der Arbeit, schauen auf die Uhr und stöhnen: „Wann ist denn endlich Feierabend?"

Die Qualität der zwischenmenschlichen Beziehungen entscheidet über das ökonomische Resultat. Wenn Chef und Mitarbeiter auf der gleichen Wellenlänge sind, ist die wichtigste Voraussetzung dafür geschaffen, daß aus der Überlebensstrategie der 80er Jahre eine Erfolgsstrategie für die 90er Jahre werden kann. Wenn schöne Worte über Offenheit, Vertrauen und gegenseitigen Respekt mehr sind als nur leere Phrasen in Sonntagsreden, ist der Alltag nicht mehr grau.

Ein erfolgreicher Chef weiß, daß die Autorität, die auf seiner Persönlichkeit beruht – und hier vor allem auf seiner Fähigkeit, mit anderen Menschen umzugehen –, stärker ist als die positionsabhängige Macht, die mit Stellung und Titel folgt. Eine Führungskraft, die ihre Würde nur

dadurch aufrechterhalten zu können glaubt, daß sie ihre Mitarbeiter auf Distanz hält, schadet sich selbst. Genauso falsch ist es, um Sympathie zu werben, indem alle tun und lassen dürfen, wie es ihnen gefällt. Zuwenig Führung ist ebenso frustrierend wie zuviel.

Der goldene Mittelweg besteht darin, klare Ziele zu formulieren, einen freien Informationsfluß in alle Richtungen zu gewährleisten und die Mitarbeiter an der Entscheidungsfindung mitwirken zu lassen.

Wenn Menschen mit gegensätzlichen Interessen, individuell geprägter Erfahrung und unterschiedlicher Wirklichkeitsauffassung zusammenkommen, sind Reibungen unvermeidlich. Konflikte, die unter der Oberfläche schwelen, wirken auf Dauer zersetzend. Die Gedanken der Mitarbeiter gehen im Kreis. Das Gefühl, ungerecht behandelt zu werden, weckt Resignation und Rachegelüste. Die Arbeit gerät dabei ins Hintertreffen. Gelingt es der Führung jedoch, die freigesetzten Energien in konstruktive Bahnen zu lenken, können Konflikte zum Motor für eine dynamische Entwicklung werden.

Dies setzt allerdings voraus, daß Chef und Mitarbeiter miteinander sprechen – auch über das Unangenehme. Solange die Vorgesetzten sich in den Chefetagen verschanzen und die Mitarbeiter ihrem Ärger in der Gerüchteküche Luft machen, berauben sie sich selbst der Chance, einander besser zu verstehen. Nur wenn sie sich einander auch als Menschen näherkommen und ihre Beweggründe zu erkennen geben, können sie eine für alle akzeptable Lösung finden.

Teamarbeit bedeutet permanente Problemlösung, und hierbei sind die Formen der Zusammenarbeit entscheidend. Kreative und partizipative Arbeitsmethoden motivieren und reduzieren das allgegenwärtige Konfliktpotential, denn viele Proteste sind im Grunde ein verzweifelter Schrei nach Aufmerksamkeit. Demgegenüber schafft das Gefühl, dabei zu sein und gehört zu werden, Identifikation mit den Unternehmenszielen. Selbst tiefergehende Interessengegensätze sind leichter zu lösen, wenn die Kontrahenten ihre Karten offen auf den Tisch legen.

Die Arbeitsmethoden müssen effektiv und so strukturiert sein, daß in angemessener Zeit auch wirklich ein Beschluß gefaßt wird. Eine Besprechung, auf der der Chef lange Monologe hält und die anderen nur stumm mit dem Kopf nicken, ist Zeitverschwendung für alle Beteiligten. Eine schriftliche Direktive wäre in diesem Fall ehrlicher gewesen. Wenn umgekehrt alle bei allem ein Wörtchen mitreden wollen und ständig in schlecht vorbereiteten und zu langen Besprechungen sitzen, wird die Mitwirkung zur Parodie. Alle treten auf der Stelle, weil es immer jemanden gibt, der noch schnell eine Information einholen, eine frühere Entscheidung rückgängig oder eine neue verschieben will.

Dieses Buch ist eine Ideensammlung zum modernen Management und gibt durch Beispiele und Übungen eine praktische Hilfestellung. Als Unternehmensberaterin weiß ich, daß es nicht nur auf das „Was?“, sondern auch auf das „Wie?“ ankommt.

Ich möchte einen Beitrag dazu leisten, die Zusammenarbeit im Unternehmen zu stärken, und habe dieses Buch für alle diejenigen geschrieben, die lieber überzeugen als herumkommandieren oder sich selbst bemitleiden, weil niemand auf sie hört. Unser eigenes Verhalten löst nämlich genau die Reaktion bei anderen aus, über die wir uns dann so oft beschweren. Jeder ist selbst für die Konsequenzen seines Handelns verantwortlich.

Dieses Buch ist eine Einladung zum Dialog zwischen Chef und Mitarbeiter, damit beide gemeinsam die mentale Barriere überwinden können, die Visionen zum alleinigen Verantwortungsbereich des Vorgesetzten macht und die Mitarbeiter zu passiven Befehlsempfängern degradiert.

Ein erfolgreiches Unternehmen sorgt dafür, daß sowohl Führungskräfte als auch Mitarbeiter mit ihren Innovationsvorschlägen Gehör finden. Natürlich können nicht alle Ideen verwirklicht werden, aber das bedeutet nicht, daß der Papierkorb der rechte Platz für sie ist. Alle Vorschläge – die guten wie die schlechten – haben ein Recht auf Resonanz. Der moderne Manager setzt seine Ehre daran zu begründen, warum ein

vorgeschlagenes Projekt nicht durchführbar ist. Das Ziel, immer wieder klarzumachen und die Mitarbeiter davon zu überzeugen ist, keine Zeitverschwendung. Die kollektive Fähigkeit, in neuen Bahnen zu denken, wächst, wenn es sich in dem Unternehmen herumspricht, daß einer, der mit neuen Ideen kommt, ernstgenommen wird. Nur auf diese Weise kann das Topmanagement das gesamte Potential eines Unternehmens nutzen. Und das setzt wiederum eine offene Kommunikation voraus.

Damit die Menschen nicht in festgefahrenen Formen erstarren, brauchen sie neue Impulse und das Gefühl, sich weiterzuentwickeln und selbst etwas bewirken zu können. Möglichkeiten zur fachlichen und persönlichen Fortbildung sind deshalb weder ein Gnadenakt der Obrigkeit noch Luxus für fette Jahre, sondern eine Investition in die Zukunft. Auf dem Gebiet der Persönlichkeitsentwicklung haben sowohl Chef als auch Mitarbeiter einen großen Nachholbedarf. Warum entschließen sie sich nicht dazu, ihn durch die Lektüre des gleichen Buches oder den Besuch des gleichen Seminars gemeinsam zu decken? Exklusive Kurse für Manager und „Brosamen“ für die Mitarbeiter verstärken nur die Kluft. Beide müssen ihre Berührungsängste verlieren, und das geht nur durch persönlichen Kontakt.

In unserer turbulenten Zeit haben speziell folgende Zielgruppen Nutzen aus dem Buch: Führungskräfte, die eine Um- oder Neuorganisation ihres Unternehmens planen oder bereits mitten in einem Umstellungsprozeß sind, interne und externe Berater und Moderatoren auf dem Gebiet der Führungskräfteschulung und Personalentwicklung, Personalchefs, die Verantwortlichen für die innerbetriebliche Fort- und Weiterbildung, Lehrer und Studenten des Faches Management und alle, die in ihrer täglichen Arbeit viel mit anderen Menschen umgehen und diese ständig von neuem überzeugen müssen, sei es als Verkäufer, Projektgruppen- oder Diskussionsleiter.

# Teil 1
# Motivation und Umstellung

*Dialog heißt: Die reden, wir antworten. Oder antworten auch nicht, lächeln mit wissendem Lächeln und nicken und bedeuten denen, daß wir Verständnis haben für ihre Nöte, volles Verständnis, und daß alles gut sein wird, solange wir miteinander reden, denn Reden miteinander, Dialog also, wirkt vertrauensbildend, und Vertrauen ist, was jetzt gebraucht wird vor allem anderen.*
*Stefan Heym*

## 1. Herausforderungen bis zum Jahr 2000

Motivation und Mitwirkung waren immer wichtig. Nun sind sie eine Frage von Sein oder Nicht-Sein. Die Zeiten sind endgültig vorbei, in denen wir ruhig den Lauf der Dinge abwarten und in aller Beschaulichkeit einen Entschluß fassen konnten.

Die Welt verändert sich – und zwar in immer schnellerem Tempo. Europa wächst zusammen. „Der Krieg mit Japan findet längst statt." (Zitat: Der Spiegel 46/1989). Wenn wir uns nicht beeilen, fährt der Zug ohne uns ab. Die Herausforderungen für das Unternehmen sind eine Umstellung von Strategien, Produkten und vor allem individuellen Einstellungen und Handlungsweisen. Der Erfolg der Führungskräfte ist von der Kreativität und Einsatzbereitschaft ihrer Mitarbeiter abhängig.

## 1.1 Nähe zum Markt

Internationalisierung beginnt nicht mit Exportquoten oder Direktinvestitionen. Internationalisierung beginnt im Kopf. Auch hierbei steht der Wille zum Lernen im Zentrum, denn Zusammenarbeit über die Landesgrenzen hinweg erfordert Flexibilität, Sprachkenntnisse und Verständnis für andere Kulturen und Mentalität.

Große Einheiten sind oft weniger anpassungsfähig als kleinere. Deshalb gewähren mehr und mehr multinationale Konzerne ihren Tochtergesellschaften einen höheren Grad an Handlungsspielraum. Der Trend geht von der Zentralisation zur Dezentralisation.

Die Nähe zum Markt entsteht durch lokale Autonomie, denn der direkte Kontakt zum Kunden ist wichtig. Früher konnte ein Unternehmen es sich erlauben, die Entwicklung der Nachfrage abzuwarten. Heute muß es handeln, bevor der Kunde verstanden hat, daß er ein Problem hat.

Eine erfolgreiche Dezentralisierung setzt voraus, daß der einzelne Mitarbeiter genug Selbstvertrauen hat, um selbständige Entscheidungen zu treffen. Einer, der neue Wege geht, setzt sich immer der Gefahr aus, über unbekannte Steine zu stolpern. Der Mut zum Risiko verschwindet, wenn ein kleiner Fehler gleich das große Aus für die eigene Karriere bedeutet. Irren ist menschlich.

Je motivierter die Mitarbeiter sind, desto mehr interessieren sie sich dafür, was in der Umgebung des Unternehmens geschieht, das für dessen Belange von Bedeutung sein könnte. Nur eine offene Kommunikation sichert, daß frühe Warnsignale rechtzeitig den Verantwortlichen erreichen. Dies zeigt wiederum, wie sehr das Gelingen von Veränderungsstrategien auf dem Makro-Niveau davon abhängt, was auf dem Mikro-Niveau intern im Unternehmen geschieht.

Welche Anforderungen stellen die Herausforderungen der Zukunft an den Führungsstil? Wie beeinflussen Betriebsklima, individuelle Einstel-

lungen und das Zusammenspiel zwischen Vorgesetzten und Mitarbeitern die Aussicht auf Erfolg?

## 1.2 Positive Einstellung zu Veränderungen

Der ständige Wandel ist in Zukunft der Normalzustand. Viele Unternehmen haben eingesehen, daß es keinen Zweck mehr hat, detaillierte Prognosen über lange Zeiträume aufzustellen. Zuviel Unvorhergesehenes kann dazwischenkommen. Der Planungszeitraum schrumpft zusammen. Während die Unternehmen früher für zehn Jahre im voraus die Weichen stellten, beschränken sie sich jetzt auf 3 bis 5 Jahre.

In Zukunft werden die Führungskräfte immer häufiger in Situationen geraten, wo sie ihre Entscheidungen auf einer Nulldatenbasis treffen müssen. Das erfordert Intuition und eine gute Nase für soziale, politische und technologische Neuerungen, die früher oder später Konsequenzen für das eigene Unternehmen nach sich ziehen können.

Ein Unternehmen, dessen Produktion auf einer Fortschreibung früherer Konsumgewohnheiten basiert, kann eine Überraschung erleben, wenn Geschmack, Werte und Einstellungen der Verbraucher sich ändern. Das gilt im allerhöchsten Maße für umweltverschmutzende Industrien und die damit verbundenen Probleme der Abfallbeseitigung.

Alle müssen lernen, trotz Unsicherheit Beschlüsse zu fassen und auch in turbulenten Zeiten eine positive Einstellung zu bewahren. Das erfordert Anpassungs- und Einfühlungsvermögen und eine gute Portion Menschenkenntnis. „Altmodische" Werte wie gegenseitige Achtung, Respekt und Mitmenschlichkeit können für den Erfolg unabdingbar sein.

Denn wenn die Umstellung gelingen soll, genügt es nicht, nur die formellen Strukturen zu verändern, indem man neue Kästchen und Vierecke in den Organisationsplan einzeichnet und diese mit Strichen mit-

einander verbindet. Ganz entscheidend ist, was sich innerhalb der einzelnen Einheiten abspielt. Wie ist das Arbeitsklima? Wagt der einzelne es, die Initiative zu ergreifen und auch kontroverse Vorschläge zu machen? Sind die Mitarbeiter aktive Mitspieler, oder sitzen sie nur teilnahmslos auf den Tribünen und beobachten das Geschehen auf dem Spielfeld mit Abstand?

Die Organisationsentwicklung beginnt oft mit einer Analyse der bestehenden Probleme. Das kann in Einzelfällen richtig und notwendig sein. Es besteht jedoch die Gefahr, daß die Last der Probleme so erdrückend wird, daß die anfängliche Begeisterung der Beteiligten schnell nachläßt und die Analyse des Ist-Zustandes in der Jagd nach einem Sündenbock endet. Ohne qualifizierte externe Berater wird das Betriebsklima oft schlechter als zuvor.

Es ist leichter, ein positives Klima zu schaffen, wenn Vorgesetzte und Mitarbeiter gemeinsam Visionen für die Zukunft erarbeiten. Wie stellen wir uns das Unternehmen in fünf Jahren vor? Was ist möglich, wenn wir der Phantasie freien Lauf lassen und alle Begrenzungen zunächst zur Seite schieben? Was hindert uns daran, daß aus unseren Träumen auch Wirklichkeit wird? Es gibt viele kreative Arbeitstechniken, die hier neue Wege öffnen. Ich verweise in diesem Zusammenhang auf Übung 7 im 3. Teil dieses Buches.

## 1.3 Chef und Mitarbeiter auf der gleichen Wellenlänge

*Ab und zu frage ich mich, wie gut unsere Produkte sein müssen, damit sie unsere schlechte Führung wettmachen können. (Mitarbeiter)*

Die demographische Entwicklung geht in Richtung ständig mehr Ältere und weniger Jüngere. So unglaublich es angesichts der hohen Arbeitslosigkeit auch klingen mag: In wenigen Jahren kann die Wirtschaft einen empfindlichen Mangel an qualifizierten Arbeitskräften zu spüren bekommen. Schuld daran ist der Pillenknick in den siebziger

Jahren. Der Zugang zu Mitarbeitern mit guter Ausbildung und relevanter Praxis kann der wachstumsbegrenzende Faktor der Zukunft werden.

Der künftige Mangel an hochqualifizierten Fachkräften wird dazu führen, daß junge Menschen mit guter Ausbildung unter den Stellenangeboten wählen können. Um tüchtige Mitarbeiter anzuwerben und an das Unternehmen zu binden, wird es nicht mehr genügen, mit saftigen Gehältern zu locken. Das kann die Konkurrenz noch überbieten. Ein stimulierendes Betriebsklima, aktives Mitwirken am Geschehen und Möglichkeiten zur fachlichen Weiterbildung sind für viele wichtiger als Geld. Eine der größten Herausforderungen für das Unternehmen besteht in der Einsicht, daß Führungskräfte lernen müssen, besser mit Menschen umzugehen.

Viele Manager denken zuwenig über ihre Rolle nach. Sie sind jetzt in ihrer hohen Position, weil sie früher gute fachliche Leistungen erbrachten. Aber auch als Vorgesetzte spielen sie weiterhin den „Super-Sachbearbeiter", anstatt anderen den Weg nach vorn zu weisen. Damit aus tüchtigen Experten keine schlechten Chefs werden, müssen bei der Einstellung von Führungskräften die persönlichen Eigenschaften des Bewerbers mehr Beachtung finden.

Die Fähigkeit, zu motivieren und im Team zu arbeiten, ist ebenso wichtig wie Fachwissen und analytisches Denken. Der einsame Wolf an der Spitze kann nicht mehr alles alleine schaffen. Die Probleme werden komplexer und verlangen unorthodoxe Lösungen, die Kenntnisse quer durch die einzelnen Bereiche erfordern. Die künftigen Führungskräfte werden deshalb in viel höherem Maße vom Wissen und der Loyalität ihrer Mitarbeiter abhängig sein. Sie handeln deshalb im ureigenen Interesse, wenn sie diesen ebensoviel Aufmerksamkeit und Respekt entgegenbringen wie ihren besten Kunden.

Der Vorstandsvorsitzende des schwedischen multinationalen Konzerns Ericsson, Björn Svedberg, sagt: „Die knappe Ressource ist der Mensch. Um für junge Menschen ein attraktiver Arbeitsplatz zu sein,

bauen wir uns das Image auf, daß wir uns um unsere Mitarbeiter kümmern. Außerdem setzen wir stark auf die innerbetriebliche Aus- und Weiterbildung. In diesem Zusammenhang schulen wir eine große Anzahl Führungskräfte um – speziell aus dem mittleren Management. Unser Ziel ist es dabei, diese mehr menschenorientiert zu machen."

Der Führungsstil des Vorgesetzten entscheidet über die Einsatzbereitschaft der Mitarbeiter. Obwohl zwischen der Bundesrepublik und Japan große kulturelle Unterschiede bestehen und nicht alles, was dort geschieht, auch hier machbar oder gar wünschenswert ist, kann Japan auf dem Gebiet der Motivation als Beispiel dienen. Sony-Chef Akio Morita, dessen Konzern weltweit rund 30 Milliarden DM Umsatz erwirtschaftet, verrät in einem Spiegel-Interview sein Erfolgsgeheimnis: „Kommunikation, wahre Kommunikation – das ist das Wichtigste." An anderer Stelle sagt er: „Die Hauptsache ist: Man gibt den Leuten ein Ziel." Und weiter: „Es geht um Kreativität. Ich leite seit langem ein kreatives Unternehmen und weiß, wie man kreative Leute motiviert. Niemals würde ich denen vorschreiben, was sie tun oder lassen sollen!" (Zitat: Der Spiegel 48/1989).

Sonys Deutschland-Chef, Ron Sommer, sagt in einem Interview mit dem „Stern": „Hinter Sony und den Sony-Produkten muß jeder stehen. Sonst geht's nicht. Ich bekomme hier eher Ärger mit Japan, wenn die Motivation und das Betriebsklima nicht stimmen, als wenn die Zahlen mal nicht so gut sind."

Hochqualifizierte Mitarbeiter in einem Elektronikunternehmen haben eine stärkere Machtposition und können deshalb größere Forderungen an Führungsstil und Betriebsklima stellen als ungelernte Arbeiter, die jederzeit durch andere ersetzbar sind.

Machen Sie sich den Unterschied klar zwischen einem Grubenarbeiter/Stahlkocher und einem EDV-Experten/hochqualifizierten Ingenieur. Die Arbeit unter Tage ist ein reiner Broterwerb. Selbstrealisierung ist für den Kumpel in der Zeche ein Fremdwort. Der Kampf gilt höherem Lohn, kürzerer Arbeitszeit und besserer Verhütung von Betriebsunfäl-

len. Bei anstrengender körperlicher Arbeit sind die Kräfte schnell verbraucht. Für viele ist die Pensionierung ein Segen.

Demgegenüber leisten die Mitarbeiter in einem High-Tech-Unternehmen eher zuwenig als zuviel körperliche Arbeit. Mit gesunder Ernährung und regelmäßigem Ausgleichssport kann ihre Schaffenskraft bis ins hohe Alter anhalten. Ihr Wissen gibt ihnen Macht. Sie sind nicht ohne weiteres durch Neue austauschbar. Ihre praktische Erfahrung hat einen hohen Wert für das Unternehmen. Streiks zeigen immer wieder, wie kleine Gruppen große gesellschaftliche Bereiche völlig lahmlegen können. Wenn darüber hinaus die Zahl der verfügbaren Spezialisten sinkt, stärkt dieses weiter ihre schon heute starke Stellung.

Für das einzelne Unternehmen gilt es deshalb, sich schon jetzt qualifizierte Mitarbeiter zu sichern, zum Beispiel durch Kontakte zu den Hochschulen und innerbetriebliche Weiterbildung.

## 1.4 Personalentwicklung

Wenn die Abgangsklassen von Fachschulen und Universitäten zu klein sind, um den gesamten Bedarf der Wirtschaft zu decken, tun die Unternehmen gut daran, die innerbetriebliche Weiterbildung ihrer eigenen Arbeitskräfte zu verstärken. Es gilt, die Mitarbeiter dazu zu motivieren, ihre Kenntnisse auf den neuesten Stand zu bringen und – falls notwendig – ganz umzuschulen. Zielbewußte Aus- und Weiterbildung ist eine Lebensversicherung für das Unternehmen.

Das Ziel für die Personalentwicklung ist, die Mitarbeiter zu ermutigen, selbst Verantwortung zu tragen. Sie sollen „Unternehmer“ in dem Sinne sein, daß sie innerhalb des ihnen anvertrauten Bereiches selbständige Entscheidungen treffen. Das setzt allerdings voraus, daß sie rechtzeitig darüber informiert werden, was im Unternehmen geschehen soll, und daß sie ohne Angst vor Repressalien ihre Meinung frei zum Ausdruck bringen können.

Motivation entsteht durch Mitwirkung, aber Zusammenarbeit ist schwierig. Die Spielregeln für gute zwischenmenschliche Kommunikation kann man jedoch lernen. Fachliches Wissen allein genügt deshalb nicht. Ebenso wichtig ist es, die soziale Kompetenz der Mitarbeiter zu stärken.

Wenn Personalentwicklung mehr als eine Pflichtübung sein soll, muß das Unternehmen auf Kontinuität setzen. Kurze offene Seminare können wichtige Impulse geben, sie verändern jedoch selten eingefahrene Verhaltensweisen. Die wirkliche Herausforderung besteht darin, daß Chef und Mitarbeiter gemeinsam lernen, an den gleichen Weiterbildungsmaßnahmen teilnehmen und im betrieblichen Alltag einander Feedback geben. Dazu müssen die Vorgesetzten ihre Schwellenangst vor dem Nahkontakt überwinden. Die Mitarbeiter müssen es ihrerseits wagen, ihre Gedanken und Wünsche offen ihren Vorgesetzten vorzutragen, anstatt mit den Kollegen zu mauscheln oder ihre Frustration bei unbeteiligten Dritten loszuwerden.

Es ist auch an der Zeit, die gängigen Lehrmethoden zu überprüfen. Die Art und Weise, wie der Stoff vermittelt wird, entscheidet darüber, ob und wie schnell die Botschaft verstanden und in praktisches Handeln umgesetzt wird. Lange Vorlesungen in Monologform stimulieren nur wenig zum selbständigen Denken. Ebenso erzielen Lehrer und Berater, die Weiterbildung mit Showbusineß verwechseln und ständig unter dem inneren Zwang stehen, ihre Zuhörer „unterhalten" zu müssen, nur geringe Lernerfolge. Erwachsene Menschen möchten den Unterricht aktiv mitgestalten und von ihren Fähigkeiten Gebrauch machen. Die Entwicklung von kreativen und engagierenden Lehrmethoden kann ein attraktiver Wachstumsmarkt der Zukunft werden.

Das Schlagwort vom lebenslangen Lernen kann einen neuen Inhalt bekommen. Viele Ältere empfinden es als eine Bereicherung ihres Lebensabends, auch im reifen Alter noch etwas Neues zu lernen – vielleicht ein Zweit- oder sogar Drittstudium zu beginnen.

Die ehemalige Vizepräsidentin der „International Association of Accelerative Learning“, die Amerikanerin Dee Dickinson, schlägt vor, die staatlichen Schulen nachmittags, abends und in den Ferien offenzuhalten, damit Unternehmer, Manager, Studenten, aber auch normale Arbeitnehmer etwas für ihre berufliche Weiterbildung tun können, um sich so besser auf die schwierigen Zukunftsaufgaben vorbereiten zu können.

Als Paradebeispiel nennt sie die Kleinstadt Anacortes an der Westküste des Staates Washington. Dort sind diese Pläne seit gut einem Jahr verwirklicht. So findet etwa ein reger Schüleraustausch mit Japan statt. „Amerikaner erlernen die asiatische Sprache und sind seitdem viel besser mit den Japanern im Geschäft.“ (Zitat „Management Wissen“, Juli 1989, S. 94)

## 1.5 Entlohnungssysteme

Eine große Herausforderung für die Unternehmen besteht darin, Entlohnungssysteme zu entwickeln, die wirklich motivieren. Je weniger jemand verdient, desto mehr bedeutet die Höhe des Einkommens. Ein Arbeitsloser mit Schulden hat nur einen Gedanken: Wie kann ich nur zu Geld kommen? Auch für schlechtbezahlte Arbeitskräfte spielt jeder zusätzliche Pfennig eine große Rolle. Je besser jemand verdient und je mehr er sich mit dem Inhalt seiner Arbeit identifiziert, desto mehr nimmt die absolute Bedeutung des Geldes ab. An seine Stelle treten Anerkennung für die erbrachte Leistung und ein freier Handlungsspielraum, d.h. die Möglichkeit, den Lauf der Dinge selbst mitzubestimmen.

Ich werde mich im 2. Teil dieses Buches „Motivation durch materielle Anreize“ gründlicher mit der Bedeutung des Geldes als Motivationsfaktor auseinandersetzen. An dieser Stelle soll die Behauptung genügen, daß für Spitzenkräfte eine zusätzliche Gehaltserhöhung nur in geringem Maße dazu beiträgt, mehr zu leisten oder die Qualität ihrer Arbeit zu erhöhen.

Je mehr die Konkurrenz um qualifizierte Arbeitskräfte sich zuspitzt, desto weniger werden materielle Anreize allein ausreichen, um die richtigen Mitarbeiter anzulocken. Wenn die Kasse stimmt, wird für viele Wohlbefinden wichtiger als Geld. Zum Wohlsein gehört menschlicher Kontakt, Vertrauen und das Gefühl, etwas zu bedeuten und gerecht behandelt zu werden. Auch die Chance, etwas Neues zu lernen und sich selbst zu verwirklichen, schafft eine Plus-Psyche.

Die Zeitschrift „manager magazin" hat die Forschungs- und Entwicklungsaktivitäten der drei führenden Industrienationen Japan, USA und Deutschland untersucht. Eine zentrale Fragestellung war dabei: Wer hat das Management am besten im Griff? Ein Vergleich der Motivationsinstrumente in USA und Japan ergab folgendes Bild:

| Materielle Reize ziehen nicht | | |
|---|---|---|
| Was Motivationsinstrumente taugen | | |
| Rang | | Instrument |
| USA | Japan | |
| 1 | 1 | Klarere strategische Vorgaben |
| 2 | 3 | Stärkere Einbindung in den Informationsprozeß |
| 3 | 2 | Mehr Mitwirkung bei der Projektplanung |
| 4 | 6 | Weniger Organisationsbürokratie |
| 5 | 4 | Größere Offenheit für externe Ideen |
| 6 | 5 | Weniger Routineaufgaben |
| 7 | 8 | Mehr Fort- und Weiterbildung |
| 8 | 7 | Mehr Aufstiegsmöglichkeiten |
| 9 | 9 | Bessere Bezahlung |
| Quelle: »manager magazin«, 11/1988 | | |

Wie wichtig eine klare Zielsetzung, gute Information und Mitwirkung am Geschehen sind, zeigt sich auch in meiner eigenen Untersuchung,

auf die ich im Kapitel „Motivation als treibende Kraft" näher eingehe. Auf die Frage: „Was motiviert Sie?" antwortete in dem Unternehmen mit dem besten Betriebsklima nicht ein einziger Mitarbeiter „bessere Bezahlung".

Positive Anreize, die sowohl die intellektuellen als auch die emotionalen Bedürfnisse der Mitarbeiter befriedigen, sind effektiver als negative Motivation in Form von Drohungen oder Strafe.

Hierarchische Strukturen sind der Kreativität nicht dienlich. Deshalb braucht das Unternehmen der Zukunft auch mehr flexible Organisationsstrukturen.

## 1.6 Von der Hierarchie zum Netzwerk

Hierarchische Strukturen tendieren zur Schwerfälligkeit. Die innerbetriebliche Kommunikation geht oft nur in eine Richtung: vom Chef hinunter zu den Befehlsempfängern. Selbst wenn die Untergebenen mitdenken und Verbesserungen vorschlagen, werden diese oft nicht ernst genommen. Autoritäre Vorgesetzte fühlen sich gleich persönlich kritisiert und blocken sicherheitshalber erst mal ab. In anderen Fällen ist der Weg durch die Instanzen so lang, daß der Änderungsvorschlag entweder gar nicht oder nur in sehr verwässerter Form oben ankommt.

Die Tochtergesellschaft eines großen Unternehmens hatte sich durch lange Sachbearbeitungszeiten und sinkende Gewinne bemerkbar gemacht und bekam deshalb von höherer Stelle auferlegt, Organisationsstruktur und Arbeitsroutinen neu zu gestalten. Das Projekt begann mit einem Seminar, an dem sowohl Führungskräfte als auch Mitarbeiter teilnahmen. Ein Brainstorming, bei dem alle zu Worte kamen, sollte mögliche Verbesserungen aufdecken. Für die Mitarbeiter war dies das erste Mal, daß jemand sie um ihre Meinung bat, und sie machten von dieser Möglichkeit ausgiebig Gebrauch.

Für den Manager war dies ein Schock. Er hatte gewöhnlich wenig Kontakt zu seinen Mitarbeitern und lebte deshalb in dem guten Glauben, daß alle eine glückliche Familie seien. Anstatt sich die Vorschläge seiner Mitarbeiter in Ruhe durch den Kopf gehen zu lassen, wies er sie am nächsten Tag als völlig unbegründet zurück. Er kämpfte verbissen gegen jeden Versuch, effektivere Arbeitsroutinen und eine zweckmäßigere Verteilung der Aufgaben einzuführen. Jede Veränderung wäre ja ein Eingeständnis, daß etwas nicht in Ordnung sei.

Die Mitarbeiter, die anfangs sehr engagiert mitmachten, verloren bald ihr Engagement. Sie merkten, daß der Chef sauer wurde, wenn sie ihm nicht zustimmten, und daß er sie fast als Querulanten ansah, wenn sie es wagten zu sagen, was sie denken. Deshalb fielen sie schnell in ihre gewohnte Apathie zurück. Einer faßte die Stimmung in folgende Worte: „Ich habe Angst, den Mund aufzumachen. Ich muß ja auch morgen zur Arbeit gehen." Die innere Einstellung des Vorgesetzten hat einen großen Signaleffekt für alle Mitarbeiter im Unternehmen. Wenn der Chef etwas erreichen will, muß er selbst mit gutem Beispiel vorangehen. Nur wenn seinen schönen Worten auch Taten folgen, ist er glaubwürdig.

Ein anpassungsfähiges Unternehmen nimmt Abschied von der Hierarchie. In der künftigen Organisationsform werden feste Strukturen und mehr flexible Formen der Zusammenarbeit nebeneinander existieren. Arbeitsaufgaben, die sich stets in gleicher Form wiederholen, können weiterhin nach einem festgelegten Muster organisiert sein. Demgegenüber können kreative und im Lauf der Zeit wechselnde Aufgaben in Projektgruppen und informellen Netzwerken gelöst werden. Das erfordert eine klare Kommunikation, damit jeder weiß, wer was macht.

Ein Unternehmen, das größere Projekte in mehrere Untergruppen aufteilt, gibt seinen Mitarbeitern die Möglichkeit, praktische Erfahrungen zu sammeln und sich „on-the-job" weiterzubilden. Neue Aufgaben mit wachsendem Schwierigkeitsgrad erhöhen die fachliche Qualifikation. Veränderungen kommen dann nicht als Schock, sondern sind ein integrierter Bestandteil der täglichen Arbeit.

Damit das Ganze nicht in kleine Königreiche auseinanderfällt, ist es wichtig, die Fäden an der Spitze zusammenzubinden. Das kann in Form von regelmäßigen Besprechungen der Projektgruppenleiter mit dem Topmanager geschehen, auf denen Verbesserungen auf dem Gebiet des Einkaufs, der Technologie oder der Produktivität diskutiert und beschlossen werden.

Die Arbeit in sich selbst steuernden Gruppen wirkt erfahrungsgemäß sehr motivierend, stellt jedoch große Anforderungen an den Teamgeist und die Selbstdisziplin der Beteiligten. Es können Loyalitätskonflikte entstehen. Was der eigenen Gruppe am besten dient, ist nicht notwendigerweise das Beste für das Unternehmen als Ganzes. Ein Projektleiter kann der Versuchung erliegen, einen besonders qualifizierten Mitarbeiter „für sich zu behalten", obwohl er ihn zur Zeit gar nicht so dringend braucht, während eine andere Gruppe gerade einen Engpaß hat. Nur an den eigenen Vorteil zu denken erhöht den eigenen Gewinn und dient damit der Karriere des „egoistischen" Projektleiters, während das Unternehmen dadurch Schaden erleidet, daß andere nicht rechtzeitig Verstärkung bekamen.

Solche Konflikte zwischen individueller Leistung und Gesamtresultat gibt es auch in vielen Unternehmen mit Bonus-Ordnungen, die dazu verführen, daß Kollegen sich gegenseitig die Kunden abjagen. Deshalb ist es wichtig, daß Anerkennung und Belohnung nicht nur an die ökonomischen Resultate des einzelnen geknüpft werden, sondern auch an den Willen und die Fähigkeit zur Zusammenarbeit zum Wohle des Ganzen.

Die Arbeit in Projektgruppen erfordert Arbeitsmethoden und -techniken, die Mitwirkung ermöglichen. Denn wenn der Leiter alles selbst am besten weiß und kann, versinken die anderen Gruppenmitglieder in Passivität. Eine Auswahl solcher kreativen Arbeitsmethoden stelle ich im 4. Teil „Motivation durch Mitwirkung und Verantwortung – Arbeitsmethoden für Projektarbeit und Organisationsentwicklung" vor.

Eine klare Zielformulierung und klare Anforderungen an Qualität und Arbeitseinsatz sind schon der erste Schritt zur Problemlösung. Jedes Projekt der Organisationsentwicklung, Umstellung und Neustrukturierung weckt zugleich Hoffnung und Angst bei den Betroffenen. Um spätere Enttäuschungen zu vermeiden, ist es wichtig, die gegenseitigen Erwartungen gleich zu Beginn zum Ausdruck zu bringen, damit eventuelle Mißverständnisse rechtzeitig ausgeräumt werden können. Es ist auch eine gute Gewohnheit, sich schon im voraus auf Spielregeln zu einigen – etwa, was zu tun sei, wenn die Mitglieder eines Teams sich nicht einig werden. Worten müssen Taten folgen, Beschlüsse in die Praxis umgesetzt werden. Je strukturierter die Arbeitsmethoden sind, desto effektiver die Mitwirkung.

## 1.7 Zusammenwirken aller Kräfte

Preis und Qualität sind immer wichtige Faktoren, die den Kaufentschluß des Kunden beeinflussen. Darüber hinaus wird in Zukunft jedoch das Zusammenwirken aller Kräfte eine größere Rolle spielen.

Eine Firma, die Geräte zur Lebensrettung bei Unfällen herstellt, kann ebenso bei der Ausbildung des medizinischen Personals wie der richtigen Wartung der Geräte beratend zur Seite stehen. In der elektronischen Datenverarbeitung geht der Trend in Richtung auf integrierte und maßgeschneiderte Produktlösungen, die aus Hardware, Software, Supply und Anlernung bestehen. Je komplizierter das Produktmix, desto mehr Fachwissen und soziale Intelligenz sind nötig. Kenntnisse über EDV allein nützen wenig, wenn es an der Serviceeinstellung hapert oder an der Fähigkeit, sich auch Nicht-Experten verständlich zu machen.

Ein Konferenzhotel bekommt ein schlechtes Image, wenn die Telefonzentrale ständig überlastet ist und der Dialog mit dem Anrufer sich wie folgt abspielt:

„Die Dame im Booking ist leider nicht zu sprechen."
„Wann paßt es am besten, daß ich wieder anrufe?"
„Das weiß ich nicht. Bei uns ist es den ganzen Tag hektisch."

Ein Unternehmen, das nicht in der Lage ist, eine Bestellung entgegenzunehmen, ist wenig vertrauenswürdig. Warum ist kein Vertreter in der Booking-Abteilung? Warum kann keiner einen Bescheid entgegennehmen? Warum ruft niemand den Kunden zurück? Ebenso leidet der gute Name, wenn das Hotel sechs Rechnungen schickt, wo doch nur fünf Kurse bestellt und durchgeführt wurden – und dann auch noch trotz telefonischer Aufklärung des Fehlers die Frechheit besitzt, Zahlungsanmahnungen ins Haus zu schicken. Wenn die Telefonzentrale, die Konferenzabteilung und die Rechnungsstelle nicht aufeinander abgestimmt sind, nutzt es wenig, daß die Räumlichkeiten zufriedenstellend sind und das Essen gut schmeckt.

## 1.8 Frauen – eine ungenutzte Ressource

Die neuen Forderungen an die künftigen Führungskräfte haben viel gemeinsam mit den traditionellen Werten, die Frauen sozusagen mit der Muttermilch mit auf ihren Lebensweg bekommen. Schon als kleines Mädchen lernen sie, für andere dazusein. Die Verantwortung für die Familie gibt ihnen Erfahrung von Teamarbeit, Administration und Kostenkontrolle. Die Herausforderung für Frauen besteht jedoch darin, ihre im Familienleben erworbene soziale Kompetenz in einen größeren gesellschaftlichen Rahmen einzubringen. Das erfordert Selbstvertrauen und die Möglichkeit, in Positionen mit ständig steigendem Schwierigkeitsgrad Erfahrungen zu sammeln. Die Unternehmen können hierzu durch gezielte Maßnahmen zur Frauenförderung eine wichtige Hilfestellung leisten.

Immer mehr Frauen setzen auf eine höhere Ausbildung. Neben ihrer fachlichen Qualifikation können sie auch mit ihrer sozialen Intelligenz das vorwiegend männliche Führungsteam ergänzen, zum Beispiel, wenn es darum geht, unterschwellige Strömungen im Betriebsklima

rechtzeitig aufzudecken, die Arbeitslust und Produktivität negativ beeinflussen könnten. Die amerikanische Autorin Marilyn Loden meint aufgrund von ausgiebigen Forschungen, daß Frauen bei der Lösung von Problemen mehr ganzheitlich denken als Männer.

Doch nicht nur in den Führungsetagen sind Frauen eine ungenutzte Ressource. Wenn die Kinder aus dem Gröbsten heraus sind, haben viele Lust, wieder in den Beruf zurückzukehren. Vielen fehlt aber der Mut, selbst die Initiative zu ergreifen. Unternehmen, die sich die Einsatzbereitschaft von Hausfrauen zunutze machen wollen, passen die Arbeitsbedingungen an deren Bedürfnisse an. Das beginnt mit der Vorgehensweise bei der Einstellung. Stellenangebote in überregionalen Wirtschaftszeitungen, in denen promovierte Topexperten mit langjähriger Berufserfahrung u. a. auch im Ausland im Alter unter 30 Jahren gesucht werden, sprechen eher den Ehrgeiz der männlichen Nachwuchsriege an. Viele Frauen wollen 150prozentig sicher sein, daß sie den Anforderungen genügen, bevor sie es wagen, eine Bewerbung zu schreiben.

Das Unternehmen muß Phantasie und unkonventionelle Vorgehensweisen entwickeln, um unsicheren Frauen über die erste Hemmschwelle zu helfen. Das gilt auch für die Bereitstellung von Kindergartenplätzen und die Möglichkeit, die Arbeitszeit flexibel anzupassen.

Die Belohnung für das Entgegenkommen sind enthusiastische und arbeitswillige Mitarbeiter. Viele Frauen sind froh darüber, ihrem Leben als Hausfrau eine neue Dimension hinzufügen zu können. Sie wollen beweisen, daß sie gut sind, und arbeiten deshalb pflichtbewußt und hart.

Das englische Warenhaus Dixons Stores Group hat eine Einstellungsstrategie entwickelt, die sich speziell an Frauen über 40 und Mütter, die zurück ins Berufsleben wollen, richtet. Die Anwerbung erfolgt durch Inserate in Lokalzeitungen mit einer Einladung zu einer „Tasse Kaffee und einem unverbindlichen Gespräch" in einem schönen Restaurant oder Hotel. Zu der ersten Besprechung in der Stadt Leeds kamen 40

Interessentinnen, von denen 32 eingeladen wurden, an dem betriebsinternen Ausbildungsprogramm teilzunehmen. Alle waren vorher arbeitslos.

Die Frauen haben die Möglichkeit, nur so viele Stunden zu arbeiten, wie die Kinder in der Schule sind. In den Schulferien kann jede Mutter freinehmen. In dieser Zeit springen Studenten als Aushilfskräfte ein. Die Frauen bekommen das Angebot, sich fachlich weiterzubilden. In diesem Zusammenhang gründete das Unternehmen eine eigene Verkaufsschule. Nach einem gründlichen Einführungskursus folgt jede fünfte Woche ein Tag Unterricht. Lernziel ist dabei nicht nur geschicktes Verkaufen, sondern auch die Stärkung des Selbstbewußtseins. Auf diese Weise werden die Frauen auch langsam auf Führungsaufgaben vorbereitet.

Angesichts des künftigen Mangels an qualifizierten Arbeitskräften lohnt es sich für ein Unternehmen, mehr für die Frauenförderung zu tun.

## 1.9 Neue Aufgaben für ältere Menschen

Mehr und mehr alte Menschen sind körperlich und geistig noch in guter Form. Als Manager haben jedoch viele Schwierigkeiten, ihren Führungsstil den neuen Anforderungen anzupassen. Es erfordert viel Selbsteinsicht, freiwillig die Verantwortung an jüngere Mitarbeiter weiterzugeben. Viele befürchten, dies käme dem Eingeständnis einer Niederlage gleich. Deshalb brauchen wir kreative Neuansätze dazu, wie der Führungswechsel in allen Ehren und ohne Gesichtsverlust vollzogen werden kann. Die Haltungen der sozialen Umwelt spielen dabei eine große Rolle.

An alternativen Aufgaben sollte es nicht mangeln. In jedem Unternehmen gibt es Arbeitsbereiche, die zwar wichtig sind, aber aus Zeitmangel oft vernachlässigt werden. Das gilt zum Beispiel für die Ausarbeitung einer Strategie für Krisen und Katastrophen, die Verantwortung für die

Instandsetzung von Gebäuden und Maschinen oder die Beratung von jüngeren Mitarbeitern.

Die Herausforderung, neue Aufgaben für ältere Menschen zu finden, gilt jedoch nicht nur für Führungskräfte, sondern auch für Mitarbeiter auf den unteren Ebenen. Viele Alte haben noch die Kraft und den Willen, etwas zu leisten. Sie wollen mit Respekt und nicht als Menschen zweiter Klasse behandelt werden. Es ist eine Verschwendung von wertvollen Ressourcen, ältere Menschen wie unmündige Kinder zu bevormunden oder auf das tote Gleis abzuschieben.

# 2. Innovation durch Motivation

Wir leben in einer Zeit mit technologischen, machtpolitischen und gesellschaftlichen Umwälzungen. Ob ein Unternehmen auf Dauer mit der internationalen Konkurrenz mithalten kann, hängt nicht nur von seiner technologischen Innovationsfähigkeit ab, sondern vor allem auch davon, ob es ihm gelingt, das menschliche Potential für die Ziele des Unternehmens zu mobilisieren.

Die deutsche Wirtschaft investiert Milliardenbeträge in die Entwicklung neuer Technologien, Automatisierung der Produktion und Rationalisierung in der Verwaltung. All das ist notwendig. Es besteht jedoch die Gefahr, daß bei allzu radikalen Schlankheitskuren nicht nur die überflüssigen Pfunde, sondern auch das Betriebsklima und die Motivation dahinschwinden.

## 2.1 Ohne qualifizierte Mitarbeiter keine Kompetenz

In der wirtschaftlichen Debatte ist viel von der Akkumulation des Kapitals und wenig von guten Wachstumsbedingungen für Menschen die Rede. Wenn ein Unternehmen in Schwierigkeiten kommt, werden die Mitarbeiter auf die Straße gesetzt. Massenentlassungen können der letzte Ausweg sein, um ein Unternehmen vor dem Ruin zu retten. Wenn die Mitarbeiter gehen, verschwindet jedoch auch die Kompetenz. Damit ist nicht nur das Fachwissen all derjenigen gemeint, die tatsächlich arbeitslos werden, sondern auch derjenigen, die freiwillig ihren Hut nehmen, obwohl das Unternehmen sie eigentlich gerne behalten möchte. In dem Augenblick, wo die Gerüchte über bevorstehende Entlassungen sich verbreiten, beginnt oft eine ganz freiwillige Massenflucht von Mitarbeitern – und es sind durchweg die besten, die gehen.

Der „stern“ schreibt in einem Artikel über die Verluste des Computer-Herstellers Nixdorf u. a.: „Nun gehen bei Nixdorf gute Leute aus der Entwicklung und aus dem Verkauf.“ Firmensprecher Klingenburg

spielt das herunter, räumt jedoch ein, „wenn es einer Firma nicht gutgeht, gehen die beweglichsten Leute zuerst. Am beweglichsten sind aber die besten Mitarbeiter, denn die werden von den Konkurrenten mit Kußhand genommen."

Ähnliche Erfahrungen machte auch die deutsche Olivetti. Im „Spiegel" Nr. 25/1989 heißt es u.a.: „Viele leitende Angestellte verließen das Unternehmen. Vergangene Woche wurden – die Krise ist nicht mehr zu vertuschen – Massenentlassungen angekündigt."

Hochqualifizierte Spitzenkräfte im richtigen Alter finden leicht einen neuen Job – und verlassen deshalb das sinkende Schiff, obwohl sie selbst gar nicht Gefahr laufen, gekündigt zu werden. Das Loch, das sie hinterlassen, kann zwar mit neuen Arbeitskräften aufgefüllt werden, aber qualifizierte Mitarbeiter wachsen nicht auf Bäumen. Die Neuen haben oft unzureichende Erfahrung, und ihnen mangelt es vor allem an persönlichen Kontakten. Im schlimmsten Falle rekrutiert das Unternehmen Kosten, während die Auftragsmenge gleichzeitig sinkt.

Eine Firma für Unternehmensberatung verkaufte ihren Kunden Problemlösungen, krankte aber selbst an schlechter Führung. Die Unternehmensleitung unterlag dem Trugschluß, daß die Leistungen steigen würden, wenn sie die interne Konkurrenz zwischen den Beratern dank eines ausgeklügelten Bonussystems („Der Beste kriegt alles, die anderen fast nichts") so richtig anheizen würde. Das Gegenteil war der Fall.

Nach kurzer Zeit traute keiner keinem mehr. Alle versuchten, sich gegenseitig die Kunden abzujagen. Das innerbetriebliche Klima wurde allmählich so unerträglich, daß ein Berater nach dem anderen kündigte und eine eigene Firma gründete. Zum Schluß hatten auch die Sekretärinnen die Nase voll von den ständigen Streitereien um die Anzahl der Stunden, die sie für den einzelnen Berater geschrieben hatten. Sie folgten ihrem jeweiligen Lieblingsmann. Auch die Mitarbeiter in der Buchhaltung ertrugen nicht mehr länger das Gerangel um die angemessene Verteilung des Bonus. Nach Ablauf eines Jahres war von der ursprünglichen Belegschaft nur ein einziger Mann übriggeblieben.

Geld spielte für die Unternehmensleitung anfangs keine Rolle. Denn die ehemaligen Berater hatten gut angeschafft. Es wurden ständig Neue eingestellt. Beratung ist aber Vertrauenssache. Die neuen Gesichter kannte keiner. Niemand wollte ein

Risiko eingehen und teures Geld für Leute bezahlen, die noch grün hinter den Ohren waren. Im Laufe eines weiteren Jahres löste sich das ehemals so erfolgreiche Unternehmen auf.

Die Mitarbeiter sind keine seelenlosen Geldmaschinen. Je besser qualifiziert ein Mensch ist, desto höhere Forderungen stellt er nicht nur an das Gehalt, sondern auch an den emotionalen Inhalt der Arbeit. Ein schlechtes Betriebsklima kann Grund zur Kündigung sein. Wenn die Kompetenz verschwindet, verschwinden auch die zukünftigen Gewinnchancen.

## 2.2 Motivation auch bei einer Schlankheitskur

Eine Umorganisation, die nicht professionell geleitet wird, zerstört das psychosoziale Milieu im Betrieb. Zu wenig und zu ungenaue Information schwächt das Vertrauensverhältnis zwischen der Unternehmensleitung und den Mitarbeitern. Gerüchte, Interessengegensätze und Konflikte vergiften die Atmosphäre. Wenn die Mitarbeiter die Freude an der Arbeit verlieren, nützt es wenig, daß die technischen Systeme wirklich erstklassig sind. Setzen Sie deshalb alles daran, um die Motivation auch während einer notwendigen Schlankheitskur zu bewahren.

Menschen, die es gewohnt sind, daß alles immer so weiterläuft wie bisher, bekommen kalte Füße, wenn sich plötzlich etwas ändert. Unsicherheit schafft einen guten Nährboden für Gerüchte. Angst mobilisiert Widerstand. Die Unternehmensleitung sollte sich deshalb die Mühe machen, die Zielsetzung und Gründe für die geplanten Maßnahmen zu erklären, und den Mitarbeitern Gelegenheit geben, dazu Stellung zu nehmen. Die Art und Weise, wie Änderungen durchgeführt werden, ist ausschlaggebend dafür, was zum Schluß dabei herauskommt.

Viele teure Projekte für Organisationsentwicklung führen auf lange Sicht doch zu wenigen wirklichen Verbesserungen, weil die Manager – und viele Unternehmensberater – sich zu wenig für das interne Zusammenspiel im Betrieb interessieren. Sie weisen Vorschläge, die

darauf abzielen, das gegenseitige Vertrauen zu stärken, als unnütze Zeitverschwendung ab. Besonders männliche Führungskräfte und Berater setzen oft einzig und allein auf „Hardware“ (Technologie, Sparmaßnahmen) und vergessen, daß die „Maschine“ (das Unternehmen) auch „Software“ (Anerkennung, offene Kommunikation, Mitwirkung) braucht, um funktionieren zu können.

Die Technologie wird zum Selbstzweck anstatt zum Mittel, um das Ziel zu erreichen. Technischen Experten werden fast magische Kräfte zugeschrieben. Auf Grund ihrer fachlichen Qualifikationen in diesem einen Bereich kommen sie in Positionen, wo sie auch Entscheidungen treffen müssen auf Gebieten, von denen sie wesentlich weniger verstehen – zum Beispiel im Umgang mit Menschen.

In Zeitungsanzeigen suchen Unternehmen oft nach einem einzigen Mann, der die Verantwortung für so unterschiedliche Bereiche wie Entwicklung von EDV-Systemen, Controlling und Personalverwaltung übernehmen soll. Das Rennen macht oft der EDV-Experte. Dieser weiß alles über Bits und Bytes, denkt aber nur an Computer, wenn von Kommunikation die Rede ist. Der Mensch im Betrieb bleibt da auf der Strecke.

Der Ruf des Topmanagers: „ Wie kann ich die Kosten senken?“ kann bei falscher Vorgehensweise leicht übergehen in den Verzweiflungsschrei: „Hilfe! Die Sparmaßnahmen sind planmäßig durchgedrückt worden, aber alle laufen jetzt mit sauren Mienen rum. Wie kann ich nur meine Mitarbeiter motivieren?“

## 2.3 Eine kleine, aber bedeutsame Änderung der Einstellung

Eine Veränderung der Einstellung und erst recht der Handlungsweise ist ein langwieriger und schmerzhafter Prozeß. Quacksalberei ist deshalb oft verlockender als tiefgreifende Therapie.

Viele möchten gerne hier und jetzt Erfolg haben, ohne sich dafür anstrengen zu müssen. Sie glauben, die Sache sei ganz einfach: Wenn ich heute den Beschluß fasse, ein besserer Mensch zu werden, und mir suggeriere, daß ich mit der Kraft meiner positiven Gedanken alle Grenzen sprenge, wache ich morgen als Generaldirektor auf.

Menschen auf dem Ego-Trip vergessen, daß eine Organisation mehr ist als die Summe der in ihr arbeitenden Individuen. Ein Betrieb ist kein soziales Vakuum. Das Zusammenwirken der Menschen löst eine eigene Dynamik aus. Wer dauerhafte Resultate erzielen will, darf nicht nur nehmen, sondern muß auch geben. Maßnahmen, die darauf gerichtet sind, die Leistungen des einzelnen zu steigern, müssen deshalb begleitet werden von Handlungen, die darauf abzielen, den Zusammenhalt der Gruppe zu stärken.

In den ökonomischen Lehrbüchern steht allerdings wenig über die Bedeutung der Teamarbeit. Ganz im Gegenteil, sie gaukeln uns vor, daß sich alles nach streng rationalen Kriterien abspiele. Der Theorie zufolge tut der einzelne, was ihm den größten Nutzen bringt. Also braucht die Unternehmensleitung nur die Tüchtigen mit gutem Geld zu belohnen und die Faulen mit der Androhung von Strafe zu besserer Leistung anzutreiben. Das ist alles – glauben sie.

Manager, die ihre Lektion in Wirtschaftswissenschaften gelernt haben, gehen leicht in diese Falle. Nach amerikanischem Vorbild forcieren sie oft ganz bewußt eine gnadenlose interne Konkurrenz in der Hoffnung, daß der „Homo oeconomicus“ sich auch in der betrieblichen Wirklichkeit so aufführt wie im Lehrbuch. Die Enttäuschung läßt nicht lange auf sich warten.

Wenn die Verrechnung von internen Preisen derartige Dimensionen annimmt, daß Sachbearbeiter und Sekretärinnen Feinde werden und sich gegenseitig vorwerfen, bei der Stundenabrechnung zu tricksen, ist das oft das erste Zeichen dafür, daß etwas falsch läuft. Wenn Kollegen nicht mehr wagen, einander von ihrer Arbeit zu erzählen aus Furcht, der andere könnte den Kunden oder die Idee stehlen, ist etwas faul an

der Sache. Wenn alle, anstatt zu arbeiten, vollauf damit beschäftigt sind herauszufinden, was sich hinter den Kulissen abspielt und wer mit wem eine heimliche Allianz eingeht, wird sich das früher oder später auch am Umsatz zeigen. Wenn die verschiedenen Abteilungen oder Filialen einer Firma sich um die gleichen Kunden reißen, ist der totale Nettogewinn gleich Null.

Deshalb müssen sich auch Betriebswirtschaftler und Ingenieure elementare Kenntnisse über die menschliche Psyche aneignen. Unser Verhalten wird im höchsten Grad durch gefühlsmäßige und irrationale Motive gesteuert. Belohnung in Form von Geld deckt nur einen kleinen Teil der menschlichen Bedürfnisse. Die Kunst zu motivieren besteht darin, die emotionalen Triebkräfte auszulösen. Dies erfordert Einfühlungsvermögen und Geduld. Das Ziel ist eine kleine, aber bedeutsame Änderung der Einstellungen der Vorgesetzten gegenüber ihren Mitarbeitern. Dann werden auch die Mitarbeiter ihre Einstellung gegenüber ihren Vorgesetzten ändern. Wie man in den Wald ruft, so schallt es heraus.

# 3. Motivation als treibende Kraft

Motivation ist eine treibende Kraft. Wer einen Menschen motivieren will, muß etwas über seine Motive wissen und seine Bedürfnisse befriedigen – aber welche Bedürfnisse hat er?

## 3.1 Untersuchung von Motivationsfaktoren

Im Zeitraum 1988–1989 führte ich für meine Kunden in zwei privaten Dienstleistungsbetrieben und zwei Institutionen des öffentlichen Dienstes eine Untersuchung der Motivationsfaktoren durch. In diesem Zusammenhang füllten ungefähr 500 Menschen einen Fragebogen mit 50 Fragen aus. Direktoren antworteten ebenso wie Sekretärinnen, was sie bei ihrer täglichen Arbeit motiviert und was sie demotiviert. Mehr als die Hälfte der Befragten waren Frauen. Die besagten Organisationen befanden sich zu dieser Zeit in einer Phase der Umstellung.

Der Fragebogen ist so gestaltet, daß man bei den meisten Fragen auf einer Skala von (−2) bis (+2) ankreuzt, was am ehesten zutrifft, oder einfach „ja – nein – weiß nicht". Ein solches Vorgehen ist dazu geeignet, die Wichtigkeit oder Richtigkeit von vorgegebenen Behauptungen zu messen. Es taugt weniger dazu, unterschwellige Motive und Haltungen aufzudecken. Zwischen einer bestimmten Anzahl möglicher Antworten zu wählen beinhaltet immer die Gefahr, daß allein die Art der Fragestellung dazu verführt, in die eine oder andere Richtung zu denken.

Deshalb beschloß ich, auch offene Fragen zu stellen, die den Antwortenden dazu zwingen, selbst nachzudenken und eigene Sätze zu formulieren. Die Bearbeitung des Stoffes wird auf diese Weise sehr zeitraubend, denn der Computer läßt sich nicht damit füttern. Der Vorteil besteht jedoch darin, daß ich auf diese Weise einen viel besseren Einblick in die Gedanken und Gefühle der Menschen gewonnen habe.

Solche offenen Fragen sind zum Beispiel:

- Was motiviert Sie?
- Was demotiviert Sie?
- Was kann Ihr Vorgesetzter tun, um Sie zu motivieren?
- Was können Sie selbst tun, um Ihre Arbeit interessanter zu finden?
- Sehen Sie einen Zusammenhang zwischen hoher Produktivität und dem Wohlbefinden des einzelnen Mitarbeiters? Welchen?
- Unter welchen Bedingungen macht Ihnen die Arbeit Spaß?
- Wenn ein Unternehmen umorganisiert wird, paßt das den Mitarbeitern oft gar nicht. Was sind Ihrer Meinung nach die Gründe dafür, daß die Mitarbeiter eine negative Einstellung gegenüber Neuerungen haben?
- Was kann die Unternehmensleitung tun, um die Mitarbeiter dazu zu motivieren, Veränderungen als Chance anstatt als Bedrohung zu begreifen?
- Was können Sie selbst dazu beitragen?
- Glauben Sie, daß Entlohnung nach erzieltem Resultat zu größeren Leistungen anspornt? Wie beurteilen Sie in diesem Zusammenhang die interne Kokurrenz zwischen Kollegen?

Den ausführlichen Fragebogen finden Sie im Anhang dieses Buches. Wagen Sie es, eine entsprechende Untersuchung in Ihrem eigenen Unternehmen durchzuführen, und vergleichen Sie das Ergebnis mit dem hier skizzierten!

Meine Untersuchung legt den Schluß nahe, daß die Diskussion um die Bedeutung von materiellen Anreizen vom Wesentlichen ablenkt: Menschlichkeit – nicht nur zu Hause im Kreis der engsten Familie, sondern auch im Betrieb. In unserer westlichen vom Konkurrenzdenken geprägten Kultur ist es eher akzeptiert, über Geld zu sprechen als über die seelischen Bedürfnisse. Trotzdem sind die Gefühle die treibende Kraft zum Handeln.

Ein hohes Einkommen und der dadurch mögliche Konsum von Luxusgütern dient oft weniger der Deckung eines wirklichen Bedarfs als viel-

mehr der Selbstbestätigung. Das Protzen mit dem dicken Portemonnaie ist ein Synonym für: „Seht nur, wie weit ich es gebracht habe!" Das Zurschaustellen von materiellem Reichtum ist eine Ersatzbefriedigung für den Mangel an menschlicher Anerkennung und Wärme.

Auf die Frage „Was motiviert Sie?" wird in rund 60% aller Antworten die Befriedigung der psycho-sozialen Bedürfnisse genannt: Feedback, Zugehörigkeit, Offenheit, Ehrlichkeit, Glaubwürdigkeit, Vertrauen, Gerechtigkeit, Aufmerksamkeit, Verantwortung, Mitwirkung.

Ungefähr 20% aller Antworten zielen auf die Befriedigung der intellektuellen Bedürfnisse ab: Selbstverwirklichung, interessante und abwechslungsreiche Arbeitsaufgaben, Herausforderungen.

Nur 10% aller Antworten nennen materielle Anreize.

Kaum erwähnt wird mit 1% die Qualität der Räumlichkeiten, in denen sich die Arbeit abspielt. Das bedeutet natürlich nicht, daß die Mitarbeiter gerne in lärmenden Fabriken oder in Büros mit schlechtem Licht und vergilbten Tapeten arbeiten. Aber wenn das physische Arbeitsmilieu zufriedenstellend ist, trägt eine weitere Verbesserung nur in geringem Ausmaß dazu bei, den Arbeitseinsatz zu erhöhen. Statt teure Büropaläste zu bauen, könnte die Unternehmensleitung also lieber etwas für das Seelenleben und die Weiterbildung ihrer Mitarbeiter tun.

Wie bereits gesagt, beschränken sich meine Untersuchungen auf Unternehmen, in denen Wissen und Qualifikation der Mitarbeiter eine große Rolle spielen. Für Arbeiter in Produktionsbetrieben bedeuten die Höhe des Lohnes und die Qualität des physischen Arbeitsmilieus möglicherweise weitaus mehr. Trotz dieser Einschränkung stimmen die Ergebnisse meiner Untersuchung gut überein mit ähnlichen Studien in der Bundesrepublik, den USA und Japan. Darauf habe ich bereits im Kapitel über die innerbetrieblichen Herausforderungen hingewiesen.

## 3.2 Die meisten Mitarbeiter sind motiviert

Um mehr über die Motivation der Mitarbeiter herauszufinden, stellte ich Fragen über ihre Einstellung in bezug auf:

- ihr Interesse für persönliche und fachliche Entwicklung
- ihre Bereitschaft, sich für etwas einzusetzen
- ihre beruflichen Ambitionen und ihren Willen, Verantwortung zu tragen.

Das Ergebnis ist ermutigend:

### (1) Die Mitarbeiter sind lernbegierig

Die Bereitschaft zum lebenslangen Lernen ist eine wichtige Voraussetzung für den beruflichen Erfolg, denn wir leben in einer Zeit, wo die einzige Gewißheit darin besteht, daß sich alles ständig verändert. Deshalb werte ich es als positiv, daß ungefähr 90 % aller Befragten sagen, daß die Möglichkeit zur persönlichen Entwicklung und fachlichen Fortbildung wichtig (+1) oder sogar sehr wichtig (+2) für sie ist. Hier gibt es keinen signifikanten Unterschied zwischen den Geschlechtern, d. h., Frauen lernen ebenso gerne wie Männer.

### (2) Hohe Anforderungen sind ein Anreiz

Auf die Frage „Wie wichtig ist es für Sie, interessante Arbeitsaufgaben zu haben?“ antworten 90 %, daß sie große Anforderungen als Anreiz auffassen.

Auf die Bitte, mit eigenen Worten zu beschreiben, was eine Arbeit interessant macht, erhielt ich u. a. folgende Antworten:

„Die Arbeit muß so beschaffen sein, daß ich mich ein bißchen extra anstrengen muß.“
„Es müssen hohe Anforderungen an mich gestellt werden. Viel Arbeit, Kreativität, Phantasie.“
„Es muß eine Herausforderung sein und mehr als gewöhnlich von mir verlangt werden.“

„Die Aufgabe muß schwierig und umfangreich sein."
„Ich muß mich selbst testen können, ob ich das schaffe und wie schnell."

Diese Antworten deuten darauf hin, daß viele Mitarbeiter gewillt sind, mehr zu leisten, als tatsächlich von ihnen verlangt wird. Dabei spielt jedoch die Art der Tätigkeit eine wichtige Rolle. Je mehr Spielraum für selbständige Entscheidungen, desto größer die Herausforderung an die eigene Schaffenskraft.

#### (3) Viele haben Ambitionen

Auf die Frage: „Sind Sie zufrieden mit Ihrer jetzigen Position, oder haben Sie Ambitionen, entweder in bezug auf eine höhere Stellung, oder in bezug auf mehr Verantwortung in Ihrer jetzigen Position (horizontales Avancement)?" antworten ganze 60 %, daß sie Ambitionen haben.

Natürlich wollen nicht alle in die Führungsriege aufsteigen. Das Opfer, das für die Karriere in Form von weniger Freizeit und mehr Streß gebracht werden muß, ist vielen zu groß. Gleichwohl wünschen sie sich mehr Variationen in den täglichen Arbeitsaufgaben. Diesem Wunsch kann das Unternehmen durch Jobrotation Folge leisten.

## 3.3 Gute Führung heißt nicht demotivieren

Am ersten Arbeitstag sind die meisten Menschen motiviert, aber im Laufe der Zeit sorgen die Verhältnisse am Arbeitsplatz dafür, daß sie die Freude an der Arbeit verlieren. Gute Führung bedeutet deshalb, die Mitarbeiter nicht zu demotivieren.

Leider gibt es noch immer Führungskräfte, die meinen, daß es nicht der Mühe wert sei, Rücksicht auf die Bedürfnisse der Mitarbeiter zu nehmen. Nur wenige Unternehmen und Behörden des öffentlichen Dienstes schaffen sich eine systematische Übersicht über die Ausbildung, Kompetenz und Fähigkeiten ihrer Mitarbeiter. Viele fühlen, daß sie ihr Potential nicht voll ausnutzen können.

Diese Gleichgültigkeit des Vorgesetzten resultiert – längerfristig gesehen – in einer „Ohne-mich-Haltung“ und sinkender Produktivität. Die Mitarbeiter langweilen sich bei der Arbeit, weil sie entweder zu wenig Aufmerksamkeit bekommen oder ihre täglichen Arbeitsaufgaben weit unter ihrer fachlichen Qualifikation liegen. Die Anforderungen sind zu gering.

Die Unzufriedenheit mit der persönlichen Arbeitssituation kann jahrelang schwelen, ohne daß der Vorgesetzte etwas bemerkt, denn viele Mitarbeiter scheuen sich ihrerseits davor, klare Signale zu senden. Sie wollen gerne „etwas anderes“, aber sagen nicht im Klartext, was sie denn eigentlich wollen. Der Grund hierzu kann Resignation sein („Es hat ja alles keinen Sinn“), Angst vor Strafe („Der Boß sitzt am längeren Hebel und kann zurückschlagen“) oder mangelndes Selbstbewußtsein („Ich bin wohl nicht gut genug“). Nur wenige haben darüber nachgedacht, daß auch sie als Mitarbeiter das Recht haben, Anforderungen an ihren Vorgesetzten zu stellen.

Das Management und die Mitarbeiter haben oft eine ganz unterschiedliche Wirklichkeitsauffassung, was nicht verwunderlich ist, da sie ja kaum miteinander reden. Während 90% der Mitarbeiter gerne mehr lernen möchten, antworten nur 40% der Befragten (davon 35% Frauen und 46% Männer), daß ihnen das Unternehmen ausreichende Möglichkeiten zur Weiterbildung bietet. Ganze 60% haben also keine Chance.

Während 90% hohe Anforderungen als Anreiz empfinden, zeigt ihnen der Chef oft die kalte Schulter. Ihr Wunsch nach mehr Verantwortung wird häufig mit der Begründung abgewiesen, daß jemand ja auch die Dreckarbeit tun müsse.

Während 60% der Mitarbeiter eine Erweiterung ihres Aufgabenbereiches wünschen, antworten nur 35% der Führungskräfte, daß sie auch wirklich alles delegieren, was sich mit Vorteil delegieren ließe.

Die Mitarbeiter fühlen sich am wohlsten, wenn ihnen die Arbeit Möglichkeiten zur persönlichen und fachlichen Weiterentwicklung bietet.

Zu geringe Anforderungen schwächen auf Dauer das Selbstbewußtsein und die Einsatzbereitschaft. Eine ständige Überlastung führt zu Streß und Krankheit. Ein Vorgesetzter muß herausfinden, was in seinen Mitarbeitern steckt – und das geht nur mit Hilfe eines offenen Gesprächs.

## 3.4 Motivation erleichtert die Umstellung

Motivation erleichtert die Umstellung. Auf die Frage: „Wenn ein Betrieb umorganisiert wird, sind erfahrungsgemäß viele Mitarbeiter skeptisch. Was ist Ihrer Meinung nach der Grund dafür, daß die Mitarbeiter oft eine negative Einstellung gegenüber Neuerungen haben?« bekam ich folgende Antwort:

41 % Zu wenig, zu späte oder zu ungenaue Information
22 % Die Macht der Gewohnheit. Wir trampeln lieber immer auf dem gleichen Pfad weiter.
17 % Unsicherheit in bezug auf Versetzungen, Verlust von Status oder Arbeitsplatz
12 % Zu wenig aktive Mitwirkung am Geschehen
6 % Verschärfte interne Konkurrenz, mehr Arbeit, Angst, das Neue nicht zu meistern.

Ich finde es bemerkenswert, daß nur ein knappes Viertel aller Antworten auf festgefahrene Positionen und negative Einstellungen schließen läßt. Der Rest zielt auf das Bedürfnis nach Sicherheit:

„Ich will wissen, was geschehen soll und warum."
„Ich will wissen, inwiefern ich persönlich vom Geschehen betroffen bin."
„Ich will Kontrolle über die Situation haben und an der Umgestaltung meines Arbeitsplatzes mitwirken können."
„Ich will sicher sein, daß ich die neuen Aufgaben auch meistern kann."

Auf die Frage: „Was kann Ihrer Meinung nach Ihr Vorgesetzter dazu beitragen, die Mitarbeiter dazu zu motivieren, Veränderungen als

Chance anstatt als Bedrohung zu begreifen?“ erhielt ich folgende Antworten:

65 % bessere Information
24 % aktive Mitwirkung am Geschehen
8 % mehr Aus- und Weiterbildung
2% höheres Gehalt.

„Mein Vorgesetzter sollte mir erklären, warum die Umorganisation notwendig ist.“
„Die Unternehmensleitung sollte die Mitarbeiter stärker in die Arbeit mit der Um- und Neuorganisation einbeziehen, damit sie sich als wichtige Mitspieler fühlen können.“
„Gründliche Weiterbildung, damit die Veränderungen „altbekannter Stoff“ sind und die Mitarbeiter keine Angst vor dem Neuen haben müssen.“
„Die Weichen in Richtung Aus- und Weiterbildung stellen – am besten mit einem Entlohnungssystem, das den Willen zur Umstellung honoriert.“

In den nun folgenden Kapiteln gehe ich ausführlich auf diese Punkte ein:

- Teil 2 Motivation durch materielle Anreize
- Teil 3 Motivation durch offene Kommunikation
- Teil 4 Motivation durch Mitwirkung und Verantwortung

# Teil 2
# Motivation durch materielle Anreize

*Das Geld, das Geld regiert die Welt,*
*Kein Kaiser, der so Hofstaat hält,*
*So herrisch heischt, daß man ihm schranzt*
*Und strack nach seiner Pfeife tanzt.*
*Weiß Gott, solang die Welt besteht,*
*Hat sie sich nur ums Geld gedreht.*
*Stefan Zweig in seiner*
*Komödie „Volpone".*

## 1. Überbewertung des Geldes als Motivationsfaktor

Alle möchten gerne mehr verdienen. Geld ist oft das Thema Nr. 1 am Arbeitsplatz – besonders in Betrieben, die den Wert des einzelnen Mitarbeiters an der Verkaufsstatistik messen. Mit höherem Einkommen steigen auch die Ansprüche. Immer mehr, mehr, mehr. Der Bedarf kennt keine Grenzen. Egal, wieviel monatlich aufs Konto kommt, es ist immer zu wenig. Und immer gibt es andere Menschen, die noch mehr verdienen. Das macht unzufrieden.

Das Einkommen hat in vielerlei Hinsicht Bedeutung.

- Das Einkommen sichert den Lebensunterhalt und ist somit ein Anreiz zum Arbeiten.
- Die Höhe des Einkommens mißt den Status eines Mitarbeiters sowohl in der innerbetrieblichen Hierarchie als auch im Verhältnis zu Nachbarn, Freunden und anderen gesellschaftlichen Gruppen.
- Eine Gehaltserhöhung ist eine Bestätigung des beruflichen Erfolgs.

– Geld kann zu guter Letzt auch als Entschädigung für ein an Gefühlen und tieferen zwischenmenschlichen Beziehungen leeres Leben dienen.

## 1.1 Gute Bezahlung ist wichtig, ein gutes Betriebsklima ist wichtiger

Die Ergebnisse meiner Untersuchung deuten darauf hin, daß die Rolle des Geldes als Motivationsfaktor überschätzt wird. Wenn das Einkommen hoch genug ist, um die Miete, eine standesgemäße Garderobe, eventuelle Schulden und ab und zu einen Restaurantbesuch zu bezahlen, und wenn darüber hinaus immer noch etwas für die jährliche Ferienreise übrigbleibt, trägt eine weitere Gehaltserhöhung nur wenig dazu bei, den Arbeitseinsatz zu erhöhen. Natürlich sagt jeder „ja, bitte – her damit", wenn es um zusätzliche blaue Scheine geht, aber man gewöhnt sich schnell an das höhere Einkommen und nimmt es als Selbstverständlichkeit hin.

Was einen Menschen dazu bewegt, sich wirklich anzustrengen, hat viel mit seinem persönlichen Wohlbefinden, dem menschlichen Klima am Arbeitsplatz und der Art der Arbeitsaufgabe zu tun. Das Gehalt rangiert auf der Wunschliste an unterer Stelle:

Auf die Frage: „Was motiviert Sie?" enthalten – wie bereits erwähnt – nur 10% der Antworten einen Hinweis auf materielle Anreize. Hier gibt es allerdings einen geschlechtsspezifischen Unterschied: 14% der Männer, aber nur 7% der Frauen denken ans Geld, wenn von Motivation die Rede ist.

Auf die Frage: „Was demotiviert Sie?" nennen 70% der Antworten unzureichende Befriedigung der psycho-sozialen Bedürfnisse: ein schlechtes Betriebklima, ein gleichgültiger Chef, immer nur negatives Feedback, zu wenig Information und Mitwirkung. Nur 7% der Antworten beziehen sich auf ein zu niedriges Einkommen.

Um qualifizierte Mitarbeiter an das Unternehmen zu binden, spielen also Betriebsklima und Fortbildungsmöglichkeiten die entscheidende Rolle. Erst wenn diese als unbefriedigend erlebt werden, beginnen die Mitarbeiter, in den Stellenanzeigen zu blättern, und dann wählen sie selbstverständlich Stellen, bei denen sie mehr verdienen können.

Die Ergebnisse von anderen Untersuchungen tendieren in die gleiche Richtung: Motivation beruht in erster Linie auf anderen Faktoren als Geld. Und umgekehrt: ein hohes Gehalt erhöht nicht automatisch die Freude an der Arbeit. Die frohe Botschaft für die Unternehmensleitung lautet: Sie können sehr viel tun, um die Motivation Ihrer Mitarbeiter zu erhöhen, ohne sich in große Kosten zu stürzen.

## 1.2 Die Forderung nach höherem Gehalt ist auch ein Ruf nach mehr Aufmerksamkeit

Wenn das Gehalt eine untergeordnete Rolle als Motivationsfaktor spielt, warum streiken dann die Leute für mehr Lohn? Diejenigen, die am lautesten schreien, sind meist keine Sozialhilfeempfänger, die darum bangen, daß ihr Häuschen zwangsversteigert wird, weil sie die Zinsen nicht bezahlen können. Oft sind es diejenigen mit guter Ausbildung und hohem Einkommen, die die Lohnspirale nach oben drehen.

Ein Streik für mehr Lohn ist auch ein Ruf nach mehr Status und Beachtung. Die Streikenden wollen auf sich aufmerksam machen: „Wir erfüllen eine wichtige Aufgabe in der Gesellschaft. Seht nur, wie alles durcheinander gerät, wenn wir unsere Arbeit verweigern. Zollt uns die Aufmerksamkeit, die wir verdienen. Wenn ihr nicht freiwillig wollt, werden wir Euch eben dazu zwingen."

Die wenigsten Menschen wagen es, offen einzugestehen, daß sie sich übergangen, übersehen, vernachlässigt und unterschätzt fühlen. Es ist leichter, über Geld zu sprechen als über Gefühle. Deshalb versuchen sie, ihre Unzufriedenheit mit schlechter Entlohnung zu erklären.

## 1.3 Entlohnung als Statussymbol

Die Höhe des Gehaltes mißt auch den Status in der innerbetrieblichen Hierarchie. Jeder vergleicht sein eigenes Einkommen mit dem, was andere verdienen. Viele meinen, daß sie eigentlich unterbezahlt sind. Die Beamten im öffentlichen Dienst vergleichen ihr Gehalt mit dem in der freien Wirtschaft. Akademiker meinen, daß sie zu wenig im Vergleich zu Arbeitern verdienen. Deutsche Spitzenkräfte fühlen sich als Waisenkinder im Vergleich zu amerikanischen Topmanagern.

Einem, der gut verdient, noch zusätzlich eine Gehaltserhöhung zu geben wird seine Leistung nicht wesentlich verbessern. Er wird sich weiterhin mit anderen vergleichen und noch mehr fordern. Wichtiger als die absolute Höhe des Gehaltes ist der relative Abstand zu anderen. Das Gehalt muß als gerecht aufgefaßt werden.

Die Datenverarbeitungsbranche ist bekannt dafür, daß man hier nicht auf den Pfennig schaut. Aber auch EDV-Experten klagen über zu wenig Geld. Ein Verkäufer in einer großen EDV-Firma verdient 100000 DM im Jahr. Trotzdem ist er mit dem Gehalt unzufrieden. Seine Sekretärin kommt nämlich auf ganze 67000 DM. Der Statusunterschied wird auf diese Weise zu wenig markiert.

Mitarbeiter mit ähnlichen Aufgaben und vergleichbarem Arbeitseinsatz sollten auch ungefähr das Gleiche verdienen. Die Frustration über eine gehaltsmäßige Diskriminierung kann Grund zur Kündigung sein – obwohl das Gehalt an und für sich hoch ist. Frauen verdienen für die gleiche Arbeit oft weniger als ihre männlichen Kollegen.

> Eine Angestellte kündigte ihre Stellung im öffentlichen Dienst, weil ihr die Arbeit zu langweilig war. In der freien Wirtschaft verdiente sie auf einen Schlag 25000 DM mehr im Jahr. Die Frau war stolz und zufrieden. Nach einer Weile fand sie jedoch heraus, daß ihre männlichen Kollegen für die gleiche Arbeit 12000 DM mehr verdienten. Einige hatten sogar eine schlechtere Ausbildung als sie selbst.
>
> Die Angestellte wurde unzufrieden, obwohl sie ja objektiv immer noch viel besser verdiente als in ihrem alten Job. Sie fühlte sich ungerecht behandelt und unter-

schätzt. Als ihre Forderung nach gleichem Lohn für gleiche Arbeit kein Gehör fand, kündigte sie ihre neue Stellung. Sie war wütend – nicht weil sie zu wenig verdiente, sondern weil ihre Kollegen für die gleiche Arbeit mehr verdienten.

Gerechtigkeit ist hier das Stichwort. Die Unternehmensleitung sollte sich auch Gedanken darüber machen, wie sie das Bedürfnis nach Status und Anerkennung auf andere Weise befriedigen kann als mit Geld. Ein gutes Arbeitsmilieu, aufrichtiges Interesse für die Mitarbeiter, Maßnahmen zur beruflichen Fortbildung und Mitwirkung am Geschehen sind die Lösung.

## 1.4 Eine Gehaltserhöhung als Bestätigung des beruflichen Erfolgs

Die meisten Menschen haben den Wunsch, sich weiterzuentwickeln und das Beste aus sich selbst herauszuholen. Der berufliche Erfolg befriedigt das Bedürfnis nach Status und Anerkennung. Die Bestätigung kann in Form einer Beförderung, eines Titels oder einer Gehaltserhöhung erfolgen.

Umgekehrt ist es demotivierend, jahrein und jahraus immer dasselbe zu tun und auf der gleichen Gehaltsstufe einzurosten. Viele Frauen ohne Ausbildung erleiden dieses Schicksal. Als Vorgesetzter sollten Sie auch denen eine Chance geben, die nicht den Ehrgeiz haben, in eine Führungsposition aufzurücken. Verantwortung für einen größeren Arbeitsbereich und mehr Abwechslung bei der Erledigung der täglichen Aufgaben ist eine Form von „horizontalem Avancement".

Die Bestätigung des beruflichen Erfolgs braucht nicht nur in Form von Geld zu erfolgen. Jedes Unternehmen kann seine eigenen Rituale und Symbole schaffen. Ein aufmunterndes Wort des Vorgesetzten ist oft mehr wert als Gold und Edelsteine.

Die Zeitschrift „Management Wissen" berichtete über eine Untersuchung, die 1988 in einem deutschen Forschungsmilieu durchgeführt

wurde. Die Fragestellung war hier, wie Menschen auf Stillstand in ihrer Karriere reagieren. Die Mitarbeit wurden in drei Gruppen unterteilt:

- diejenigen, die befördert wurden und Karriere machten
- diejenigen, die durch Jobrotation abwechslungsreiche Aufgaben bekamen, ohne jedoch befördert zu werden
- diejenigen, die in ihrer beruflichen Entwicklung ganz stillstanden.

Es überrascht nicht, daß diejenigen, die Karriere machten, sich am wohlsten fühlten. Diese Gruppe verbrachte mehr Stunden am Arbeitsplatz, zeigte bessere Leistungen, entwickelte mehr Initiativen und kommunizierte besser sowohl mit Kollegen als auch mit Vorgesetzten in der eigenen als auch in anderen Abteilungen.

Dagegen zeigte die Gruppe, die zwar abwechslungsreiche Aufgaben hatte, aber nicht aufrückte, die gleichen Verhaltensweisen wie die armen Schlucker der Gruppe 3, die schon lange nichts mehr zu melden hatten:

| | |
|---|---|
| Psychische Reaktionen: | Unzufriedenheit, sinkende Arbeitslust, wenig Kontakt zu anderen, Einsamkeit, Apathie, Angespanntheit, Streß, Angst, Depressionen. |
| Physische Reaktionen: | Atembeschwerden, hoher Blutdruck, Magengeschwür, Herzinfarkt. |

Der Streß, der dadurch verursacht wird, daß jemand sich nicht selbst verwirklichen kann und in seiner beruflichen Entwicklung stillsteht, ist für zielbewußte Menschen schwerer zu ertragen als der Streß als Folge von zuviel Arbeit.

Interessante und abwechslungsreiche Aufgaben allein – zum Beispiel durch Jobrotation – reichen nicht aus, um die Motivation merkbar zu erhöhen. Die genannte Untersuchung zeigte jedoch, daß Mitarbeiter, die interessante Aufgaben bekamen und zusätzlich die Aufmerksamkeit ihres Vorgesetzten, ohne eigentlich befördert zu werden, die glei-

chen Einstellungen und inneren Haltungen zur Arbeit entwickelten wie ihre Kollegen, die tatsächlich Karriere machten: größeres Engagement und Einsatzwillen und bessere Kommunikation.

Dies bestätigt noch einmal, daß Aufmerksamkeit der Schlüssel zur Motivation ist.

## 1.5 Geld als Entschädigung für ein gefühlsleeres Leben

Warum will der Mensch immer mehr Geld haben, wenn doch alle wissen, daß Geld nicht glücklich macht? Geld kann auch eine Entschädigung für ein an echten menschlichen Beziehungen leeres Leben sein.

Jemand, der immer hart arbeitet und viel Geld verdient, hat oft keine Zeit, die Früchte seiner Arbeit zu genießen. Viele Manager haben nur wenige oder oft auch keinen einzigen nahen Freund. Das Familienleben haben sie oft auf dem Altar der Karriere geopfert. Die Scheidung Nr. 1 und den damit verbundenen Verlust der Kinder akzeptieren viele ganz bewußt als Preis, den sie für ihr berufliches Fortkommen bezahlen müssen. Die zweite Ehe hängt oft auch an einem dünnen Faden – besonders wenn die Frau so anspruchsvoll ist, daß sie ihren Mann auch einmal in einem ausgeruhten Zustand sehen will. Der Kauf von Geschenken in der Luxusklasse kann dann der letzte Versuch sein, eine Ehe zu retten, die sonst in der Gefahr ist zu zerbrechen.

> Ein immer eiliger Geschäftsmann wollte seine Frau versöhnen, die viel darüber klagte, daß er niemals zu Hause sei. Als Beweis für seine Liebe zu ihr kaufte er eine Yacht in der Luxusklasse. Es war der gutgemeinte Versuch, wieder etwas Romantik in den grauen Ehealltag zu bringen. Leider hatten die beiden schon lange nicht mehr miteinander über Wesentliches geredet. Er wußte nicht, was sich der Mensch, mit dem er unter dem gleichen Dach lebte, wirklich wünschte, und er nahm sich nicht die Zeit zu fragen. Das bereute er später sehr, denn seine Frau hatte eine Abneigung gegen das Wasser und haßte Boote.

Die ewige Jagd nach dem Geld kann auch eine Kompensation für Streß und Unzufriedenheit am Arbeitsplatz sein. Eine gutbezahlte EDV-

Expertin begründet ihren Wunsch nach einem höheren Gehalt folgendermaßen: „Ich erlebe meine Arbeit als wenig befriedigend. Wir haben ein schlechtes Betriebsklima. Ich fühle mich nicht wohl im Kreis der Kollegen. Gleichzeitig arbeite ich sehr viel, so daß ich wenig Freizeit und kaum Kontakte außerhalb der Arbeit habe. Ich vernachlässige meine Freunde und meinen Körper. Ich bin abends einfach zu müde, um mich noch dazu aufzuraffen, zur Gymnastik zu gehen. Ich habe auch keine Zeit, um mich in einem Verein oder einer politischen Partei zu engagieren. Als Kompensation für all dies will ich wenigstens viel Geld verdienen, damit ich meine Schulden zurückbezahlen, mir eine schicke Wohnung einrichten und für mein Alter vorsorgen kann."

## 2. Der Mensch lebt nicht vom Brot allein

Der Mensch lebt nicht vom Brot allein. Wohlbefinden am Arbeitsplatz zählt für viele mehr als Geld.

In historischer Perspektive ist dies eine einzigartige Situation. In allen Jahrhunderten mußte der Mensch bis zur Erschöpfung arbeiten, um das nackte Überleben zu sichern. Nun können wir – und das gilt in erster Linie für diejenigen mit guter Ausbildung und einem gesicherten Arbeitsplatz in unserem Teil der Welt – uns zum ersten Mal den Luxus erlauben, uns mit unseren gefühlsmäßigen und intellektuellen Bedürfnissen zu beschäftigen.

Ich möchte aus dem bisher Gesagten zwei Schlußfolgerungen ziehen:

1. Die Unternehmensleitung sollte nicht einseitig auf materielle Anreize bauen, sondern eine innerbetriebliche Untersuchung durchführen, um herauszufinden, was die Mitarbeiter im eigenen Unternehmen motiviert und was sie demotiviert. Die Ergebnisse dürfen dann aber nicht in der untersten Schublade verschlossen werden. Wagen Sie eine offene Diskussion, und setzen Sie gute Vorschläge in die Praxis um!

   Eine hohe Motivation stärkt nicht nur das individuelle Wohlbefinden, sondern zahlt sich auch in ökonomischer Hinsicht aus. Die Faktoren, die Freude an der Arbeit schaffen, sind weitgehend unabhängig von der Höhe des Einkommens. Es kostet nicht viel, die Mitarbeiter zu motivieren.

   Halten Sie sich an die Regeln für ein gutes menschliches Miteinander: Zeigen Sie Ihren Mitarbeitern Interesse, und seien Sie großzügig mit Anerkennung. Sorgen Sie für rechtzeitige und glaubwürdige Information. Bauen Sie Ihre Angst vor der direkten Kommunikation ab, und geben Sie Ihren Mitarbeitern eine Chance, aktiv am Geschehen mitzuwirken. Steigen Sie als Vorgesetzter von Ihrem hohen Sockel herab. Wenn Sie weniger autoritär führen, werden Sie

mehr an Autorität dazugewinnen. Die Qualität der sozialen Prozesse am Arbeitsplatz ist mindestens ebenso wichtig wie die Ihres neuesten EDV-Systems.

2. Die Gewerkschaften, die ja die Interessen der Arbeitnehmer vertreten sollen, würden gut daran tun, in stärkerem Maße auch für die Befriedigung der nicht-materiellen Bedürfnisse ihrer Mitglieder zu kämpfen. Wir verbringen so viele Stunden am Arbeitsplatz, daß es nicht gleichgültig sein kann, ob wir noch vor Erreichen des Pensionsalters als Nervenbündel ausrangiert werden oder ob wir auch im hohen Alter als Rentner unsere Schaffenskraft und Lebensfreude bewahrt haben. Wohlbefinden bei der Arbeit ist eine Voraussetzung dafür, auch die Freizeit genießen zu können.

Solange sich alles nur ums Geld dreht, haben Arbeitgeber und Arbeitnehmer gegensätzliche Interessen. Motivation dank Anerkennung, Mitwirkung und Selbstverwirklichung schaffen demgegenüber die Grundlage für eine gemeinsame Zielsetzung. Angesichts der großen globalen, europäischen und demographischen Herausforderungen ist es an der Zeit, daß sowohl Arbeitgeber und Arbeitnehmer einsehen, daß sie im gleichen Boot sitzen.

# Teil 3
# Motivation durch offene Kommunikation

*Zusammenarbeit besteht aus 100% Kommunikation.*

Gute Zusammenarbeit setzt offene Kommunikation voraus:

- Reden Sie mehr miteinander
- Geben Sie einander Feedback
- Akzeptieren Sie konstruktive Kritik
- Stellen Sie klare Anforderungen, und sagen Sie, was Sie voneinander erwarten
- Haben Sie den Mut, auch unangenehme Dinge zur Sprache zu bringen
- Drücken Sie sich klar und deutlich aus: Sagen Sie „ja“, wenn Sie „ja“ meinen, und „nein“, wenn Sie nicht wollen – und zwar ohne Schuldgefühle
- Üben Sie sich im Zuhören
- Bemühen Sie sich um eine gemeinsame Wirklichkeitsauffassung, indem Sie die Sache auch aus der Sicht des anderen sehen
- Legen Sie bei Interessengegensätzen Ihre Karten offen auf den Tisch
- Seien Sie ehrlich – Ihre Körpersprache verrät ohnehin mehr als Ihre Worte
- Schaffen Sie eine Unternehmenskultur, in der die offiziellen Werte mit der betrieblichen Wirklichkeit übereinstimmen
- Lösen Sie Konflikte, solange sie klein sind.

Offene Kommunikation bedeutet freier Informationsfluß von oben nach unten, von unten nach oben und auch quer durch die Organisation. Offene Kommunikation bedeutet gegenseitiges Feedback in einem Klima des Vertrauens. Offene Kommunikation bedeutet Interesse, Aufmerksamkeit und gegenseitigen Respekt.

Information ist eine Voraussetzung dafür, um die richtigen Entscheidungen treffen zu können. Die Mitarbeiter wollen wissen, was geschieht und warum. Wenn sie verstehen, inwiefern ihre Arbeit zum Ganzen beiträgt, werden sie eine größere Zugehörigkeit empfinden und sich mehr mit den Zielen des Unternehmens identifizieren, als wenn sie auf Gerüchte als einzige Informationsquelle angewiesen sind. Die Mitarbeiter sind mehr motiviert, und das Unternehmen erzielt bessere Ergebnisse.

Offene Kommunikation dient auch der Qualitätssicherung. Der Verkäufer im Außendienst oder die Kollegin am Bankschalter bekommen zuerst die Klagen der Kunden zu hören. Sie haben die Möglichkeit, die Unzufriedenheit an die zuständige Stelle weiterzuleiten. Das setzt allerdings voraus, daß sie ohne Furcht vor Strafe auf Fehler hinweisen und Verbesserungsvorschläge unterbreiten können und daß der Vorgesetzte sich Zeit zum Zuhören nimmt.

Viele schmerzhafte Maßnahmen zur Um- und Neuorganisation hätten vermieden werden können, wenn die Unternehmensleitung ein Ohr dafür gehabt hätte, was sich an der Basis regt. Viele Unglücke und Katastrophen hätten verhindert werden können, wenn die Warnungen die Führungskräfte rechtzeitig erreicht hätten.

> Ein Professor der Psychiatrie erklärte die Bedeutung von offener Kommunikation am Beispiel einer englischen Grube, die aufgrund ihrer vielen Unglücke bekannt und berüchtigt war.
>
> Eine Untersuchung der Ursachen brachte an den Tag, daß die Grubenarbeiter kaum Kontakt zu ihren Vorgesetzten hatten. Der Informationsfluß verlief nur von oben nach unten. Nachdem die Grubenleitung sich zu regelmäßigen Besprechungen mit den Arbeitern bereit erklärt hatte, nahm die Zahl der Unfälle drastisch ab.

Im globalen Wettlauf um den Spitzenplatz bei neuen Technologien entscheiden Forschung und Entwicklung darüber, wer zuerst ans Ziel kommt. Der Erfolg hängt jedoch nicht nur vom technologischen Wissen und den finanziellen Mitteln ab, sondern auch von der betriebsinternen Zusammenarbeit und Kommunikation.

Die Zeitschrift „manager magazin“ schreibt in ihrer F + E-Enquete u.a.: „Die Schwachstellen sind... nicht auf fehlende Planungs- und Steuerungsinstrumente zurückzuführen... Eher schon erklären Kommunikations- und Abstimmungsprobleme die mangelnde Effektivität im F + E-Management. Anvisierte Ziele können verfehlt werden, weil sie nicht klar formuliert und nicht systematisch in die Organisation hineingetragen werden, weil es am Feedback hapert oder die Koppelung zu den Nachbarressorts (vor allem zum Marketing) nicht funktioniert.“ (Quelle: „manager magazin“, 10/1988).

Kommunikation besteht aus
- Information
- Feedback
- Zuhören
- Fragen.

# 1. Innerbetriebliche Information

Der Mitarbeiter will wissen, was er zu tun hat, welche Erwartungen seine Vorgesetzten an ihn stellen und inwiefern das, was in anderen Abteilungen und außerhalb des Betriebes vor sich geht, für seine Arbeit von Bedeutung ist.

Für einen freien Fluß der innerbetrieblichen Information zu sorgen, ist eine wichtige Führungsaufgabe. Der Vorgesetzte hat Vorbildfunktion. Seine inneren Einstellungen und faktischen Verhaltensweisen signalisieren den Mitarbeitern, in welchem Grad sie es wagen können, offen zu sein. Deshalb ist es wichtig, daß die Worte und Taten des Chefs miteinander in Einklang sind.

Falls der Chef seine Informationsaufgabe versäumt, hat der Mitarbeiter das Recht, eigene Initiativen zu ergreifen und, falls nötig, um mehr Information zu bitten:

„Sollte ich sonst noch etwas wissen?"
„Darf ich Sie noch einmal auf diese Sache hin ansprechen? Ich möchte gerne sicher sein, daß ich Sie richtig verstanden habe."
„Wann kann ich Sie zurückrufen, falls noch weitere Fragen auftauchen?"

## 1.1 Ungewißheit erzeugt Angst

Das Bedürfnis nach Information ist besonders groß in turbulenten Zeiten mit einer organisatorischen, strategischen und unternehmenspolitischen Umstrukturierung.

Ungewißheit ist ein guter Nährboden für Gerüchte. Die Mitarbeiter haben Angst davor, persönlich zu versagen oder den Arbeitsplatz zu verlieren.

Je größer die Unsicherheit, desto geringer die Produktivität. Zu wenig, zu späte oder unglaubwürdige Information bringt die Gerüchteküche zum Brodeln. Auch wenn die Unternehmensleitung versucht, dicht zu halten, sickern immer ein paar Neuheiten durch. Die Mitarbeiter klüngeln sich zusammen und fangen an zu spekulieren, was wohl kommen könnte. Wenn der eine „glaubt", daß diese oder jene Lösung gewählt wird, erzählt der andere weiter, daß dies nun beschlossene Sache sei. Die Mitarbeiter verwenden viel Zeit und Energie darauf, herauszufinden, was nun wirklich stimmt. Die Arbeit bleibt links liegen.

Die Mitarbeiter fühlen sich bedroht und verunsichert. Viele fürchten, den Boden unter den Füßen zu verlieren:
„Was kommt wohl nun?"
„Welche Konsequenzen wird die Umorganisation für mich persönlich nach sich ziehen?"
„Wer weiß, wo das noch enden wird?"

Erworbene Rechte, Vorteile, Status und Prestige stehen auf dem Spiel. Versetzungen in eine andere Abteilung oder Stadt schmecken nach Degradierung, wenn die Unternehmensleitung die Betroffenen vor vollendete Tatsachen stellt, ohne ihnen Gelegenheit zu geben, an der künftigen Gestaltung ihres Arbeitsplatzes mitzuwirken.
„Warum gerade ich?"
„Kann der Chef mich nicht leiden?"
„Ist das nun die Strafe dafür, daß ich in dieser oder jener Angelegenheit den Mund aufgemacht habe?"
„Habe ich meine Arbeit nicht zufriedenstellend ausgeführt?"

Speziell bei der Einführung von neuen Technologien fürchten ältere Mitarbeiter, von jüngeren Kollegen ins Abseits geschoben zu werden.
„Was geschieht, wenn ich da nicht mehr mithalten kann?"
„Das schaff' ich nie und nimmer!"
„Was passiert dann wohl mit mir?"

Stellen Sie sich einen erfahrenen älteren Buchhalter vor, vor dem alle Respekt haben. Eines Tages kommt er zur Arbeit, und da steht ein

nagelneuer Computer auf seinem Schreibtisch. Niemand hat aber daran gedacht, ihn in die Geheimnisse der elektronischen Datenverarbeitung einzuweihen. Sein über Jahre angesammeltes Fachwissen wird auf einen Schlag wertlos. Der früher das große Sagen hatte, wird auf einmal ganz still. Ein junger Kollege mit EDV-Erfahrung übernimmt seine Arbeit. Die Sprechzimmer der Psychiater sind voll von Menschen, die von technologischen Neuerungen auf das tote Gleis abgeschoben wurden.

Gewiß trägt der einzelne Mitarbeiter selbst Verantwortung für sein berufliches Fortkommen. Er muß motiviert sein, sich fachlich weiterzubilden und sich an neue Rahmenbedingungen flexibel anzupassen. Gewiß sind manche zu bequem dazu oder wachen erst zu spät auf. Trotzdem trägt auch die Unternehmensleitung eine Verantwortung für die Schulung ihrer Mitarbeiter. Je mehr sie über zukünftige Entwicklungen informiert und ihren Mitarbeitern Möglichkeiten zum Lernen gibt, desto weniger Angst werden diese vor der Einführung von neuen Technologien haben, und desto besser können die menschlichen Ressourcen für die Ziele des Unternehmens genutzt werden.

Die Angst vor Verlust des Arbeitsplatzes ist das größte Schreckgespenst. Worte wie „rationalisieren, automatisieren, Kosten einsparen und wettbewerbsfähig bleiben" sind oft Synonyme für das Entlassen von Leuten.

> Ein Bankangestellter faßt sein Unbehagen in folgende Worte:
> „Ich kriege es mit der Angst zu tun, wenn ich an die fortschreitende Automation der Bankdienstleistungen denke. Mit der Verantwortung für diesen Bereich säge ich selbst an dem Ast, auf dem ich sitze. Wenn die Kunden sich in zunehmendem Maße an Bankautomaten selbst bedienen, werde ich zu guter Letzt noch überflüssig. Die Bank ist nicht mehr der sichere Arbeitsplatz, der sie einmal war."

Der Widerstand gegen Neuerungen wurzelt in der Angst vor dem Unbekannten. Selbst eine unangenehme Wahrheit ist leichter zu ertragen, als ständig in Ungewißheit zu schweben. Die Notwendigkeit von Entlassungen wird eher akzeptiert, wenn das Management eine aufrichtige Linie verfolgt. Je eher die Betroffenen damit beginnen können, die

neue Situation psychisch zu verarbeiten, desto besser. Sie haben dann die Möglichkeit, etwas selbst zu tun, zum Beispiel eine neue Arbeit zu suchen, umzuschulen oder sich Gedanken darüber zu machen, wie sie das Beste aus ihrem neuen Leben als Rentner machen können. Natürlich ist es immer ein harter Schlag, den Arbeitsplatz zu verlieren. Rechtzeitige Information kann helfen, den Schmerz zu lindern, indem die Betroffenen dazu motiviert werden, etwas aktiv zu unternehmen, um ihre Situation zu verändern. Wenn sie eigene Initiativen ergreifen, schaffen sie sich eine gewisse Kontrolle über ihr Leben, während Mangel an Information und die damit verbundene Ungewißheit sie zur Passivität verurteilt.

## 1.2 Information schafft Sicherheit und Vertrauen

Information schafft Sicherheit und Vertrauen – vorausgesetzt, daß die Unternehmensleitung aufgrund früherer Erfahrungen glaubwürdig ist. Damit die Information bei akuten Krisen ihren Zweck erreicht, lohnt es sich, bereits in ruhigen Zeiten eine Vertrauensbasis zu den eigenen Mitarbeitern und Betroffenen außerhalb des Unternehmens herzustellen.

## 1.3 Information so früh wie möglich

In turbulenten Zeiten sollte die Information der Mitarbeiter so früh wie möglich erfolgen.

Die Unternehmensleitung vergißt oft, daß sie selbst einen wissensmäßigen und zeitlichen Vorsprung vor der Belegschaft hat. Die Führungskräfte haben bereits verschiedene Vorschläge erörtert und einen gedanklichen Reifungsprozeß durchlaufen, bevor die Mitarbeiter etwas von den bevorstehenden Plänen erfahren.

Auch die Mitarbeiter brauchen Zeit, um sich an Veränderungen zu gewöhnen. Je früher sie erfahren, was geschehen soll, desto besser können sie sich mental darauf einstellen.

Die Unternehmensleitung sollte immer zuerst die eigenen Leute informieren, bevor sie sich mit Neuigkeiten an die Medien wendet. Allzuoft erfahren die Arbeiter und Angestellten erst aus der Zeitung von Veränderungen in ihrem eigenen Betrieb.

Information ist kein einmaliger Gnadenakt. Eine einzige Offenbarung über die Unternehmensziele ist zu wenig. Informieren Sie deshalb fortlaufend, und ermuntern Sie Ihre Mitarbeiter zum Mitdenken. Schalten Sie sie in die innerbetriebliche Diskussion ein, und hören Sie sich ihre Vorschläge an – und zwar vom ersten Tag an und nicht nur am Vorabend, bevor eine Neuerung in Kraft tritt.

## 1.4 Information über das „Was"

Informieren Sie darüber, was geschehen soll. Seien Sie ehrlich und konkret. Lügen haben kurze Beine. Der taktische Vorteil, den Sie kurzfristig durch Verbreiten von Halbwahrheiten erzielen, wird mehr als aufgehoben durch die langfristige Schwächung der Vertrauensbasis. Ausführliche Information läßt unbegründeten Widerstand verschwinden.
Antworten Sie auf folgenden Fragenkatalog:
Was soll passieren?
Wer ist davon betroffen und auf welche Weise?
Wann soll es denn geschehen?
Wer soll dazu Stellung nehmen?
Wer soll den endgültigen Beschluß fassen?
Welche Konsequenzen wird der Beschluß für wen mit sich ziehen?
Wer muß über was informiert werden?

## 1.5 Information über das „Warum"

Der Information über das Was muß die Information über das Warum folgen. Die Unternehmen geben Millionen für Werbung aus. Potentielle Kunden sollen wissen, warum die eigenen Produkte so gut sind. Ebenso wichtig wie das Marketing nach außen ist das Marketing nach innen.

Der Mitarbeiter kann sich nur mit der Zielsetzung des Unternehmens identifizieren, wenn er das Ziel kennt und die Gründe einer Neuerung versteht. In vielen Fragen gibt es ja nicht nur eine einzige Lösung, die für alle einleuchtend ist. Ganz im Gegenteil haben verschiedene Menschen unterschiedliche Auffassungen und widersprüchliche Interessen. Wenn die Führungskräfte ihre Entscheidungen begründen, ist es für die Betroffenen leichter, diese zu akzeptieren.

Auch wenn der Vorgesetzte an einem arbeitsreichen Tag einfach nur vergißt zu informieren, ist die Wirkung die gleiche wie ein bewußtes Vorenthalten von Information. Die Mitarbeiter interpretieren das Versäumnis als Gleichgültigkeit von seiten des Chefs und antworten ihm mit Mißtrauen und Desinteresse an der Arbeit.

„Wenn hier keiner auf mich Rücksicht nimmt, warum soll ich mich dann für das Unternehmen engagieren?“

„Wenn keiner es wagt, den Mund aufzumachen, dann ist sicher etwas faul an der Sache.“

Eine Abwehrhaltung gegenüber Neuerungen beruht oft weniger auf einer negativen Grundeinstellung als auf dem verletzten Gefühl, in den Augen des Vorgesetzten nichts zu bedeuten und nicht ernstgenommen zu werden. Machen Sie sich deshalb die Mühe, Ihre Mitarbeiter zu überzeugen, und vermitteln Sie Ihre Ideen auf eine psychologisch richtige Weise. Positive Argumente motivieren mehr als Drohungen. Zum Beispiel:
„Die bevorstehende Neuerung bietet folgende Möglichkeiten, Vorteile und positive Seiten für Sie.“

„Veränderungen, die zum Besten für den Betrieb sind, tragen auch dazu bei, Arbeitsplätze zu sichern.“

„Ein Abbau von x Arbeitsplätzen läßt sich aus xyz Gründen nicht vermeiden, aber die Unternehmensleitung hat folgendes Angebot an diejenigen, die freiwillig gehen oder entlassen werden.“

„Die Unternehmensleitung hat einen externen Berater engagiert, der den Entlassenen beistehen wird, durch Gespräche mit ihrer schwierigen Situation psychisch fertig zu werden, und der sie auch bei der Suche nach einer neuen Arbeit beraten wird."

„Die Umorganisation wird dazu führen, daß die Mitarbeiter interessantere Arbeitsaufgaben erhalten. Die Unternehmensleitung bietet xyz Maßnahmen zur beruflichen Fortbildung an."

„Die Einführung der elektronischen Datenverarbeitung wird Ihnen helfen, Ihre Arbeit schneller und übersichtlicher auszuführen. Sie werden auf diese Weise auch besseren Zugang zu wichtigen Informationen bekommen."

„Ihr Verantwortungsbereich wird mit abc Aufgaben erweitert werden, und das wird sich in einer Gehaltserhöhung von xyz niederschlagen."

„Wir bieten Ihnen xyz Möglichkeiten zur Aus-, Fort- und Weiterbildung an."

„Folgende Maßnahmen sind zur Persönlichkeitsentwicklung vorgesehen."

„Die neue Regelung hat im Vergleich zur alten folgende Vorteile in bezug auf Effektivität und Ertrag."

„Ihre Versetzung in die neue Abteilung ist als Kompliment anzusehen. Wir brauchen dort eine Person mit genau Ihren Fähigkeiten."

„Wir haben die Erfahrung, daß die meisten es spannend finden, etwas Neues zu lernen. Wir werden für eine gründliche Einarbeitung sorgen."

## 1.6 Informationskanäle

Es gibt eine Vielzahl von möglichen Informationskanälen.

- Mitteilungen via EDV-Netzwerk
- Betriebsinternes Radio
- Videokassetten
- Rundschreiben und andere schriftliche Informationen
- Persönlicher Kontakt und Aufmerksamkeit.

### (1) Mitteilungen via EDV-Netzwerk

Information aus dem Computer eignet sich am besten zur Vermittlung von Fakten und Nachrichten. Der Vorteil eines EDV-Netzwerkes besteht darin, daß eine große Anzahl Personen schnell an die Information herankommt. Der Nachteil ist, daß die Information oft nur in einer Richtung verläuft und daß ihr etwas Unpersönliches anhaftet.

### (2) Betriebsinternes Radio

Betriebsinternes Radio kann sehr unterhaltsam sein, aber bleibt typische Einweg-Kommunikation.

### (3) Videokassetten

Auch bei Videokassetten verläuft die Information nur in eine Richtung. Außerdem ist die Produktion von professionellen Videofilmen recht teuer. Das kann dazu verführen, nur eine einzige Standardkassette für unterschiedliche Zwecke und Zielgruppen zu produzieren, die dann leicht ihr Ziel verfehlt. Die Betrachter fühlen sich von der Botschaft nicht berührt, im schlimmsten Fall sogar abgestoßen.

Die Frauengruppe einer politischen Partei organisierte eine Konferenz über den Umweltschutz und bat in diesem Zusammenhang um einen Betriebsbesuch bei einem erfolgreichen Unternehmen für Umwelttechnik. Die Gruppe wurde freundlich vom Informationschef empfangen und bekam eine Videokassette über die Unternehmenskultur zu sehen. Der Film zeigte den Geschäftsführer im Gespräch mit einem männlichen Unternehmensberater. Sie verglichen den Teamgeist in einem

Betrieb mit dem einer Fußballmannschaft und gebrauchten durchwegs Redewendungen, Bilder und Beispiele, die völlig auf den Erfahrungsbereich von Männern abgestimmt waren. In den 20 Minuten, die der Film währte, tauchte nicht eine einzige Frau auf. Es war ein Film von Männern für Männer, der den Frauen gezeigt wurde.

Abgesehen davon, daß die Frauen sich provoziert fühlten, daß Umweltschutz und Betriebsklima als reine Männersache dargestellt wurden, wirkte es befremdend auf sie, daß sie bei ihrem Besuch nur mit Konserven abgespeist wurden. Ein persönliches Wort des Direktors oder eine Diskussion mit Mitarbeitern hätte sie mehr überzeugt.

Je perfekter eine Videokassette in technischer Hinsicht ist, desto größer ist oft der Abstand zur betrieblichen Wirklichkeit. Viele teure und ästhetisch anspruchsvolle Videos rufen bei den Angestellten nur ein müdes Gähnen hervor und verstärken das Gefühl: „Die da oben und wir hier unten."

Videokassetten haben ihre Berechtigung als Teil eines Informationskonzeptes. Sie sollten jedoch nicht als Ersatz für den persönlichen Kontakt dienen.

### (4) Rundschreiben und andere schriftliche Informationen

Rundschreiben und andere schriftliche Informationen werden häufig ungelesen abgeheftet in der Hoffnung, irgendwann einmal mehr Zeit zum Lesen zu haben, und falls dies wirklich einmal der Fall sein sollte, sind sie veraltet.

Es zeugt von wenig Einfühlungsvermögen, Informationen über bevorstehende Entlassungen lapidar auf der Anschlagstafel mitzuteilen. In Fragen mit so weitreichenden Konsequenzen ist persönlicher Kontakt angesagt.

Viele Führungskräfte rechtfertigen sich damit, daß sie zu wenig Zeit haben, um ihre Mitarbeiter persönlich zu informieren. Ständig zu viel zu tun zu haben ist jedoch oft eine unbewußte Flucht vor schwierigen Situationen im zwischenmenschlichen Bereich. Der Vorgesetzte hat insgeheim Angst vor einer offenen Konfrontation und hält deshalb seine

Mitarbeiter auf Abstand. Damit schadet er sich selbst. Es ist wie in einer Ehe: wenn die Partner aufhören, auch über das Unangenehme miteinander offen zu reden, verstummt allmählich eine jede echte Kommunikation. Sie sprechen nur noch über oberflächliche Dinge und entdecken oft zu spät, wie weit sie sich schon auseinandergelebt haben. Der endgültige Bruch ist dann oft die einzige Lösung.

### (5) Persönlicher Kontakt und Aufmerksamkeit

Ganz gleich, wieviel Information übermittelt wird, es wird immer Klagen darüber geben, daß es zu wenig ist. Der Ruf nach mehr Information ist oft ein Ruf nach mehr Aufmerksamkeit, Offenheit, Glaubwürdigkeit, Vertrauen und vor allem persönlichem Kontakt:
„Offen sagen, wo es langgehen soll. Nicht versuchen, etwas zu vertuschen."

„Wenn mein Vorgesetzter mir ehrlich sagen würde, was die Veränderungen für mich persönlich bedeuten."

„Ein bißchen mehr mit jedem von uns sprechen."

Die Mitarbeiter sagen „Information", d.h. Deckung des Bedarfs an Fakten, und meinen „Aufmerksamkeit", d.h. Befriedigung eines emotionalen Bedürfnisses. Die Unternehmensleitung muß sich über diesen feinen Unterschied im klaren sein. Das modernste EDV-System mit täglichen Meldungen an jeden einzelnen kann nicht den persönlichen Kontakt zwischen dem unmittelbaren Vorgesetzten und dem Mitarbeiter ersetzen.

Das Gespräch von Angesicht zu Angesicht ist die beste Form der Information. Vorgesetzte und Mitarbeiter sollten mehr miteinander reden, anstatt via dichtbeschriebener DIN-A4-Seiten miteinander zu kommunizieren. Auch wenn der Topmanager keine Zeit dazu hat, den ganzen lieben langen Tag durch die Korridore zu spazieren und jeden einzelnen nach dem Wohlergehen seiner kranken Großmutter zu befragen, kann er sich doch ab und zu mal in den unteren Etagen blicken lassen. Er

kann auch die Mitarbeiter gruppenweise informieren und zu Worte kommen lassen.

Der unmittelbare Vorgesetzte hat es leichter, engen Kontakt mit seinen Mitarbeitern zu pflegen. Strukturierte Formen der Zusammenarbeit – wie sie im Teil 4 beschrieben sind – sichern die Mitwirkung auf eine effektive Weise. Je tiefer das gegenseitige Vertrauen und je besser der persönliche Kontakt sind, desto mehr kann die Abteilung oder Gruppe auf formelle Informationskanäle wie zum Beispiel Besprechungen oder schriftliche Anweisungen verzichten.

Natürlich braucht nicht jede Angelegenheit mit dem Topmanager persönlich abgeklärt zu werden. Jeder sollte aber jemanden haben, mit dem er sprechen kann. Die Offenheit über das Betriebsgeschehen soll auch Mitarbeiter auf den unteren Ebenen umfassen. Der Wachtmeister und die Putzfrau wollen sich ebenfalls mit ihrem Arbeitsplatz identifizieren können, und dazu gehört Information über das Geschehen. Eine Sekretärin kann Träger von wichtigen Informationen sein, die es gilt, an andere weiterzuleiten.

## 1.7 Das informelle Netzwerk am Arbeitsplatz

Auf allen Arbeitsplätzen gibt es ein informelles Netzwerk von Kontakten:
Wer spricht mit wem?
Wer trifft wen auch außerhalb der Arbeitszeit?
Wer unterstützt wen?

Das informelle Netzwerk spielt im Vorfeld von Entscheidungen eine wichtige Rolle. Wer welche Lösung vorzieht, wer wen unterstützt und wer befördert wird, wird oft bei einem Glas Bier abgesprochen. Die offiziellen Besprechungen bestätigen dann nur noch, worauf die „Vernetzten“ sich im vorhinein geeinigt haben.

Wer dem informellen Netzwerk angehören will, muß soziale Kompetenz beweisen. Spitze Ellenbogen und Intrigen zahlen sich auf Dauer nicht aus. Wer anderen eine Grube gräbt, fällt selbst hinein – vielleicht nicht gleich heute oder morgen, aber früher oder später doch. Viele ehemals blühende Unternehmen, die nun zahlungsunfähig sind, gingen an ihren internen Machtkämpfen zugrunde. Die Schwierigkeiten auf dem Absatzmarkt waren nur der Tropfen, der den Becher zum Überlaufen brachte.

Um seine Ziele durchsetzen zu können, ist es wichtig, so viel Information wie möglich über das soziale Umfeld einzuholen:
Welche Interessen, Einstellungen und Wünsche haben diejenigen, die von meiner Entscheidung betroffen sind? Habe ich Rücksicht darauf genommen? Falls nein, warum nicht?

Wen bringe ich in Schwierigkeiten mit meiner Entscheidung? Was kann ich tun, um ihm zu helfen?

Welche anderen Gründe könnten zum Konflikt führen?

Wer hat die Macht, sich meinen Wünschen entgegenzusetzen? Welche Beweggründe hat er, seine Macht auch zu nutzen?

Wer ist der Meinungsmacher? Wie kann ich ihn für mein Vorhaben gewinnen?

Wessen Zustimmung brauche ich sonst noch?

Wie kann ich mir verläßliche Alliierte schaffen?

Je größer die Abhängigkeit von anderen ist, desto wichtiger ist ein gutes Verhältnis zu Vorgesetzten und Kollegen. Kluge Führungskräfte sehen ein, daß auch sie abhängig von ihren Mitarbeitern sind.

Der Umgang mit Menschen will gelernt sein. Es geht hierbei nicht darum, allen alles recht zu machen, denn das ist bekanntlich unmög-

lich. Haltungen und Handlungen müssen jedoch einsichtig und vorausberechenbar sein. Das wiederum erfordert eine offene und klare Kommunikation.

## 1.8 Fragenkatalog zur Festlegung des Informationsbedarfs

Wie sind Sie mit der innerbetrieblichen Information zufrieden?
Haben Sie Verbesserungsvorschläge? Welche?

Welchen Typ Information benötigen Sie zur Erledigung Ihrer Arbeitsaufgaben?
Wie viel? Wie oft?

Bekommen Sie zuviel oder unnötige Information? Welche? Von wem?
Wie beurteilen Sie den Zeitpunkt der Information?

Haben Sie selbst Zugang zu Informationen, die Sie an andere weitervermitteln sollten? Welche? An wen?

Ist Ihnen auferlegt worden, andere über Dinge zu informieren, für die offenbar kein Bedarf besteht? Welche? Menge? Häufigkeit?

Gibt es in Ihrem Arbeitsbereich unklare Formulare oder unzweckmäßige Routinen der Berichterstattung? Welche?

Haben Sie eine klare Vorstellung darüber, in welchen Fällen Sie schriftlich informieren und wann Sie persönlichen Kontakt zu jemandem aufnehmen? Welche?

# 2. Gegenseitiges Feedback

*Es ist wichtig, daß der einzelne das Gefühl hat, er sei ein nützliches Glied im Betrieb. Wir Mitarbeiter möchten gerne dem gleichen Team angehören wie die Manager.*
*(Mitarbeiter)*

## 2.1 Resonanz stimuliert zu besseren Leistungen

Der Mensch ist ein soziales Wesen, das in ständiger Wechselwirkung mit seiner gesellschaftlichen Umwelt steht und auf deren Impulse reagiert. Was denken die Familie, die Freunde, der Chef und die Kollegen über mich? Mögen sie mich, oder will keiner etwas von mir wissen? Ich liebe diejenigen, die mich lieben. Ich setze mich für diejenigen ein, die mir signalisieren, daß auch ich etwas für sie bedeute.

Feedback geben heißt, Interesse zu zeigen. Wenn der Vorgesetzte der Arbeit seines Mitarbeiters Beachtung schenkt, stärkt er gleichzeitig dessen Selbstwertgefühl: „Ich bin ihm nicht gleichgültig. Ich gehöre dazu." Zugehörigkeit ist ein wichtiger Motivationsfaktor.

Ob das Bedürfnis nach Anerkennung der eigenen Leistung in einem Unternehmen befriedigt wird oder nicht, hat direkte Auswirkungen auf die Produktivität und den wirtschaftlichen Ertrag. Alle sollen ja auf ein gemeinsames Ziel hin arbeiten. Das setzt aber voraus, daß der einzelne die Zielsetzung kennt und sich zu eigen macht. Je mehr er seine eigene Arbeit als wichtigen Teil eines Ganzen begreift, desto mehr wird er das Gefühl haben, daß gerade seine Arbeit zur Erreichung des Zieles beiträgt. Das Feedback seines Vorgesetzten hilft ihm zu erkennen, auf welche Weise sein persönlicher Einsatz für das Zusammenwirken aller Kräfte von Bedeutung ist.

Wie wichtig Identifikation ist, läßt sich an folgendem Beispiel zeigen:
Ein freiberuflich Tätiger engagierte zur Durchführung eines Projektes eine Hilfskraft gegen gute Bezahlung. Der Auftraggeber identifizierte sich sehr stark mit seiner Arbeit. Er arbeitete viel und konzentriert. Es ging ja um die Realisierung seiner eigenen Ideen. Für die Hilfskraft war das jedoch ein Job wie jeder andere. Am Ende der vereinbarten Zeit hatte der Selbständige mehr als das Dreifache der Hilfskraft produziert, und die Qualität seines Produktes war durchweg besser. Es ist eben ein Unterschied, ob jemand motiviert ist oder nur wegen des Geldes arbeitet.

Die Anzahl der Stunden, die jemand am Arbeitsplatz verbringt, ist oft weniger ausschlaggebend als die Art und Weise, wie er sie ausfüllt. Verrinnt die Zeit mit Nebensächlichkeiten, oder arbeitet er effektiv und zielbewußt?

Resonanz stimuliert zu besseren Leistungen. Sowohl positives als auch negatives Feedback ist wichtig. Anerkennung für geleistete Arbeit spornt zu weiterem Einsatz an. Konstruktive Kritik kann dazu ermutigen, an sich selbst zu arbeiten und sich weiter zu entwickeln. Die richtige Formulierung ist jedoch entscheidend. Ein unbedachtes Wort kann den anderen am Boden zerstören. Wenn Kritik dagegen in Form einer Aufmunterung gegeben wird, hilft sie dem Betroffenen, aus seinen Fehlern zu lernen.

Viele Menschen finden es schwerer, Anerkennung zu geben, als zu kritisieren. Das hängt mit ihren frühen Kindheitserlebnissen zusammen. Es waren die Eltern, der Lehrer und andere Erwachsene, die Lob aussprechen durften. Das Kind konnte in einem Wutanfall mit Schimpfworten um sich werfen, ohne daß die Welt deswegen unterging. Die Umgebung reagierte mehr oder minder tolerant: „Er ist ja noch ein Kind und weiß nicht, was er da sagt." Aber es hätte die Machtstrukturen in der Familie völlig über den Haufen geworfen, wenn der Kleine sich angemaßt hätte, zum Vater zu sagen: „Jetzt warst du brav" oder „das hast du gut gemacht". Das wäre zudem grotesk. Die Erwachsenen würden laut lachen. So gewöhnt sich das Kind daran, daß Lob nur von oben kommt.

Auch als Erwachsene sträuben sich viele innerlich dagegen, aus einer unterlegenen Position heraus Lob zu erteilen. Ein Mitarbeiter kann

doch nicht die Frechheit besitzen, seinem Chef anerkennend auf die Schulter zu klopfen!

Ein schwacher Vorgesetzter, der insgeheim an seinen eigenen Fähigkeiten zweifelt, geizt mit Lob und Anerkennung. Zum einen hat er einfach nicht die Kraft dazu. Ihm fehlt die nötige Sicherheit im Verhältnis zu seinen Mitarbeitern. Ähnlich wie das Kind fürchtet er das Urteil der anderen: daß er eine Rolle spiele, der er nicht gewachsen sei, und sich dadurch lächerlich mache.

Zum anderen erlebt er hervorragende Leistungen der Mitarbeiter als persönliche Bedrohung nicht nur seiner Stellung, sondern auch seines Selbstwertgefühls. Die Tatsache, daß andere gut sind, faßt er als Bestätigung seiner eigenen Unterlegenheit auf. Er denkt in Schablonen: „Entweder (die anderen) oder (ich)“ und „Sieger und Verlierer“. Seine Selbstzweifel versperren ihm die Einsicht: „Zusammen sind wir stark.“ Nicht gegeneinander, sondern nur miteinander können wir auf Dauer gute Ergebnisse erzielen. Feedback geben setzt innere Stärke und Selbstbewußtsein voraus.

## 2.2 Null-Resonanz tötet das persönliche Engagement

*Ich höre nie etwas von meinem Vorgesetzten. Statt eines Weihnachtsgeschenks wünsche ich mir einen persönlichen Gruß mit einigen Worten zu meinen Leistungen, so daß ich weiß, wo ich stehe.*
*(Weihnachtswunsch eines Mitarbeiters)*

*Wenn Du einen Mann zu einem Nichts machen willst, brauchst Du seiner Arbeit nur den Charakter der Nutzlosigkeit zu geben.*
*Dostojewski*

Jeder weiß, daß Feedback wichtig ist. Trotzdem hat der Vorgesetzte oft mehr als genug mit seinen eigenen Dingen zu tun. Auf die Frage in mei-

ner Untersuchung: „Haben Sie das Gefühl, daß Ihr nächster Vorgesetzter Ihrer Arbeit genügend Aufmerksamkeit schenkt?" antworten nur 48% der Gefragten mit „Ja". Mehr als die Hälfte aller Mitarbeiter bekommt also zu wenig Resonanz. Männer finden auch mehr Beachtung als Frauen. Aufgeschlüsselt nach Geschlechtszugehörigkeit, meinen immerhin 53% der Männer, daß ihr Chef genügend Interesse für ihre Arbeit aufbringt, während nur 44% der Frauen das so sehen. Die Untersuchung zeigt auch, daß Mitarbeiter in höheren Positionen mehr Feedback bekommen als die an der Basis.

Einige typische Antworten sind:
„Da ich weder etwas Positives noch etwas Negatives höre, weiß ich es, ehrlich gesagt, nicht."

„Ich habe das Gefühl, so vor mich hinzuarbeiten ohne sonderliches Interesse von seiten des Chefs."

„Ich erfahre niemals, ob mein Vorgesetzter mit meiner Arbeit zufrieden ist oder nicht."

„Dem Chef ist meine Arbeit ziemlich egal."

Mangel an Resonanz bedeutet Gleichgültigkeit, Geringschätzung und Strafe. Die Motivation stirbt.

Eine große Firma für Unternehmensberatung wollte ein neues Management-Konzept erarbeiten. Der Vorstandsvorsitzende ließ zwei Berater durch einen Dritten damit beauftragen, ein neues Modell zu entwerfen. Selbst sprach er nicht mit den beiden und gab auch keine näheren Erläuterungen.

Die Berater waren viel auf Reisen und benutzten deshalb die Wochenenden und Feiertage im Mai, um einen gemeinsamen Vorschlag auszuarbeiten. Sie leisteten viele unbezahlte Überstunden, um fristgerecht fertig zu werden. Da der Vorstandsvorsitzende so gut wie niemals anzutreffen war, übersandten sie das Projekt auf dem internen Postweg.

Sie hörten nie wieder etwas vom Vorstandsvorsitzenden. Seine Vertrauensperson, die den Auftrag übermittelt hatte, antwortete nur ausweichend, daß wohl irgend

etwas nicht ganz in seinem Sinne gewesen sei, konnte aber nicht genau spezifizieren, was und warum.

Die Berater waren frustriert und fühlten, daß sie ihre Freizeit sinnlos vergeudet hatten. Innerhalb weniger Monate hörten beide – unabhängig voneinander – in der Firma auf. Der Grund zur Kündigung war nicht diese eine Episode, sondern eher die Tatsache, daß dieses Erlebnis typisch für die Umgangsformen im Unternehmen war. Sie gingen, weil sie sich in diesem Betriebsklima nicht wohl fühlten.

Nichtbeachtung schmerzt speziell, wenn jemand wirklich sein Bestes gegeben hat und seine Bemühungen schließlich vom Erfolg gekrönt werden, die Menschen in seiner Umgebung aber seine Leistung einfach ignorieren.

Kommt Ihnen die folgende Situation irgendwie bekannt vor? Sie haben sich ein hohes Ziel gesetzt. Sie arbeiten hart, um es zu erreichen. Sie stoßen auf Widerstand. Die ganze Welt scheint sich gegen Sie verschworen zu haben. Außerdem dauert alles doppelt so lange, wie geplant. Manchmal sind Sie nahe daran aufzugeben, aber Sie zwingen sich dazu durchzuhalten. Schließlich wird Ihre Ausdauer belohnt. Sie haben Erfolg. Schweiß, Blut und Tränen waren nicht vergebens. Sie sind am Ziel. Freudestrahlend berichten Sie Ihren Kollegen, Freunden und Bekannten von Ihrem großen Durchbruch – und die einzige Reaktion, die Sie bekommen, ist eisiges Schweigen.

Bitte, machen Sie nun nicht den Fehler, zu glauben, Sie seien nicht gut genug gewesen und Ihr Erfolg sei vielleicht doch nicht so strahlend, wie Sie irrtümlich geglaubt hatten. Das Problem liegt bei dem Heer der Schweigenden.

Viele Menschen haben nie versucht, etwas aus ihrem Leben zu machen. Andere hatten Träume, die nie Wirklichkeit wurden. Sie haben negative Erfahrungen gemacht und zu früh aufgegeben. Vielleicht hat ein Ehepartner Steine in den Weg gelegt. Vielleicht hat ein schlechter Chef die Lust an der Arbeit zerstört. Als Folge davon sind sie in ihrer persönlichen und beruflichen Entwicklung steckengeblieben und haben sich damit abgefunden, daß sie keine Chance haben. Ihre Lebenslüge ist: Ich bin machtlos. Es ist nicht mein Fehler. Alle Wege sind versperrt.

Das innere Gleichgewicht des Zukurzgekommenen wird gestört, wenn andere, mit denen er sich vergleicht, plötzlich etwas Hervorragendes leisten. Selbstzweifel regen sich: „Vielleicht hätte auch ich . . . , wenn ich nur . . .“ Der Erfolg des anderen weckt bei dem Erfolglosen Schuldgefühle: „Ich hätte nicht so früh aufgeben sollen.“ Als eine Art von Selbstschutz muß die Einsicht des eigenen Versagens so weit wie möglich verdrängt werden. Die negativen Gedanken über sich selbst rufen Ärger hervor, der sich in Aggression gegenüber dem Erfolgreichen entlädt. Totschweigen ist auch eine Form von Strafe. Null-Resonanz kann vernichtender sein als ein direkter Angriff. Gegen unberechtigte Kritik kann sich das Opfer wehren. Schweigen läßt den Betroffenen im ungewissen. Ist die erbrachte Leistung wirklich so außergewöhnlich? Ist der andere zu sehr mit sich selbst beschäftigt, um mir Feedback zu geben? Will er mich bewußt mit dem Entzug von Anerkennung demütigen? In der Stunde der Niederlage und der des großen Sieges sind die meisten Menschen sehr allein.

Im Arbeitsleben ist Mangel an Feedback der größte Motivationskiller. Niemand möchte einfach übersehen werden. Sich übergangen zu fühlen ist eine psychische Belastung, die ganz unterschiedliche Reaktionen hervorrufen kann: Einige entwickeln eine „Immer-mit-der-Ruhe-Haltung“, nur nicht zuviel anstrengen. Es hat ja doch keinen Sinn. Andere isolieren sich. „Ich komme mit diesem Menschen nicht zurecht. Ich kann sein Gesicht nicht mehr ertragen. Ich will mit ihm nichts mehr zu tun haben.“ Wieder andere reagieren offensiv, indem sie bewußt Normen und Regeln brechen. „Ich werde mich schon bemerkbar machen.“

Viele Konflikte haben ihre Ursache im permanenten Mangel an Aufmerksamkeit. Das Ergebnis sind mangelnde Einsatzbereitschaft und niedrige Produktivität. Wenn Sie demgegenüber Interesse für Ihre Mitarbeiter zeigen, werden diese Ihnen mit besseren Leistungen danken.

Vor Beginn eines Seminars zog mich der Auftraggeber zur Seite und erteilte mir folgende Warnung: „Wir haben hier eine Teilnehmerin, die etwas schwierig ist. Frau Schneider hat 17 Jahre in den USA gelebt und hat ein bißchen Anpassungsprobleme.

Sie glaubt, sie könne alles besser. Sie meint, daß dieses Seminar unter ihrem Niveau sei, und gibt damit an, daß sie in den USA selbst als Consultant gearbeitet habe und deshalb hier nichts mehr zu lernen habe. Ich sage Ihnen dies nur, damit Sie Bescheid wissen."

Für mich war unmittelbar klar, daß ich Frau Schneider nur für mich gewinnen könne, wenn ich ihr die Aufmerksamkeit zuteil werden ließe, um die sie so verbissen und mit falschen Mitteln kämpfte.

Zu Beginn des Seminars stellte ich die Frage: „Wer von Ihnen hat schon früher einmal an einem Seminar dieser Art teilgenommen?" Drei Teilnehmer zeigten mit der Hand auf. Ich hielt bewußt Augenkontakt mit Frau Schneider und sagte weiter: „Wir sind hier eine sehr große Gruppe. Ich würde es deshalb schätzen, wenn mich einer von Ihnen bei meiner Arbeit als Kursleiterin unterstützen könnte." Es gab keinen Zweifel: Frau Schneider wollte.

Im Laufe des dreitägigen Seminars war sie Gruppenleiterin, half mir bei der Vorbereitung und leitete selbst eine kürzere Sequenz im Plenum. Frau Schneider blühte auf und versicherte mir mehrere Male, daß dies ein ausgezeichnetes Seminar und ich eine phantastische Kursleiterin sei.

Um Mißverständnisse zu vermeiden: Ich habe sie nicht manipuliert. Ich habe nur erkannt, daß sie eine engagierte Person ist, die ein großes Bedürfnis danach hat, ihre Fähigkeiten unter Beweis zu stellen. Alles, was ich getan habe, ist, es ihr zu ermöglichen, sich selbst zu verwirklichen.

Interesse zeigen und Feedback geben sind besonders wichtig bei der Einstellung und Einführung von neuen Mitarbeitern. Der erste Eindruck ist entscheidend für die innere Haltung zum Unternehmen. Es ist deshalb unklug, neue Mitarbeiter erst einmal aufs tote Gleis zu schieben.

Ich begann meine berufliche Laufbahn mit 18 Jahren als Journalist bei einer Tageszeitung. Anstatt mit erfahrenen Kollegen auf Reportagejagd zu gehen oder auf andere Weise in die Arbeit eingeführt zu werden, wurde ich die ersten vier Wochen erst einmal ins Archiv abgeschoben. Meine Aufgabe bestand darin, Zeitungsartikel auszuschneiden. Nach einiger Zeit wagte ich es, selbst die Initiative zu ergreifen und auf eigene Faust Artikel zu schreiben, die jedoch alle schnurstracks in den Papierkorb wanderten. Mein Selbstbewußtsein zerbrach, und ich entwickelte eine negative Einstellung zu meinen Vorgesetzten und Kollegen. Ich leistete nicht, was ich hätte leisten können, und kündigte kurz nach Ende meines Volontariats.

Es war auch nur ein geringer Trost, im nachhinein zu entdecken, daß die Behandlung, der ich ausgesetzt wurde, keineswegs eine Mißtrauenserklärung an meine Person war, sondern eine Form von mißverstandenem Härtetest, den alle Neuen durchstehen mußten.

Es geht sehr schnell, das Selbstvertrauen eines Menschen zu zerstören, es dauert demgegenüber sehr lange, es wieder aufzubauen.

Zur Passivität verurteilt zu sein, während die Kollegen darüber stöhnen, daß sie zuviel zu tun haben, wirkt demoralisierend. Der Neue fragt sich oft selbst, warum er eigentlich angestellt wurde. Da er nichts zu sagen oder aktiv beizutragen hat, bekommt er auch kein Feedback. Er fühlt sich enttäuscht und überflüssig. Die positiven Erwartungen in Verbindung mit der neuen Stelle erfüllen sich nicht. Die Motivation verschwindet.

In Unternehmen, wo eine starke interne Konkurrenz zwischen den Kollegen herrscht, wird der Neue oft bewußt ausgestoßen. Verdiente Anerkennung zu verweigern heißt Macht ausüben.

Ein Mensch mit wenig Selbstvertrauen fühlt sich abgewiesen. Er erlebt das fehlende Feedback als eine unausgesprochene Kritik: „Ich bin wohl nicht gut genug." Besonders Frauen gehen leicht in diese Falle. Um sich „verdient" zu machen, schuften sie sowohl früh als spät und nehmen Arbeit mit nach Hause. Sie lesen eifrig Fachliteratur und bilden sich auf externen Kursen weiter. Alle diese Anstrengungen haben nur ein Ziel: Der Chef und die Kollegen sollen endlich begreifen, wie tüchtig, fleißig und intelligent sie sind. Aber ganz gleich, wie hart sie arbeiten, die Bestätigung bleibt aus.

Vielleicht hat die Einzelkämpferin das Glück, Kontakt zu Kunden zu haben. Da sie alles tut, um deren Bedürfnisse zufriedenzustellen, bekommt sie hier die Anerkennung, die sie am Arbeitsplatz so sehr vermißt.

Das kann dann sehr verwirrend sein: außerhalb des Unternehmens viel Lob, intern kein einziges Wort. Warum? Weil die Kollegen sie beim

Chef anschwärzen, Geschichten erfinden und Wahrheiten verdrehen. Der interne Konkurrenzkampf ist knochenhart. Die Neue fördern und sich damit ein Kuckucksei ins Nest legen? Nein, danke! Der eigenen Karriere nutzt es mehr, die Neue sozial zu isolieren.

Null-Resonanz tötet das persönliche Engagement. Einige werden behaupten, daß erwachsene Menschen selbst für ihr Wohlergehen verantwortlich sind. Der Begriff Selbstmanagement ist hier das Stichwort.

Man soll sich nicht von anderen abhängig machen, sondern tun und lassen, was man selbst für richtig hält. Dagegen ist natürlich im Prinzip nichts einzuwenden.

Das Problem besteht allerdings darin, daß „für-sich-selbst-verantwortlich-sein" innere Stärke und Selbstvertrauen voraussetzt. Diese sind jedoch nicht angeboren, sondern müssen schrittweise durch positive Erfahrungen aufgebaut werden. Dabei spielen die Verhaltensweisen der Menschen in der näheren Umgebung eine große Rolle. Das Selbstwertgefühl blüht in einem guten Betriebsklima auf und erstarrt bei menschlicher Kälte.

Solange wir leben, sind wir abhängig von anderen. Der Traum von der totalen Unabhängigkeit ist eine Illusion. Der Glaube an die eigene Unfehlbarkeit ist Menschenverachtung. Wenn jeder von sich selbst annimmt, daß er so unabhängig ist, daß ihm alle anderen völlig egal sind, wird das Unternehmen zu einem Ort, wo einsame Wölfe um das Recht des Stärkeren kämpfen. In einem solchen Klima gedeiht kein Synergieeffekt.

## 2.3 Eine Momentaufnahme, aber keine ewige Wahrheit

Feedback ist eine Beurteilung der Haltungen, Handlungen und Leistungen anderer. Was jemand beobachtet und dabei empfindet, ist keine objektive Wahrheit, sondern eine subjektive Wahrnehmung. Jeder sieht durch die Brille seiner eigenen Werte und Erfahrungen.

Feedback ist eine Momentaufnahme, die das Hier und Jetzt einfängt, das sich im nächsten Augenblick schon wieder verändert haben kann. Der Schnappschuß von Ihnen auf einer fachlichen Konferenz ist ein anderer als der zu Hause im Wohnzimmer. In der Gegenwart von einigen Menschen fühlen Sie sich wohl und sicher. Diese können Sie auch mit unangenehmen Dingen konfrontieren, ohne daß Sie ihnen deswegen böse sind. Andere wollen Sie nicht so nah an sich herankommen lassen. Im Umgang mit diesen geben Sie sich anders als mit Freunden und Familie. Das Bild, das diejenigen, die sie auf Abstand halten, sich von Ihnen machen, stimmt dann oft nicht mit Ihrem Selbstportrait überein.

Sie rufen also mit Ihrem eigenen Verhalten bestimmte Reaktionen in anderen Menschen hervor. Wenn Sie sich bewußt werden, welche Signale Sie in verschiedenen Situationen senden, können Sie mit ziemlicher Sicherheit die Reaktionen anderer voraussehen. Ich verdeutliche diese Zusammenhänge gerne am Beispiel von vier Typen von Verhaltensweisen oder Karikaturen von Menschen: dem mißverstandenen Märtyrer, dem aggressiven Bulldozer, dem hinterhältigen Manipulator und dem selbstbewußten Menschen.

Wenn Sie den mißverstandenen Märtyrer spielen, der vor Selbstmitleid vergeht, den Fehler immer bei anderen sucht, aber selbst nichts tut, um aus der Misere herauszukommen, üben Sie Macht aus, indem Sie anderen Schuldgefühle einflößen. Einige Menschen werden um Sie besorgt sein und versuchen, Ihnen zu helfen, aber ganz gleich, wie sehr diese Ihnen entgegenkommen, es ist immer zu wenig oder zu spät. Schließlich werden alle Ihre Nähe meiden. Das ist für den mißverstandenen Märtyrer dann die Bestätigung dafür, daß die Welt schlecht ist. Ihm fehlt die Einsicht, daß er mit seiner eigenen Verhaltensweise die anderen abstößt.

Als aggressiver Bulldozer können Sie viel Lärm machen und den anderen Ihren Willen aufzwingen. Dies kann Ihnen gelingen, solange Sie Macht über andere ausüben. Niemand unterwirft sich aber freiwillig. Ihre Mitarbeiter gehorchen Ihnen nur widerwillig und sinnen im stillen Kämmerlein auf Rache. Mangelndes Interesse und Engagement sind

eine effektive Strafe für ungeliebte Vorgesetzte. Diejenigen, die sich von ihnen nicht einschüchtern lassen, schlagen offen zurück. Dann ist der Konflikt ein Faktum.

Als hinterlistiger Manipulator machen Sie sich nicht selbst die Hände schmutzig, sondern ziehen Ihre Fäden hinter den Kulissen. Mit Ihren zweideutigen Anspielungen und sarkastischen Witzen können Sie andere verunsichern. In einem solchen Arbeitsklima kann keine Offenheit gedeihen. Jeder ist ständig auf der Wacht und wittert überall Intrigen. Die Vertrauensbasis ist zerstört und damit auch die Motivation.

Wenn Sie dagegen offen und direkt Ihre Meinung sagen, ohne anzuklagen oder zu verletzen, ist es für den anderen leichter, Ihr Feedback anzunehmen. Das erfordert jedoch Training in Kommunikationstechniken. Viele Menschen wissen im Grunde gar nicht, was sie eigentlich wollen. Diejenigen, die es wissen, haben oft nicht den Mut, es zu sagen.

Die Personalentwicklung sollte deshalb darauf abzielen, daß die Stärkung des Selbstbewußtseins des einzelnen Hand in Hand geht mit dem Ausbau seiner Fähigkeit, im Team mit anderen umzugehen. Trotz aller Schulung in Kommunikation und Zusammenarbeit ist der Mensch gefühlsmäßigen Schwankungen unterworfen. So wirkt er an einem Tag mehr zurückhaltend und am anderen mehr offen.

Karin hat beschlossen zu kündigen, aber sie wartet noch auf die Bestätigung ihrer Einstellung in dem neuen Betrieb, wo sie sich bereits vorgestellt hat. In der Mittagspause spricht sie mit einem Kollegen über dies und jenes. Plötzlich fragt er sie: „Wie sehen Ihre Ziele für die nächsten drei Jahre aus?" Karin erschrickt, sie möchte ihr Geheimnis noch nicht preisgeben. „Das erzähle ich doch nicht Ihnen!" fährt es aus ihr heraus, woraufhin er erstaunt kontert: „Sie sind aber auch reserviert."

Karin fühlte sich momentan mißverstanden. Nachdem sie länger über seine Bemerkung nachgedacht hatte, akzeptierte sie jedoch sein Feedback. In diesem speziellen Augenblick muß sie wohl auf ihren Kollegen „reserviert gewirkt" haben, obwohl sie sich selbst als offen und umgänglich betrachtet und bei weitem kein „reservierter Mensch" ist.

Im oben erwähnten Beispiel wollte Karin nicht, daß ihr Kollege etwas herausfinden sollte, bevor sie sich ganz sicher war, daß sie den neuen Job in der Tasche hatte. Sie war deshalb an einer Fortsetzung des Themas nicht interessiert. In einer anderen Situation hätte sein Kommentar der Ausgangspunkt zu einem Gespräch über das Betriebsklima sein können. Sie hätte ihm verdeutlichen können, wie die Kollegen oder der Chef dazu beitragen, daß sie sich zuweilen in sich selbst zurückzieht. Vielleicht wäre er auf eigene Verhaltensweisen aufmerksam geworden, die der Zusammenarbeit nicht förderlich sind.

Der springende Punkt beim Feedback ist also nicht, wer recht hat, sondern daß ein Dialog beginnt, der in einer gemeinsamen Wirklichkeitsauffassung mündet.

Positives Feedback ist nicht immer positiv, und negatives Feedback ist nicht immer negativ. Entscheidend ist, welche Motive dahinter stecken und auf welche Art und Weise es gegeben wird.

## 2.4 Positives Feedback

Auf die Frage in meiner Untersuchung: „Wie wichtig sind Lob und Anerkennung für Sie?" kreuzten 92% die Antworten +1 und +2 an. Dieses Resultat ist vor allem interessant im Vergleich mit der nächsten Frage: „Finden Sie, daß Sie das positive Feedback erhalten, das Sie verdienen und erwarten?" Hier sind nur 43% zufrieden (+1) oder sehr zufrieden (+2).

### (1) Lob, das ermutigt und erfreut

Damit Lob ermutigt und erfreut, sollte es folgendermaßen aussehen:
- Echt und ehrlich
- Spezifisch
- Von Angesicht zu Angesicht
- Aus vollem Herzen

*Echt und ehrlich*
Lob muß echt und ehrlich sein. Wenn alle einander immer nur Honig ums Maul schmieren, ohne eigentlich etwas damit zu meinen, wird das Lob zu einer leeren Phrase.

*Spezifisch*
Spezifisch bedeutet, daß das Lob sich auf einen konkreten Sachverhalt beziehen soll – also keine Verallgemeinerungen oder Übertreibungen. Generalisierungen wie „immer“ und „nie“ sind immer falsch. Unspezifizierte Komplimente wie: „Das Ganze ist einfach einsame Spitzenklasse“ geben keine Antwort darauf, was wirklich gut war und was noch besser werden kann.

Das Lob sollte auch im Verhältnis zur erbrachten Leistung stehen.

Übertriebene Anerkennung für kleine Selbstverständlichkeiten weckt leicht Mißtrauen: „Will der andere mir schmeicheln? Was will er damit erreichen?“

*Von Angesicht zu Angesicht*
Anerkennung soll von Angesicht zu Angesicht erfolgen. Der Chef soll sich die Mühe machen, direkt mit dem Mitarbeiter zu sprechen, und nicht einen Dritten damit beauftragen, das Lob weiterzubringen.

*Aus vollem Herzen*
Anerkennung muß aus vollem Herzen kommen. Weil es so schwer ist, dem anderen etwas zu gönnen, was einer selbst gern haben möchte, mischen manche Menschen dem Lob einen kleinen Wermutstropfen in Form einer herabsetzenden Bemerkung oder ironischen Stichelei bei. Manchmal plätschern auch positive Worte aus dem Mund, während aus den Augen die Funken von Neid und Eifersucht sprühen. Das verdirbt die Freude.

### (2) Lob kann auch eine Geringschätzung sein

Freundliche Worte können auch eine verdeckte Geringschätzung sein, nämlich dann, wenn als Motiv eine Manipulation dahintersteckt oder wenn sie eine niedrige Erwartungshaltung signalisieren. Besonders Frauen fühlen sich oft unterschätzt, wenn ihr Vorgesetzter sie für Selbstverständlichkeiten lobt, während er die Leistungen, auf die sie selbst stolz sind, ohne Kommentar zur Kenntnis nimmt.

> Mein erstes Seminar als Unternehmensberaterin hielt ich zusammen mit meinem Chef. Ich war neu in der Firma und mußte mich mit deren Methoden erst vertraut machen. Als das Seminar zu Ende war, war ich total erledigt, aber mit meinem Arbeitseinsatz zufrieden. Ich bat meinen Chef um Feedback in der Hoffnung, von seinen Erfahrungen lernen zu können. Sein einziger Kommentar war: „Es imponiert mir, wie gut Sie auf dem Flipchart schreiben können!"

Die Erwartungen, die an jemanden gestellt werden, beeinflussen seine Leistungsbereitschaft. Hohe Erwartungen sind ein Vertrauensbeweis und regen zum Einsatz an. Minimale Erwartungen sind eine Geringschätzung und wirken deshalb demotivierend.

> Eine Bankangestellte veröffentlichte einen Artikel in einer Fachzeitschrift. Ihr Chef sah das und erteilte ihr folgendes Lob: „Der Artikel ist sehr gut. Haben Sie ihn selbst geschrieben?"

Lob, das insgeheim eine Abwertung enthält, ärgert so sehr, weil die wenigsten Leute in der Lage sind, spontan darauf zu reagieren. Abends im Bett fällt ihnen ein, was sie hätten sagen sollen. Zu dem Groll wegen der fehlenden Wertschätzung durch den anderen kommt die Wut auf sich selbst, weil sie die Situation nicht selbstbewußt gemeistert haben. Statt sich auf die Arbeit zu konzentrieren, kreisen die Gedanken darum, wie sie es dem anderen heimzahlen können. Bitterkeit frißt die Seele auf.

Frauen klagen auch oft darüber, daß sie Komplimente bei unpassender Gelegenheit bekommen. Im Beruf wünschen sich Karrierefrauen Anerkennung ihrer fachlichen Leistungen und nicht Kommentare zur Frisur oder Kleidung. Diese gehören in den privaten Bereich.

Eine weibliche Führungskraft hielt einen Vortrag über strategische Planung. Hinterher kam ein Kollege zu ihr und sagte bewundernd: „Ich wußte gar nicht, daß Sie so schöne Beine haben, Frau Schmidt."

Das Motiv zum Loben kann auch Manipulation sein. In diese Kategorie fallen alle Komplimente, die darauf abzielen, sich selbst Vorteile zu verschaffen. Zum Beispiel: in der Hoffnung auf eine Beförderung dem Chef zu schmeicheln oder der bekannte Trick, Verantwortung nach oben abzuschieben.

Der Mitarbeiter sagt zu seinem Vorgesetzten: „Sie sind so ein Meister im Verhandeln und kennen den Herrn Heffner viel besser als ich. Ich glaube, wir erreichen mehr, wenn Sie diesen Fall selbst übernehmen." Zwischen den Zeilen können wir hier lesen: „Das ist dein Bier. Ich will mir doch nicht die Finger verbrennen."

Manipulierendes Lob ist auch weitverbreitet im häuslichen Bereich. Der Ehemann lobt seine Frau: „Du bist eine phantastische Köchin. Ich könnte das nie so gut wie du." Stillschweigend vorausgesetzt: „Behalt du nur auch weiterhin die alleinige Verantwortung für den Haushalt und belästige mich bloß nicht damit."

Positives Feedback ist wichtig, aber es muß ehrlich und ohne Hintergedanken sein.

## Übung 1
## Einander loben und bestärken

**Sinn und Zweck:**
Das Selbstvertrauen stärken.

**Achtung Fallgrube!**
Das Lob muß echt und ehrlich sein. Ironische Bemerkungen verletzen. Übertreibungen wirken nicht überzeugend.

Diese Übung habe ich im Dale-Carnegie-Training gelernt.

In einer Gruppe mit 10 bis 20 Personen hält jeder Teilnehmer einen zweiminütigen Vortrag über ein x-beliebiges Thema seiner Wahl. Einer nach dem anderen tritt vor und spricht. Gleichzeitig schreiben die Zuhörer positive – und wirklich nur positive – Kommentare zur Person, der Präsentation oder zu was auch immer auf einen Zettel.

Der Seminarleiter sammelt die Zettel ein, steckt sie in einen Umschlag mit dem Namen des Vortraghalters und überreicht ihm den Umschlag am Ende der Veranstaltung. Die „Wundertüte" darf erst geöffnet werden, wenn der Teilnehmer allein ist. Der Seminarleiter sollte den Teilnehmern auch davon abraten, den Inhalt mit anderen zu vergleichen oder einander zu erzählen, welche Kommentare sie erhalten haben.

Für die meisten ist es ein starkes Erlebnis, diesen Umschlag zu öffnen. Es öffnet ihnen die Augen für positive Seiten, über die sie sich nicht im klaren waren, vor allem dann, wenn mehrere unabhängig voneinander dasselbe sagen.

Ich kenne Leute, die diesen Glücksumschlag jahrelang aufbewahren und in schweren Stunden wieder zum Trost hervorholen.

### (3) Die Kunst, positives Feedback entgegenzunehmen

Es ist eine Kunst, positives Feedback entgegenzunehmen.

- Weisen Sie niemals ein Kompliment zurück
- Nehmen Sie es, wie es kommt
- Sehen Sie nicht immer nur das Negative
- Erlauben Sie sich, Gefühle zu zeigen

*Weisen Sie niemals ein Kompliment zurück*
Falsche Bescheidenheit verleitet viele Menschen dazu, Komplimente brüsk zurückzuweisen:
- „Welch schönen Pullover Sie anhaben!"
- „Ach, der ist doch ganz alt. Den habe ich vor drei Jahren im Schlußverkauf gekauft."

Derjenige, der etwas Positives sagen wollte, hat dann das Gefühl, etwas Dummes gesagt und sich dadurch lächerlich gemacht zu haben.

*Nehmen Sie es, wie es kommt*
Andere schaffen es nicht, das Lob als das zu akzeptieren, was es ist. Sie wünschen sich einen Mercedes und sind dann enttäuscht, wenn sie nur einen Volkswagen bekommen.

- „Ich bewundere Ihre Fähigkeit, sich klar und deutlich auszudrücken. Auch in einer großen Versammlung wirken Sie ganz ruhig, wenn Sie das Wort ergreifen."
- „Das ist wohl nichts Besonderes."

In diesem Fall reagierte der Empfänger beleidigt, weil er im Grunde mehr erwartete. Er wollte gerne bei allen beliebt sein. Ein Prachtkerl, den man einfach gern haben muß! Das Lob für seine rhetorischen Fähigkeiten war ihm zu wenig.

*Sehen Sie nicht immer nur das Negative*

Ehrgeizige Menschen stellen große Anforderungen an sich selbst und haben oft einen masochistischen Drang danach, dafür kritisiert zu werden, daß sie nicht perfekt sind. Sie sehen nur das Negative und vergessen das Positive.

Ein Vortragshalter hat sich gut vorbereitet und spürt intuitiv, daß er das Publikum fesselt. In der anschließenden Diskussion ergreift jedoch ein Querulant das Wort: „Sie reden ja nur Quatsch."

Das schmerzt wie ein Messer im Magen. Der Vortragshalter nimmt sich zusammen und antwortet diplomatisch: „Ich spreche über persönliche Erfahrungen, die sehr viel für mich bedeuten. Ich habe Sie offenbar nicht überzeugen können. Ich bedauere sehr, daß ich Ihnen nicht mehr zu bieten habe."

Die anderen Teilnehmer sind sehr zufrieden. Viele umringen ihn nach dem Vortrag und wollen noch dies und jenes wissen. Trotzdem ist der Abend für ihn verdorben. In Gedanken hört er nur das eine Wort „Quatsch".

*Erlauben Sie sich, Gefühle zu zeigen*

Positives Feedback kann auch überwältigend wirken, wenn es völlig unerwartet kommt. Es ist keine Schande, Gefühle zu zeigen.

Ich veranstaltete einmal ein Management-Seminar, das über 10 Tage dauerte. Der Auftraggeber hatte ein billiges und zu Seminarzwecken ganz und gar ungeeignetes Hotel gebucht. Alles, was schieflaufen konnte, lief schief.

Das Unglück nahm damit seinen Lauf, daß die Teilnehmer aufgrund eines winzigen Versehens einen ganzen Tag zu früh anreisten. Geplant war, daß alle am Dienstagabend nach Ostern da sein sollten, damit das Seminar am Mittwochmorgen anfangen konnte. Im Einladungsbrief des Arbeitgebers war allerdings das Wort „Anreise" weggefallen, so daß die Teilnehmer glaubten, das Seminar begänne bereits am Dienstagmorgen. Viele hatten ihren Osterurlaub frühzeitig beendet. Andere waren morgens um 4 Uhr aufgestanden, um pünktlich um 8.30 Uhr dazusein, um dann erleben zu müssen, daß die Seminarleiterin erst am späten Nachmittag eintrudelte. Ich bekam keinen freundlichen Empfang!

Der Seminarraum war zu klein, die Decke zu niedrig, die Luft schnell verbraucht. Klimaanlage gab es keine, und das Fenster zu öffnen war auch keine Lösung, da draußen lärmende Bauarbeiten vor sich gingen.

Außerdem regnete es. An Aufenthaltsräume hatte der Architekt nicht gedacht. Der einzige Zufluchtsort war eine kleine, dunkle Bar, in der sich auch die anderen Hotelgäste aufhielten. Der Zigarettenrauch machte die Luft zum Schneiden dick.

Die Stimmung war mies. Ich versuchte aus Leibeskräften, die Teilnehmer aufzumuntern und zu engagieren, aber es war so, als wenn man Kartoffelsäcken Beine machen sollte. Nichts schien zu helfen.

Zuletzt sehnte ich mich nur nach dem Augenblick, diese trüben Tassen wieder loszuwerden. Es besteht nämlich eine ständige Wechselwirkung zwischen Teilnehmern und Kursleiter. Wenn die einen interessiert mitmachen, inspiriert das auch den anderen – und umgekehrt.

Bei der Evaluierung am Abend des vierten Tages kam es plötzlich zum Durchbruch. Ganz unerwartet sagte ein Teilnehmer: „Heute war es wirklich spannend." Ich glaubte, falsch gehört zu haben, aber der nächste fuhr fort: „Ich habe viel gelernt. Sie machen das ausgezeichnet." Und der dritte: „Sehr professionell, gute Darstellung. Das Rollenspiel hat mir zu neuen Einsichten verholfen." Und so ging es weiter, bis mich alle mit Lob überschüttet hatten.

Ich war wie gelähmt vor Schreck und starrte die Gruppe fassungslos an. Waren die verrückt geworden oder ich? Plötzlich löste sich die tagelang aufgestaute innere Spannung in einem unbeherrschten Weinkrampf. Da saß nun die Seminarleiterin vor 20 gestandenen Männern und sagte kein einziges Wort, während ihr die Tränen übers Gesicht liefen und die Augenschminke verwischten.

## Übung 2
## Positives Feedback entgegennehmen

**Sinn und Zweck:**
Das Lernziel dieser Übung ist, positives Feedback entgegenzunehmen, ohne sich selbst zu erniedrigen und damit auch denjenigen, der es ausspricht.

**Achtung Fallgrube!**
Voraussetzung für diese Übung ist eine entspannte Atmosphäre. Ironische Bemerkungen oder einander lächerlich machen sind Zeichen von Unsicherheit.

Diese Übung habe ich von Anne Dickson gelernt, mit der ich mehrere Seminare durchgeführt habe, die bei den Teilnehmern auf große Begeisterung stießen. Sie ist auch die Verfasserin des Buches „A Woman in Your Own Right – Assertiveness and You".

Der Seminarleiter teilt die Teilnehmer in Gruppen à 3 Personen ein, die im Plenum zusammensitzen.

Jeder schreibt auf ein Blatt Papier:
- Ein Kompliment, über das ich mich wirklich gefreut habe.
- Das Wichtigste, das ich bislang in meinem Leben erreicht habe.
- Meine besonderen Fähigkeiten auf einem Fachgebiet, das ich wirklich gut beherrsche.

Jeder tauscht nun sein Blatt mit den anderen beiden aus.

Person 1 bekommt zum Beispiel das Blatt von Person 2 und bittet diese um nähere Erklärungen in Verbindung mit dem, was da geschrieben steht. Dann gibt Person 1 positives Feedback zu genau dieser Sache.

Person 1: „Ich finde, Sie sind..." (siehe Blatt Person 2)
Person 1: „Ich gratuliere Ihnen zu..." (siehe Blatt Person 2)
Person 1: „Mir imponiert..." (siehe Blatt Person 2)

Person 2 zu Person 3 u.s.w.

Person 2 hört zu, ohne zu unterbrechen, und dankt für das positive Feedback, ohne die Bedeutung der eigenen Leistung zu verringern oder das Lob gar zurückzuweisen.

Wenn alle allen positives Feedback gegeben haben, diskutiert die Dreiergruppe ca. 5–10 Minuten lang, was leicht und was schwierig im Zusammenhang mit Lob und Anerkennung ist.

## 2.5 Negatives Feedback

*Den richtigen Beschluß zu fassen ist das Resultat von Erfahrung. Erfahrung ist ein Resultat davon, daß man Fehler gemacht hat.*

Auf die Frage in meiner Untersuchung: „Wie wichtig ist es für Sie, konstruktive Kritik zu bekommen?" antworteten 90%, daß dies wichtig (+1) oder sogar sehr wichtig (+2) sei.

Auf die nächste Frage: „Bekommen Sie das negative Feedback, das Sie erwarten und verdienen?" antworteten nur 40% mit „ja".

Im Prinzip sind sich alle darüber einig, daß konstruktive Kritik ebenso wichtig ist wie Lob. Ein Mitarbeiter drückt das so aus: „Wenn alle den Mut dazu hätten, konstruktive Kritik zu geben, dann könnten wir uns auch mehr über Lob freuen. Dann könnten wir nämlich darauf vertrauen, daß dieses ehrlich gemeint und wirklich verdient ist."

Trotz aller theoretischen Einsichten und guter Vorsätze sträuben sich viele Menschen innerlich dagegen, ihr Mißfallen in Worte zu fassen. Selbst bei Seminar-Übungen, die den Teilnehmern in spielerischer Form die Hemmungen nehmen sollen, blocken viele ab: „Das ist künstlich“ oder „Wir kennen einander noch zu wenig“ und als letzter Ausweg: „Mir fällt wirklich nichts ein.“

Die gleichen Personen sind demgegenüber sehr aktiv, wenn es darum geht, jemanden hinter seinem Rücken ein bißchen in den Dreck zu ziehen. Unter vier Augen schütten sie ihr Herz aus: „Es ist einfach schrecklich!“ Sie belästigen mit ihrem Kummer aber vorzugsweise unschuldige Dritte und machen niemals reinen Tisch mit dem, der ihr Problem verursacht. Sie haben Angst davor, den anderen zu verletzen oder sich selbst Nachteile einzuhandeln.

Die Furcht davor, andere zu verletzen, ist oft unbegründet. Entscheidend ist die Wahl der Worte, d. h. die Art und Weise, wie die Kritik vorgebracht wird. Negatives Feedback kann in Form einer Aufmunterung gegeben werden: „Ich glaube, Sie haben das Potential XYZ noch besser zu machen.“

Die Furcht vor persönlichen Nachteilen beruht auf Angst vor Rache oder davor, sich unbeliebt zu machen. Letzteres ist speziell ein Problem für Frauen. Von Kindesbeinen an haben sie gelernt, für andere dazusein und sich aufzuopfern. Liebe ist ihre Belohnung. Jemandem etwas Negatives direkt ins Gesicht zu sagen bedeutet gleichsam, in ihrer wichtigsten Rolle, nämlich der Fürsorge für andere, zu versagen. Als Folge davon fürchten sie, nicht geliebt zu werden.

Die Angst vor dem Entzug der Liebe spukt immer im Hinterkopf. Wenn eine Frau für ihre Arbeit kritisiert wird, fühlt sie sich oft persönlich abgewiesen: „Ich bin nicht gut genug! Niemand mag mich hier.“ Von da aus ist es nicht lang zum Selbstmitleid: „Habe ich mich nicht aufgeopfert? Und das ist jetzt der Dank!“ Das übergroße Bedürfnis nach Anerkennung und Akzeptanz kann zu einer Barriere für die berufliche Entwicklung von Frauen werden.

Machen Sie sich den Unterschied zwischen destruktiver und konstruktiver Kritik klar. Wenn ein Mitarbeiter immer nur Rückmeldung bekommt, wenn er etwas falsch macht, und niemals, wenn er gute Leistungen erbringt, wirkt dies natürlich demotivierend. Ein Angestellter im öffentlichen Dienst drückt dieses Gefühl wie folgt aus: „Bei uns haben die Vorgesetzten die Einstellung, daß es eine Selbstverständlichkeit ist, daß wir gute Arbeit leisten. Der geringste Fehler ist jedoch eine große Katastrophe."

Ein anderer Mitarbeiter fügt hinzu: „Ebenso ist es frustrierend, sich wirklich anzustrengen, damit die Arbeit rechtzeitig fertig wird, und dann nur das saure Gesicht des Chefs zu sehen – oder noch schlimmer – auf totales Desinteresse zu stoßen."

Negative Haltungen sind ansteckend. Wenn einer immer nur motzt, dauert es oft nicht lange, bis alle eine negative Grundeinstellung sowohl zur Arbeit als auch zu den Menschen im Betrieb entwickeln. Beißender Humor, Ironie und Lächerlichmachen sind oft unbewußte Strategien, um einen Konflikt zu glätten, der unter der Oberfläche schwelt.

### (1) Wegen unberechtigter Kritik am Boden zerstört

Auf meinen Seminaren bitte ich oft die Teilnehmer, in kleinen Gruppen darüber zu sprechen, was sie bei unberechtigter Kritik empfinden.

Bevor Sie nun weiterlesen, nehmen Sie bitte ein Blatt Papier zur Hand und schreiben Sie darauf, wie Sie selbst auf unberechtigte Kritik reagieren. Wann haben Sie sich zuletzt über eine Kritik geärgert? Wer sagte was bei welcher Gelegenheit? Warum fühlten Sie sich verletzt? Vergleichen Sie dann Ihre eigenen Antworten mit denen auf der nächsten Seite.

## Übung 3
## Was empfinden Sie bei unberechtigter Kritik?

**Sinn und Zweck:**
Wenn Sie sich selbst besser im klaren darüber sind, welche gefühlsmäßigen Reaktionen unberechtigte Kritik bei Ihnen auslöst, werden Sie hoffentlich auch anderen gegenüber ein größeres Einfühlungsvermögen aufbringen und es sich dreimal überlegen, bevor Sie Ihre Wut an Unschuldigen auslassen.

**Achtung Fallgrube!**
Sie lernen natürlich gar nichts, wenn Sie sich selbst gegenüber nicht ehrlich sind.

Die Antworten auf die Frage: „Was empfinden Sie bei unberechtigter Kritik?" fallen in der Regel in drei Kategorien:
Flucht:
Sich die Kritik zu Herzen nehmen und sich deprimiert zurückziehen
Kampf:
Zum Gegenangriff gehen
Physisches Abreagieren:
Eine Runde joggen oder sich in die Hausarbeit stürzen

**Fluchtreaktionen:**
Ich fühle mich

abgewiesen
unsicher
wertlos
uninspiriert
mutlos
am Boden zerstört
frustriert

dumm
bitter
deprimiert
enttäuscht
verletzt
mißverstanden
wie gelähmt
machtlos
verwirrt
blockiert
klein wie eine Ameise
besiegt
ungeliebt

**Kampfreaktionen**

negative Einstellung sowohl zur Person als auch zur Sache

ich trete dem Typ ans Schienbein
wütend
verärgert
hasse
werde aggressiv
sinne auf Vergeltung
übertreibe
gehe zum Gegenangriff über

**Physisches Abreagieren**

schlage mit der Faust gegen die Wand
wasche Geschirr ab
bekomme einen Putzfimmel
jogge ein paar Runden
trinke ein Glas Bier oder Wein

### (2) Ratschläge für konstruktive Kritik

Konstruktive Kritik kann sehr lehrreich sein. Hier sind einige Ratschläge, wie Sie kritisieren können, ohne zu verletzen:

- Erkennen Sie die gute Absicht an
- Werden Sie sich klar über Ihre eigenen Motive
- Sagen Sie, was Sie wirklich wollen
- Seien Sie konkret, spontan und direkt
- Wählen Sie den richtigen Augenblick
- Akzeptieren Sie, daß Feedback gegenseitig ist
- Sagen Sie, was Sie mit Ihrer Kritik beabsichtigen
- Bestätigen Sie, wenn eine Veränderung stattgefunden hat
- Drohen Sie mit Konsequenzen
- Setzen Sie Ihre Drohung in die Tat um

*Erkennen Sie die gute Absicht an*
Nur wenige Menschen machen etwas mit Absicht falsch. Auch wenn alles schiefgelaufen ist, war es doch oft gut gemeint. Erkennen Sie deshalb die gute Absicht an: „Ich weiß, daß Sie sehr viel Arbeit in diesen Bericht gelegt haben, aber Abschnitt xyz könnten Sie noch etwas vertiefen. Dann wird der Sinn klarer."

Ein kluger Vorgesetzter stärkt das Selbstvertrauen seiner Mitarbeiter. Wenn er das Negative mit etwas Positivem verbindet, indem er zum Beispiel auf frühere Leistungen hinweist, signalisiert er damit, daß er an die Fähigkeit des Mitarbeiters glaubt, es besser zu machen. Das ist eine Aufmunterung. Der Kritisierte kann seine Selbstachtung bewahren: „O.k., ich habe einen Fehler gemacht, aber ich bin trotzdem ein wertvoller Mensch."

*Werden Sie sich klar über Ihre eigenen Motive*
Bevor Sie den Mund öffnen, um Ihrem Ärger Luft zu verschaffen, werden Sie sich klar über Ihre eigenen Motive: „Warum verspüre ich jetzt so einen großen Drang zum Kritisieren? Was will ich mit meiner Kritik erreichen?" Der einzige legitime Grund zum Kritisieren ist der Wunsch

nach besseren Leistungen oder eine Änderung der Einstellung und Verhaltensweise.

Wenn ich ganz ehrlich zu mir selbst bin, muß ich jedoch gestehen, daß ich auch kritisiere, einfach weil ich gerade einen schlechten Tag habe. Jemand hat mich geärgert, und jetzt brauche ich ein Ventil, um Dampf abzulassen. Unredliche Motive zum Kritisieren sind Neid, Eifersucht, Minderwertigkeitskomplexe, Übertragung von früheren Erfahrungen in eine neue Situation und Projizierung von eigenem Mißmut auf andere. All dies sind in der Regel unbewußte Prozesse, die unser Handeln beeinflussen.

Ein norwegisches Sprichwort sagt: „Der Neid ist stärker als der Geschlechtstrieb." Sich über anderer Erfolg aufrichtig freuen zu können erfordert Stärke. Nur selbstbewußte Menschen schaffen diesen Kraftakt. Kaum einer hat aber Selbstvertrauen zu jeder Zeit und in jeder Situation. Somit hat der Neid gute Wachstumsbedingungen.

Kurz nachdem ich meine eigene Firma INCITA MANAGEMENT gegründet hatte und noch auf der Suche nach meiner Identität unter der großen Schar der Unternehmensberater war, arbeitete ich auf einem Seminar mit einer Kollegin zusammen, die mich in fachlicher Hinsicht ausgezeichnet ergänzte.

Meine Partnerin war ausgesprochen beliebt. Sie hatte eine große persönliche Ausstrahlung. Dank ihres Engagements gelang es ihr, das Beste aus den Teilnehmern herauszuholen. Ich freute mich über ihren Erfolg. Gleichzeitig nagte jedoch der Neid an mir, und ich fühlte mich von ihr in den Schatten gestellt.

Eines Tages teilten wir die Teilnehmer in zwei Gruppen. Sie arbeitete mit ihren Themen und ich mit den meinigen. So geschah es, daß sie ihre Zeit mit einer halben Stunde überzog, während ich mich an unsere gemeinsame Absprache hielt. Meine Gruppe mußte also auf ihre warten.

Plötzlich fühlte ich eine große Wut in mir aufsteigen. Ich schaffte es, mich zusammenzunehmen, bis das offizielle Programm zu Ende war. Unter vier Augen aber brach es aus mir heraus: „Du mußt dich an unsere Verabredung halten. Ich kann und will nicht akzeptieren, daß du ständig deine Zeit überziehst. Nimm dich gefälligst zusammen."

Mein Ärger war echt, aber die Ursache hatte nur wenig mit ihrer schlechten Zeitplanung zu tun. Die Intensität meines Gefühlsausbruches stand in keinem Verhältnis zu dem Fehler, den sie sich hatte zuschulden kommen lassen. Ich kochte über, weil ich eifersüchtig auf sie war.

Nachdem ich mich selbst durchschaut hatte, bekam ich die Kraft, es zu unterlassen, sie zu kritisieren. Ich lernte unsere Zusammenarbeit zu schätzen und gönnte ihr ihren Erfolg. Als sie bei späterer Gelegenheit wiederum ihre Zeit überzog, schaffte ich es, sie auf eine freundliche und ruhige Weise darum zu bitten, sich ans gemeinsam abgesprochene Programm zu halten.

Neid und Eifersucht sind menschliche Reaktionen. Je unsicherer wir sind, desto größer erscheint die Bedrohung. Der erste Schritt zur Überwindung dieser „häßlichen" Gefühle ist, ihre Existenz sich selbst gegenüber einzugestehen. Erst dann kann eine emotionale Bearbeitung beginnen. Verdrängen bringt nichts. Das bedeutet jedoch nicht, Neid und Eifersucht ungehemmt auszuleben. Denken Sie immer daran, was Ihnen auf lange Sicht am meisten nützt. Ein unkontrollierter Gefühlsausbruch kann das Verhältnis zu einem anderen Menschen für immer zerstören. Je mehr Sie Ihre eigenen Schwächen erkennen und akzeptieren, desto leichter wird es für Sie sein, nagende negative Gedanken und destruktive Gelüste souverän zur Seite zu schieben. Sie können Ihre Wut auch auf dem Papier auslassen. Schreiben Sie sich alles vom Herzen, aber schicken Sie niemals einen im Effekt geschriebenen Brief ab.

Minderwertigkeitskomplexe können ähnliche Reaktionen hervorrufen wie Neid. Auf einem Seminar sollten die Teilnehmer einander Feedback geben. Eine Frau sagte zu einem Mann: „Du bist arrogant." Ich bat sie um nähere Erklärungen, warum sie ihn als arrogant empfinde. Sie antwortete ehrlich: „Ich fühle mich unterlegen, weil er so gut reden kann, während ich selbst nicht wage, in einer Versammlung den Mund aufzumachen."

Psychologen nennen diese Verhaltensweise Projizierung. Sie bezeichnen damit Menschen, die ihre eigene Schwäche derart hassen, daß sie sie auch stellvertretend bei anderen bekämpfen und bestrafen. Sie übertragen die Unzufriedenheit mit sich selbst auf andere Personen. Die

Kritik ist eine Strafe dafür, daß der andere entweder die gleiche Schwäche hat wie sie selbst oder aber daß er Stärken hat, die sie selbst nicht haben, aber gern haben möchten. Der typische Generationskonflikt: „Als ich so alt war wie du, gab es so etwas nicht“ oder „Zu meiner Zeit...“ kann auch in diesem Licht gesehen werden.

In der psychologischen Fachsprache bedeutet das Wort „Übertragung“, daß jemand seine Gefühle und Einstellungen von früher erlebten Situationen ins Hier und Jetzt überträgt. Falls der eigene Vater streng und geizig war, muß auch der spätere Ehemann damit rechnen, des Gleichen angeklagt zu werden. Falls der vorige Chef ein autoritärer Typ war, werden die Mitarbeiter sich auch gegenüber dem neuen Vorgesetzten lange Zeit so verhalten, als ob auch er mit der Peitsche in der Hand herrsche.

Besonders Angehörige von Minoritätsgruppen sind oft Opfer von Stereotypien und Generalisierungen. Wenn ein Deutscher einen Italiener trifft, glaubt er oft, daß dieser genauso ist wie der italienische Nachbar, den er einmal vor fünf Jahren hatte.

Eine Schwedin hat einen Chef, der mit einer Schottin verheiratet ist. Er geht ganz selbstverständlich davon aus, daß sie die gleiche Einstellung zu vielen Dingen hat wie seine Gattin. Schließlich ist ja auch sie Frau und Ausländerin.

Unternehmensberaterin zu sein heißt, sich in der Welt der Männer bewegen, und viele männliche Manager werfen alle weiblichen Berater in denselben Topf. Ich erinnere mich in diesem Zusammenhang speziell an ein Verkaufsgespräch, wo es mir ganz und gar unmöglich war, den Kunden zu überzeugen, weil der Herr Direktor in mir ständig eine andere Beraterin sah, die er einmal vor Jahren engagiert hatte und deren Methoden er nicht mochte.

Um aus dieser Übertragungsfalle herauszukommen, müssen Sie sich klarmachen, daß es in jeder Gruppe Menschen (Schweden, Schotten, Italiener, Unternehmensberater) sehr große individuelle Unterschiede

gibt. Ziehen Sie keine voreiligen Schlüsse. Machen Sie sich die Mühe, jeden Menschen neu zu entdecken.

Viele Konflikte beruhen darauf, daß derjenige, der kritisiert, nicht zwischen früheren Erlebnissen und der jetzigen Situation unterscheiden kann.

*Sagen Sie, was Sie wirklich wollen*
Sagen Sie, was Sie wirklich wollen, aber sagen Sie es auf eine direkte und faire Weise.

Wenn Sie sich über etwas ärgern, nehmen Sie oft Zuflucht zu folgenden destruktiven Verhaltensweisen:
- nörgeln
- generalisieren
- angreifen
- lächerlich machen

Auf diese Weise machen Sie zwar Ihrem Ärger Luft, aber Sie schaffen sich selbst auch Feinde – vielleicht für immer. Keiner mag es, kritisiert zu werden. Im Augenblick ist es Ihnen vielleicht ein Genuß, den anderen am Boden wimmern zu sehen, aber Sie müssen damit rechnen, daß er sich wieder aus dem Staub erhebt. Rache ist süß.

Anstatt sich an den Fehlern des anderen zu ergötzen, können Sie auch selbst Verantwortung für Ihr eigenes Wohlbefinden übernehmen und sagen: „Ich will / möchte gerne, daß Sie..." Wenn es Ihnen unangenehm ist, über diese oder jene Sache zu sprechen, dann beschreiben Sie Ihr Gefühl mit Worten: „Es ist mir sehr unangenehm..." oder „Ich möchte am liebsten nicht darüber sprechen, aber..." Wenn Sie dem anderen zu erkennen geben, wie es Ihnen innerlich zumute ist, wird er verstehen, daß es Ihnen ernst ist. Außerdem dämpfen Sie auf diese Weise ihre eigene Nervosität.

Ich-Botschaften eignen sich am besten im Zusammenhang mit negativer Kritik. In anderen Situationen kann die Sie-Form angebrachter

sein. Wenn ich Ihnen etwas verkaufen will oder Sie von meiner Idee überzeugen möchte, erreiche ich mehr, wenn ich Ihnen erzähle, welche Vorteile „Sie“ von meinem Angebot haben, als wenn ich darauf hinweise, warum „ich“ gerne etwas verkaufen möchte. Wenn es darum geht, negatives Feedback zu geben, lindere ich jedoch das Unbehagen des Empfängers, wenn ich nur Ausdruck für meine eigenen Wünsche und Gefühle gebe, anstatt dem anderen seine Untauglichkeit vorzuwerfen.

## Übung 4
## Ich-Botschaften senden

**Sinn und Zweck:**
Diese Übung soll Ihnen helfen, konstruktive Kritik zu geben.

**Achtung Fallgrube!**
Dies ist kein Ego-Trip: nur „ich" darf Forderungen stellen. „Ich" habe immer recht. Natürlich habe ich das Recht, meine Bedürfnisse zum Ausdruck zu bringen – aber der andere ebenso. Seien Sie sich auch der Konsequenzen Ihres eigenen Handelns bewußt.

Die Kommunikationstechnik der Ich-Botschaft geht auf Dr. Thomas Gordon zurück und ist im Buch *Leader Effectiveness Training L.E.T.* beschrieben. Inspiriert von seiner Arbeit, habe ich diese Übung entwickelt. Die Beispiele stammen aus meiner eigenen Tätigkeit als Berater und Seminarleiter.

Diese Übung können Sie allein machen oder zusammen mit anderen.

Individuell:
Schreiben Sie auf ein Blatt Papier, was Sie gewöhnlich sagen, wenn Sie sich über andere ärgern. Formulieren Sie dann Ihre Sätze nach nachstehend aufgeführtem Muster um.

Gruppe:
Das Wort geht von einem zum anderen, und jeder gibt ein Beispiel dafür, wie er gewöhnlich andere kritisiert. Dann formuliert er die Kritik konstruktiv um. Die Teilnehmer kennen sich oft in dem Gesagten wieder und lernen voneinander.

**Beispiele:**

| | |
|---|---|
| **Mißfallen äußern** | **Ich-Botschaft** |
| Diese Arbeit ist unter aller Kritik. | Ich habe mich vielleicht nicht klar genug ausgedrückt, aber was ich wirklich will, ist ... Ich ging davon aus, daß Sie ... Nun bin ich enttäuscht, weil ... Ich bitte Sie darum, daß Sie das nächste Mal ... |
| Sie irritieren mich. | Ich bin heute sehr irritabel. |
| **Generalisieren** | **Ich-Botschaft** |
| Wir werden nie informiert. | Ich möchte gerne laufend über xyz informiert werden und auch darüber, inwiefern ich persönlich davon betroffen bin. Es wird sehr schwierig für mich, meine Aufgaben zufriedenstellend auszuführen, wenn ich nicht weiß, was auf meinem eigenen Arbeitsgebiet passieren soll. Ich fühle mich unsicher, wenn ich nicht weiß, was geschehen soll. |
| Sie geben mir nie Feedback. | Ich bitte Sie darum, sich diese Sache anzusehen und mir zu sagen, was Sie davon halten. Das ist wichtig für mich. |
| Sie kritisieren immer nur. | Ich bitte Sie darum, mir zu sagen, was Ihnen an dieser Arbeit gefällt und was ich noch besser machen kann. |

| | |
|---|---|
| Sie machen alles allein. | Ich bitte Sie darum, diese Aufgabe an mich zu delegieren. |
| Der Herr Fischer darf ständig an Fortbildungskursen teilnehmen. | Ich will am xyz-Kurs teilnehmen. |
| Überall fliegen Deine Sachen herum. | Ich fühle, daß Du meine Arbeit als Hausfrau nicht ernst nimmst, wenn Deine Kleider in der ganzen Wohnung verstreut liegen. Ich bitte Dich darum, Deine Sachen in den Schrank zu hängen. |
| **Angriff** | **Ich-Botschaft** |
| Sie sind ein Tyrann! | Ich will aktiv am Geschehen mitwirken. |
| Sie nehmen aber auch gar keine Rücksicht! | Ich will, daß Sie ... |
| Sie sind immer so negativ! | Ich war mir nicht im klaren darüber, daß Sie die Sache so aufgefaßt haben. Lassen Sie mich erklären. Ich habe xyz veranlaßt, weil ... |
| **Lächerlich machen** | **Ich-Botschaft** |
| Sie hassen wohl die Männer? | Ich verstehe nicht den Sinn und Zweck mit eigenen Frauenseminaren. Ich bin neugierig und bitte Sie, mir zu erzählen, was Sie auf solchen Kursen machen. Warum wollen Sie keine Männer dabei haben? |

*Seien Sie konkret, spontan und direkt*

Geben Sie unmittelbar Feedback, und warten Sie nicht, bis ein kleines Problem sich zu einer großen Krise auswächst. Seien Sie auch konkret, und sagen Sie ganz genau, was Sie stört. Halten Sie sich an die Sache, oder kritisieren Sie eine Verhaltensweise, aber vermeiden Sie dabei Generalisierungen oder Angriffe auf eine Person.

Negatives Feedback geben Sie am besten unter vier Augen. Falls eine ganze Abteilung von einem Problem betroffen ist, kann es auch sehr lehrreich sein, offen zu diskutieren, was schiefgelaufen ist. Voraussetzung hierzu ist jedoch, daß Sie ein Betriebsklima haben, wo es akzeptiert ist, auch über kontroverse Dinge zu sprechen. Auf jeden Fall müssen Sie vermeiden, einen einzelnen vor allen anderen als Sündenbock abzustempeln.

Die Aggression kommt oft auf indirekte Weise in Form von versteckten Andeutungen, Stacheleien und Witzen zum Vorschein, gegen die sich das Opfer nicht wehren kann. Versetzen Sie sich in die Lage des anderen. Würde es Ihnen gefallen, Zielscheibe des Spottes zu sein? Wenn Ihnen an guter Kommunikation gelegen ist, mobilisieren Sie so viel Mut, daß Sie es wagen, mit dem Betroffenen direkt zu sprechen und ihn nicht hinter seinem Rücken bei anderen anzuschwärzen.

Geben Sie dem Empfänger Ihrer Kritik eine Chance, sich zu Ihren Vorwürfen zu äußern. Klatsch und Tratsch schafft Unsicherheit. Das Opfer fühlt, daß etwas nicht stimmt, weiß aber nicht genau was und verschwendet viel Kraft und Energie darauf, zu spekulieren, wer wohl was gesagt haben könnte.

Ein Verkäufer berichtet über das Betriebsklima in seinem Unternehmen folgendes: „Ich hatte einmal einen Streit mit meinem Kollegen, und er hat mir nie verziehen. Er wendet sich niemals direkt an mich, sondern zieht seine Fäden im stillen. Ich habe das Gefühl, daß hinter meinem Rücken über mich geklatscht wird, aber ich kann mich nicht dagegen wehren, weil ich ja nicht genau weiß, was geschieht. Ich kann nichts Konkretes nennen, aber muß ständig aufpassen, daß ich nichts Falsches sage. Ich wage es gar nicht mehr, spontan zu sein.

Eines Tages komme ich in die Kantine, und da sitzt der Personalchef. Ich grüße ihn, und er lacht mir freundlich zu. Wir haben immer ein gutes Verhältnis zueinander gehabt. Da kommt mein Kollege und setzt sich neben den Personalchef. Die beiden sprechen miteinander, und als ich hinausgehe, ist sein Gesicht wie versteinert. Kein Gruß, kein Lächeln. Ist das nun reiner Zufall, oder hat mein Kollege mich mal wieder schlecht gemacht?"

Hat der Kollege wirklich intrigiert, oder ist alles nur Einbildung? Der Verkäufer wird auf diese Frage niemals eine Antwort finden. Der Mangel an direkter Kommunikation hat bei ihm zu einer paranoiden Grundeinstellung geführt. Er muß ständig höllisch aufpassen, weil er überall nur Feinde sieht.

*Wählen Sie den richtigen Augenblick*

Auch wenn die Kritik berechtigt ist, kann der Zeitpunkt des Kritisierens unpassend sein. Ein Mitarbeiter, der einen schweren Fehler gemacht hat, weiß selbst sehr genau, daß hier etwas schiefgelaufen ist. Er martert sich vielleicht mit Selbstvorwürfen und verbringt schlaflose Nächte. In einer solchen Situation kann seine psychische Belastungsfähigkeit so geschwächt sein, daß Ihre Kritik ihn vollends in Depressionen treiben würde.

Wählen Sie deshalb den richtigen Augenblick für Ihr Feedback. Wenn Sie im Zweifel sind, fragen Sie: „Ich möchte mit Ihnen über diese Sache sprechen. Paßt es Ihnen, daß wir dies gleich tun, oder würden Sie es vorziehen, bis morgen damit zu warten?"

*Akzeptieren Sie, daß Feedback gegenseitig ist*

Wenn Sie einen Mitarbeiter zur Rede stellen, akzeptieren Sie, daß dieser Sie darauf hinweist, inwiefern Ihr eigenes Verhalten zu seinem Mißerfolg beigetragen hat. Feedback soll immer gegenseitig sein. Besonders bei Konflikten ist es wichtig, daß alle Betroffenen zu Wort kommen.

*Sagen Sie, was Sie mit Ihrer Kritik beabsichtigen*
Lassen Sie es nicht dabei bewenden, auf Mängel hinzuweisen, sondern sagen Sie, was Sie mit Ihrer Kritik beabsichtigen. Als Vorgesetzter ist es Ihre Aufgabe, das Ziel klar und deutlich zu formulieren. Viele Mißerfolge und Konflikte beruhen auf einer ungenauen Zielvorgabe. Der Mitarbeiter weiß nicht, was konkret von ihm erwartet wird.

*Bestätigen Sie, wenn eine Veränderung stattgefunden hat*
Wenn Ihr Mitarbeiter aufgrund Ihrer Kritik seine Verhaltensweise ändert oder bessere Leistungen erbringt, sollten Sie ihm zu verstehen geben, daß Sie sich dessen bewußt sind. Geizen Sie nicht mit Ihrer Anerkennung.

*Drohen Sie mit Konsequenzen*
Falls Ihr Mitarbeiter zwei taube Ohren hat und sein kritikwürdiges Verhalten nicht abstellt, können Sie den Konflikt auf eine höhere Ebene verlagern und mit Konsequenzen drohen. Ihre Drohung sollte jedoch im angemessenen Verhältnis zu dem Geschehen stehen. Wenn Sie sich im Eifer des Gefechtes zu extremen Strafandrohungen hinreißen lassen, die Sie dann nach ruhiger Überlegung doch nicht auszuführen wagen, unterminieren Sie allmählich Ihre Autorität. Sie werden unglaubwürdig. Ihre Drohung ist nur ein Papiertiger.

Kritik geben und entgegennehmen ist für die meisten Menschen schwierig. Auf Seminaren kann die nachstehende Übung helfen, die Atmosphäre aufzulockern und die Situation zu entschärfen.

## Übung 5
## Theater-Spiel
## Überwinden Sie Ihre Hemmungen, Kritik zu geben

**Sinn und Zweck:**
Auf spielerische Weise Ihre Hemmungen überwinden, jemandem etwas Negatives direkt ins Gesicht zu sagen.

**Achtung Fallgrube!**
Diese Übung setzt eine gute Atmosphäre voraus. Die Teilnehmer sollten einander schon etwas kennen. Die Übung eignet sich nicht am Anfang eines Seminars.

Diese Übung findet sich im Buch *Theatre Games* von Clive Barker. Sie wird in England im Dramaunterricht verwendet. Sie soll den Schauspielern die Hemmungen nehmen, auf der Bühne ihren Kollegen unangenehme Dinge zu sagen.

Die Teilnehmer stehen im Kreis. Der erste sagt etwas Positives zum zweiten (entweder mit Worten oder durch Körpersprache). Der zweite sagt etwas Negatives zum dritten. Der dritte sagt etwas Positives zum vierten u. s. w. Im schnellen Wechsel gibt also jeder, der selbst positives Feedback bekommen hat, negatives Feedback an den nächsten weiter und umgekehrt.

Achten Sie darauf, daß die Gruppe aus einer ungeraden Anzahl Teilnehmer besteht, damit jeder sowohl positives als auch negatives Feedback erhält. Wechseln Sie nach einigen Minuten die Stellungen, damit jeder einen neuen Nachbarn bekommt.

Beobachten Sie die Teilnehmer, und geben Sie ihnen anschließend Feedback:

„Hat es viel Überwindung gekostet, etwas Negatives zu sagen?“
„War es leichter, etwas mit dem Körper auszudrücken als mit Worten?“
„Dies ist ja nur ein Spiel. Warum ist es so schwer, dem anderen etwas Negatives zu sagen?“

Ermuntern Sie die Teilnehmer zu einer Diskussion über die Bedeutung von negativem Feedback.

### (3) Kritik entgegennehmen

*Wenn niemand Sie jemals kritisiert hat, haben Sie wahrscheinlich niemals etwas Bedeutendes zustande gebracht.*

Kritik entgegennehmen ist eine Kunst, die nur wenige Menschen beherrschen. Die meisten versuchen, einer Konfrontation aus dem Wege zu gehen, indem sie das Gesagte schlichtweg abstreiten, sich verteidigen, zum Gegenangriff gehen oder einen Sündenbock suchen.

Diese negative Haltung in bezug auf Kritik ist ein Zeichen von Unsicherheit. Ein selbstbewußter Mensch kennt und akzeptiert seine starken und seine schwachen Seiten. Ein unsicherer Mensch versucht, seine schwachen Stellen zu vertuschen.

Für viele ist es ein Schock, wenn sie entdecken, daß andere sie ganz anders auffassen als sie sich selbst. Das gilt für Führungskräfte, die oft wenig Kontakt zu ihren Mitarbeitern haben. Um unangenehmen Situationen aus dem Wege zu gehen, graben sie sich bis zum Kopf in Arbeit ein, sitzen ständig in Besprechungen, im Auto oder im Flugzeug oder sind auf andere Weise unerreichbar. Der dunkle Anzug mit Nadelstreifen, der überdimensionale Schreibtisch und die Portraitgalerie an der Wand sind ebenfalls Machtsymbole, die Abstand schaffen.

Ein Manager hatte wenig Kontakt zu den Mitarbeitern und wußte nicht, was sie denken. Einmal wagte ein Angestellter, ihm einen Vorschlag zu machen, mit dem er nicht einverstanden war. Der Manager war wütend und „strafte“ den Angestellten mit herablassenden Bemerkungen.

Das war eine sehr unkluge Reaktion. Obwohl er die Meinung des Angestellten nicht teilte, hätte er die Gelegenheit nutzen können, um zu erklären, warum er dies und jenes tue. Auf diese Weise hätte er spätere Mißverständnisse vermeiden können. Anstatt zu erklären, gab er dem Angestellten das Gefühl, daß dieser ein Dummkopf sei. Es ist besser, daß Meinungsverschiedenheiten auf den Tisch kommen, als daß in allen Ecken und Winkeln getuschelt und gemauschelt wird.

Die Angst vor Kritik hat ihre Wurzeln in der Kindheit. Der kleine Junge und das kleine Mädchen lernen schnell, daß sie bestraft werden, wenn sie etwas falsch machen. „Wenn du nicht lieb bist, sperre ich dich ein, darfst du nicht die Kinderstunde im Fernsehen sehen, hole ich den Buhmann“ oder noch schlimmer: „Wenn du nicht tust, was Mutter sagt, hat sie dich nicht mehr lieb.“ Obwohl das Kind noch zu klein ist, um zu verstehen, warum etwas falsch oder verboten ist, wird es ängstlich und nervös und bekommt ein schlechtes Gewissen, wenn es einen Fehler macht.

Ein Kind, das ständig erfährt, daß Kritik und Strafe zusammengehören, ist auch als Erwachsener davon geprägt. Das spontane Angstgefühl in Zusammenhang mit Kritik ist jedoch nicht angeboren, sondern ein Produkt der Erziehung. Als solches können wir diese Verhaltensweise auch wieder „verlernen“, indem wir Methoden und Techniken anwenden, die das Selbstvertrauen stärken.

**Kritik selbstbewußt aufnehmen**

Eine selbstbewußte Art und Weise, Kritik aufzunehmen, ist:
- Kritik entgegennehmen, ohne den anderen zu unterbrechen
- Unterscheiden zwischen sach- und personenbezogener Kritik
- Genau zuhören, was der andere wirklich sagt, und nicht spekulieren, wie das möglicherweise gemeint sein könnte
- Um eine nähere Erklärung bitten

- Unterscheiden zwischen berechtigter, teilweise berechtigter und unberechtigter Kritik
- Fehler einräumen
- Fragen stellen
- Besserung versprechen

*Kritik entgegennehmen, ohne den anderen zu unterbrechen*
Ruhig zuhören, ohne dem anderen gleich mit Erklärungen oder Beschuldigungen ins Wort zu fallen, ist eine Voraussetzung dafür, daß Sie zwischen berechtigter und unberechtigter Kritik unterscheiden können. Selbst wenn Ihnen die Kritik im Augenblick sehr ungerecht vorkommt, ist bei näherem Hinsehen vielleicht doch ein Körnchen Wahrheit dran.

Wenn Sie Ihrem Kritiker das Wort abschneiden, schützen Sie sich davor, etwas zu Unangenehmes zu hören, aber Sie berauben sich auch selbst der Möglichkeit, etwas über sich selbst zu lernen und damit in Ihrer persönlichen Entwicklung voranzukommen.

*Unterscheiden Sie zwischen sach- und personenbezogener Kritik*
Viele Menschen können nicht zwischen der Sache und der Person unterscheiden. Sie nehmen sich jede Kritik zu Herzen und fühlen sich gleich als Versager oder unschuldiges Opfer. Ihr anklagender oder beleidigter Blick macht es dem anderen schwer, die Kritik direkt und unverblümt auszusprechen. Er geht lieber um den heißen Brei herum und begnügt sich mit vorsichtigen Andeutungen. Auf diese Weise bleibt der kritikwürdige Zustand bestehen, und derjenige, dem die Kritik gilt, lernt nichts aus seinen Fehlern.

Ob Kritik weh tut oder nicht, hängt natürlich davon ab, wie sie vorgebracht wird, aber in sehr starkem Ausmaß eben auch vom Selbstbild des Empfängers. Um es auf die Spitze zu setzen: Niemand kann einen gegen seinen Willen manipulieren. Andere können einen nur verletzen, wenn ihr Urteil auf vorbereiteten Boden fällt und die eigenen Zweifel bestätigt.

Ein Mensch mit Selbstvertrauen oder ein Mensch in einer vertrauten Situation wird mit Kritik besser fertig als ein unsicherer Mensch oder ein Mensch in einer neuen und ungewohnten Situation.

Das mangelnde Selbstbewußtsein und damit die mangelnde Fähigkeit, Kritik zu ertragen, hängen mit den früheren Erlebnissen eines Menschen zusammen. Wenn sich jemand als Kind oder Heranwachsender ständig zurückgewiesen fühlt und die ersten Erfahrungen in der Arbeitswelt auch nicht dazu beitragen, das Selbstwertgefühl zu stärken, führt das leicht dazu, daß er überall heimliche Verschwörungen wittert und von niemandem etwas Gutes erwartet. Das Mißtrauen, das er allem und allen entgegenbringt, löst dann bei anderen genau die Reaktionen aus, die er befürchtet und erwartet.

Das drohende Ungeheuer ist ein Produkt seiner eigenen Phantasie. Diese Zusammenhänge werden gut durch eine Karikatur veranschaulicht:

> Eine Frau liegt im Bett und hat einen schrecklichen Alptraum. Durch das Fenster steigt ein riesiger Gorilla mit drohender Gebärde.
> – „Was willst du von mir?" schreit die Frau erschreckt.
> – „Woher soll ich das wissen?" antwortet der Gorilla ruhig, „es ist ja dein eigener Traum."

Es ist jedoch eine Sache, rein intellektuell zu verstehen, wie das Selbstbild die eigenen gefühlsmäßigen Reaktionen beeinflußt, und eine ganz andere, aus einem eingefahrenen Verhaltensmuster auszubrechen.

Der Verstand sagt, daß Kritik sowohl notwendig als auch lehrreich sein kann. Kritik ist keine Schande, denn kein Mensch ist perfekt. Nicht jede Kritik ist überdies berechtigt. Einige Menschen kritisieren nur, weil sie sich selbst nicht leiden können. Andere malen immer nur schwarz und haben die Fähigkeit verloren, das Positive am Dasein zu sehen. Außerdem sind wir Menschen sehr verschieden. Über Geschmack läßt sich bekanntlich streiten. Wir haben auch unterschiedliche Bedürfnisse, ethische Werte und Interessen. Es würde ja an Wun-

der grenzen, wenn alle mit allen einig wären. Egal, was einer sich vornimmt, es wird immer einen anderen geben, dem das so nicht paßt. Warum sich also selbst das Leben schwermachen?

Das Gefühl sieht das jedoch leider ganz anders. Aus dem Unterbewußtsein taucht auf einmal wieder das kleine Kind auf, das Strafe erwartet, weil es nicht die an es gestellten Erwartungen erfüllt hat. Seine leicht mobilisierbaren Schuldgefühle feiern ein Freudenfest. Das uralte Gefühl der Machtlosigkeit nimmt Oberhand und schafft innere Blokkierungen.

Das Paradoxe an der Sache ist, daß das schlechte Gewissen einem zu schaffen machen kann, auch wenn man gar nichts falsch gemacht hat, sondern einfach unterlassen hat, etwas zu tun, von dem man selbst annimmt, daß der andere ein Anrecht darauf hat.

Schuldgefühle ohne eigentlichen Grund kommen mehr bei Frauen als bei Männern vor. Immer noch erwarten die Mütter von ihren Töchtern, daß sie bei der Hausarbeit helfen sollen, während die Söhne spielen dürfen. In der traditionellen Kindererziehung tragen die Mädchen von früh an die Verantwortung für alle und alles, während die Buben kleine Helden sein sollen und ein barsches und rücksichtsloses Verhalten ihnen nahezu Status verleiht.

Auch als Erwachsene fühlen sich viele Frauen weiterhin für alle anderen verantwortlich. Als Ehefrauen infantilisieren sie ihre Männer, indem sie ihnen jeden Wunsch von den Augen ablesen und eigene Wünsche unterdrücken.

> Eine Familie wohnt in einem bescheidenen Eigenheim. Die Kinder werden allmählich groß. Die Mutter freut sich jahrelang darauf, sich ein eigenes Arbeitszimmer einzurichten, wenn der letzte das Haus verläßt und dadurch sein Zimmer frei wird. Als es schließlich so weit ist, richtet sich der Mann darin einen Hobbyraum ein. Sie ist enttäuscht, weint im stillen und klagt bei der Nachbarin darüber, wie egoistisch doch ihr Mann sei. Der springende Punkt ist jedoch, daß sie niemals mit ihrem Mann darüber gesprochen hat, daß sie gerne das frei werdende Zimmer für sich haben möchte.

Gleichzeitig beschwert sie sich darüber, daß ihr Mann so wenig selbständig in häuslichen Dingen ist. Indem sie selbst sich ständig für die Familie aufopfert, gibt sie ihm keine Chance, in seine Verantwortung hineinzuwachsen.

Berufstätige Frauen haben am Arbeitsplatz oft Schuldgefühle, daß sie nicht mehr Zeit für die Kinder haben, und zu Hause haben Sie Schuldgefühle, daß sie bei der Arbeit nicht mehr leisten.

Das ständig schlechte Gewissen sorgt dafür, daß auch sachliche Kritik oder ganz neutrale Fragen gleich als Angriff auf die eigene Person aufgefaßt werden. Der Vorgesetzte fragt: „Sind Sie mit Ihrer Arbeit fertig" oder „Wie weit sind Sie gekommen?" Dem Mitarbeiter rutscht mit einmal das Herz in die Knie. Er bezichtigt sich selbst: Natürlich hätte er längst fertig sein können, wenn nicht... Nun fühlt er sich ohne Grund kritisiert und geht zum Gegenangriff über: „Sie wissen genau, wieviel ich zu tun habe, und... Außerdem hätten Sie mir die Sache ruhig etwas früher geben können, dann hätte ich... Sie könnten auch die Arbeit etwas gerechter verteilen. Der Meier dreht den ganzen Tag nur Däumchen, während mir das Wasser bis zum Halse geht. Sie könnten auch ein bißchen Rücksicht auf mich nehmen."

Der Vorgesetzte stellt also eine ganz neutrale Frage. Der Mitarbeiter faßt seine Worte sofort als Kritik auf und reagiert mit einer Mischung aus Selbstmitleid und Aggression.

Der einzige Weg, um sich von Schuldgefühlen ohne Grund zu befreien, ist, sich selbst besser kennenzulernen und auch seine schwachen Stellen zu sehen, zu akzeptieren und zu bearbeiten. Übung 6 am Ende dieses Kapitels soll Ihnen dabei helfen.

*Hören Sie genau zu, was der andere wirklich sagt, und spekulieren Sie nicht, wie er das möglicherweise meinen könnte*

Hören Sie genau zu, was der andere wirklich sagt, und spekulieren Sie nicht, wie er das möglicherweise meinen könnte. Sie hören oft nur das, was Sie hören wollen oder zu hören erwarten.

Ich nahm einmal an einem Seminar über Selbstmanagement teil. Es war an einem kalten Dezembertag, und der Seminarraum war schlecht beheizt. Ich ging deshalb mitten in der Vorlesung in die Garderobe, um mir eine Jacke zu holen. Als ich erst draußen war, fiel mir auch ein, daß ich ein paar Anrufe zu erledigen hatte.

Nach einer Viertelstunde ging ich zurück zum Kurs. Genau in dem Augenblick, in dem ich die Tür öffnete, hörte ich die Seminarleiterin sagen: „Das geht nun wirklich nicht!“ Ich bezog diese Bemerkung sofort auf mich. Zum Glück nahm ich mich aber zusammen und fragte: „Können Sie bitte noch einmal wiederholen, was Sie da eben gesagt haben? Was meinen Sie mit: ‚Das geht nun wirklich nicht!‘“ Die Seminarleiterin antwortete: „Daß der Raum so schlecht beheizt ist. Ich werde mich bei der Hotelleitung beschweren!“

Bei Interessengegensätzen und Konflikten versuchen die Beteiligten oft bewußt, einander unehrenhafte Meinungen und Einstellungen zu unterstellen. Sie verdrehen einander das Wort im Munde. Die politischen Auseinandersetzungen sind voll von solchen Beispielen. Das Rezept zum Manipulieren lautet: Erst eine falsche Behauptung darüber aufstellen, was der Gegner gesagt, gemeint oder gewollt hat. Dann zum Angriff auf eben diese Behauptung übergehen, um die eigene Redlichkeit zu unterstreichen. Wenn der Gegner in die Falle geht, schlägt er zum Gegenangriff zurück, d.h., er verteidigt die ihm unterstellte Behauptung und damit Standpunkte, die gar nicht die seinen sind.

Wenn man einander mit Absicht mißverstehen will, weil das den eigenen Interessen nützt, helfen natürlich auch keine Techniken für eine bessere Kommunikation. Falls Sie jedoch an der Meinung des anderen aufrichtig interessiert sind, aber nicht ganz sicher sind, ob Sie richtig verstanden haben, können Sie um eine nähere Erklärung bitten.

*Bitten Sie um nähere Erklärung*
Es ist ein Zeichen von Stärke, um mehr Information über etwas Unangenehmes zu bitten. Stellen Sie offene Fragen, die der andere nicht mit „ja“ oder „nein“ beantworten kann:
„Können Sie das näher erklären?“
„Bitte, sagen Sie doch ganz konkret, was Sie an dieser Sache stört.“

„Wie hätten Sie es denn selbst gemacht? Was würden Sie selbst empfehlen?“
„Was möchten Sie gerne, das ich tun soll? Was erwarten Sie von mir?“

Auf diese Weise wird der andere gezwungen, seine Behauptung noch einmal zu durchdenken und zu begründen. Falls die Kritik berechtigt ist, wird er überzeugende Argumente vorlegen können. Falls er nur seinen eigenen Ärger auf Sie abwälzen wollte, wird er Ihnen wahrscheinlich eine Antwort schuldig bleiben.

| | |
|---|---|
| Teilnehmer: | „Mir gefiel die Übung nicht, die wir gestern gemacht haben.“ |
| Kursleiter: | „Können Sie das etwas näher erklären. Was konkret gefiel Ihnen nicht? |
| Teilnehmer: | „Ich fühlte mich ein bißchen überrumpelt, als... Sie hätten uns zuerst fragen sollen, ob wir so etwas überhaupt wollen.“ |

In diesem Fall scheint die Kritik berechtigt zu sein. Der Kursleiter hatte offenbar eine ungeeignete Übung durchgeführt oder eine gute Übung bei unpassender Gelegenheit vorgeschlagen. Das Feedback hilft ihm, das nächste Mal die Situation besser einzuschätzen.

| | |
|---|---|
| Headhunter: | „Wie standen Sie zu Ihrem vorigen Chef?“ |
| Bewerber: | „In dem Unternehmen, in dem ich früher arbeitete, empfand ich oft einen großen Unterschied zwischen der propagierten Unternehmenskultur und der betrieblichen Wirklichkeit. Die ethischen Werte, auf die sich mein Chef immer wieder in seinen offiziellen Reden berief, schienen in der Praxis nicht die Richtschnur für sein Handeln zu sein.“ |
| Headhunter: | „Das Gleiche kann man auch von Ihnen sagen!“ |
| Bewerber: | „Was meinen Sie damit? Können Sie mir das bitte näher erklären? |
| Headhunter: | „Das ist schwer zu sagen.“ |

In diesem Beispiel aus der Wirklichkeit wollte der Headhunter den Bewerber provozieren, um zu sehen, wie dieser auf Streß reagiert. Der Bewerber war sehr überrascht über die Unterstellung, die offenbar völlig aus der Luft gegriffen war. Indem er um eine nähere Erklärung bat, gewann er Zeit zum Nachdenken und durchschaute die Absicht des Headhunters, als dieser seine Behauptung nicht begründen konnte.

*Unterscheiden zwischen berechtigter, teilweise berechtigter und unberechtigter Kritik*
Hören Sie gut zu, und versuchen Sie herauszufinden, ob die Kritik berechtigt, teilweise berechtigt oder völlig unberechtigt ist.

**Berechtigte Kritik** ist eine Rückmeldung auf ein Verhalten, das Sie ändern oder Leistungen, die Sie verbessern sollten. Geben Sie es zu, wenn Sie etwas falsch gemacht haben.
„Ja, es stimmt, ich habe ..."
„Sie haben ganz recht."
Tragen Sie selbst dazu bei, daß die Sache aus der Welt geschafft wird, indem Sie den anderen dazu ermuntern, sich seinen Ärger von der Seele zu reden. Wenn Sie jetzt nicht reinen Tisch machen, trägt er Ihnen vielleicht noch jahrelang etwas nach. Stellen Sie deshalb offene Fragen:
„Welche Probleme habe ich für Sie verursacht?"
„Gibt es sonst noch etwas, über das Sie gerne mit mir reden möchten?"
„Wie ist Ihnen jetzt zumute?"
Danken Sie für das Feedback:
„Ich bin Ihnen sehr dankbar dafür, daß ..."
„Ich hoffe, daß Sie auch in Zukunft ..."
Sagen Sie, was Sie zu tun beabsichtigen, um das Problem zu lösen:
„Ich werde mir die Sache noch einmal ansehen. Ich verspreche Ihnen, daß sie bis zum ... fertig ist."
„Ich werde mehr darüber nachdenken ..."

Die Kritik ist **unberechtigt**, wenn Sie gar nicht für den Fehler verantwortlich sind oder wenn andere Motive zugrunde liegen als die offiziell geäußerten. Unberechtigte Kritik ist objektiv falsch oder übertrieben.

Sie hat als einzige Zielsetzung, den Empfänger zu kränken, zu beleidigen, zu erniedrigen, zu manipulieren oder lächerlich zu machen. Was ist die beste Strategie, um sich gegen solche Herabsetzung zu wehren? Der Steinzeitmensch, der in seiner Höhle saß und draußen einen großen Bären sah, hatte nur die Wahl, entweder anzugreifen oder so schnell wie möglich wegzulaufen. Auch der moderne Mensch spürt bei physischer Gefahr instinktiv, ob Kampf oder Flucht die angemessene Lösung ist. Um psychische Herausforderungen zu bestehen, können Sie sich jedoch verbale Techniken aneignen, die es Ihnen ermöglichen, einen dritten Weg zu gehen und auf selbstbewußte Weise dem Angreifer Grenzen zu setzen.

Unberechtigte Kritik kommt oft von unsicheren Menschen, die auf ihre eigene Vortrefflichkeit hinweisen wollen, indem sie andere erniedrigen. In akademischen Zirkeln ist das Publikum besonders gnadenlos. Keiner soll den Eindruck bekommen, man sei „unkritisch", d.h. naiv und unwissend. Wenn einer einen Vortrag über die Eisbären auf Spitzbergen hält, kann er riskieren, dafür kritisiert zu werden, daß das Gesagte nun absolut nicht auf die Kamele in der Sahara zutreffe.

Wenn Sie als Vortragshalter eine Frage bekommen, die nichts mit Ihrem Thema zu tun hat, oder einen Gegeneinwand, von dem sie vermuten, daß Ihr Kritiker ihn schon zu Hause vorbereitet hat, bevor er Sie überhaupt gehört hat, können Sie fragen: „Welche Lösung würden Sie selbst vorschlagen?"

Jetzt bestätigt sich vielleicht Ihr Verdacht, daß es dem Fragesteller überhaupt nicht um die Beantwortung der Frage, sondern nur um die Selbstdarstellung ging. Danken Sie ihm mit den Worten: „Das war eine gute Antwort auf Ihre Frage."

Nörgler und Querulanten sind Menschen mit geringem Selbstvertrauen, die ein großes Bedürfnis nach Bestätigung haben. Zeigen Sie sich von Ihrer großzügigen Seite, und gönnen Sie Ihrem Widersacher die Anerkennung, nach der er so sehr mit untauglichen Mitteln trachtet. Auf diese Weise können Sie manchen Feind zum Freund machen.

Gestehen Sie Ihrem Gegner das Recht zu, seine Meinung zum Ausdruck zu bringen, unabhängig davon, ob Sie diese persönlich teilen oder nicht: „Ich verstehe, daß Sie der Meinung sind, daß…“ Das bedeutet wohlgemerkt nicht: „Ich bin ganz Ihrer Meinung“, sondern ist einfach eine Bestätigung dafür, daß Sie die Ansichten des anderen zur Kenntnis genommen haben.

Nur Sie können entscheiden, ob Sie eine offene Auseinandersetzung wünschen: „Das stimmt doch überhaupt nicht!“ und damit einen Streit entfachen oder ob die Sache Ihnen so unwichtig oder die Situation so unpassend ist, daß Sie Ihre Kräfte nicht in einem Wortkrieg verschwenden wollen. Falls letzteres der Fall ist, wirkt es Wunder, wenn Sie der Gegenpartei einfach recht geben. Das hört sich paradox an, aber wenn Sie es ausprobieren, werden Sie staunen, wie sehr Sie ihr damit den Wind aus den Segeln nehmen können.

Geben Sie Ihrem Gesprächspartner recht, wenn er wirklich recht hat:

Kritik: „Jetzt sind Sie aber inkonsequent.“

Antwort: „Ja, Sie haben völlig recht. In Anbetracht dessen, was ich damals sagte, bin ich jetzt inkonsequent. Ich habe mir die Sache noch einmal durch den Kopf gehen lassen. Außerdem habe ich neue Informationen bekommen, die… Ich trete jetzt faktisch für eine andere Lösung ein.“

Geben Sie Ihrem Gegner zu verstehen, daß er im Prinzip recht haben könnte:

Ein ansonsten pflichtbewußter und tüchtiger Mitarbeiter kommt ausnahmsweise mal wenige Minuten zu spät zur Arbeit. Sein pingeliger Chef steht in der Tür, schaut demonstrativ auf die Uhr und rüffelt: „Sie wissen wohl, daß wir hier um 8 Uhr beginnen?“

Antwort: „Ja, Sie haben recht. Ich bin heute etwas verspätet. Ich bin auch ganz Ihrer Meinung, daß es ein Problem wäre, wenn alle hier ständig viel zu spät kämen.“

In diesem Fall räumt der Mitarbeiter seinen Fehler ein („zu spät") und vergrößert das Problem („alle", „ständig", „viel zu spät"). Prinzipiell kann er dem Chef deshalb recht geben.

Räumen Sie ein, daß durchaus Situationen denkbar sind, wo Ihr Gegner recht haben könnte:

Kritik: „Sie haben wohl total den Überblick verloren."

Antwort: „Sie haben recht, ich habe sehr viel zu tun, und es gibt Tage, an denen ich mein selbstauferlegtes Pensum kaum schaffe."

Unter anderen Umständen könnten Sie die Kritik akzeptieren, zum Beispiel wenn das Versehen sehr viel größer gewesen wäre, sich öfter wiederholt hätte oder in einer anderen Situation geschehen wäre.

Wenn Sie Ihrem Partner auf keinen Fall recht geben wollen, können Sie ihm trotzdem die Stacheln nehmen, indem Sie einfach mit eigenen Worten wiederholen, was er selbst gesagt hat:

Kritik: „In Ihrem Alter würde ich nicht mehr mit Minirock gehen."

Antwort: „Der Rock ist kurz, nicht wahr?"

Sie haben die Botschaft verstanden. Hier gibt es nichts mehr weiter zu diskutieren, denn Sie lassen sich nicht provozieren.

Der amerikanische Psychologe Manuel J. Smith nennt diese Technik des Rechtgebens „Fogging" (Fog bedeutet auf deutsch Nebel). In seinem Buch *When I say no, I feel guilty* gebraucht er folgende Metapher: Wenn Sie einen Stein in eine dichte Nebelwand werfen, sehen Sie nicht, wo er auftrifft. Im Gegensatz zu einer Hauswand prallt er auch nicht zurück. Wenn Sie nicht auf Widerstand treffen, macht es keinen Spaß, weitere Steine zu werfen. Als Empfänger von unberechtigter Kritik können Sie Ihrem Gegner die Freude am Querulieren nehmen, indem Sie Ihre eigenen Absichten, Reaktionen und Gefühle in Nebel hüllen. Damit machen Sie sich unangreifbar.

**Teilweise berechtigte Kritik** enthält ein Körnchen Wahrheit, aber eben nur ein Körnchen. Sie setzt das Vergehen auf die Spitze (Übertreibung) oder verallgemeinert ein einmaliges Ereignis (Generalisierung).

Akzeptieren Sie den Teil der Kritik, der berechtigt ist, und weisen Sie zurück, was unberechtigt ist.

| | |
|---|---|
| Vorgesetzter: | „Sie sind aber auch niemals auf Ihrem Platz, wenn ich Sie brauche." |
| Mitarbeiter: | „Sie haben recht, um 15 Uhr (Präzisierung) war ich in einer Besprechung über... Aber es stimmt einfach nicht, daß ich niemals da bin (Zurückweisen der unberechtigten Kritik). Ich bitte Sie darum, mir rechtzeitig Bescheid zu geben, wenn Sie mich in einer dringenden Sache brauchen (Ich-Botschaft)." |
| Kritik: | „Sie lernen wohl niemals." |
| Antwort: | „Ich verstehe, daß Sie sich die Sache anders vorgestellt haben (recht geben). Bitte, sagen Sie mir doch ganz konkret, wie Sie diesen Bericht wünschen (um nähere Erklärung bitten). Ich möchte nämlich sehr gerne, daß Sie mit meiner Arbeit zufrieden sind (Ich-Botschaft und Zurückweisen der Kritik)." |
| Frau: | „Du denkst immer nur an dich und hilfst mir niemals beim Abwaschen." |
| Mann: | „Es stimmt (recht geben), daß ich heute (Präzisierung) nicht gleich nach dem Essen abgewaschen habe. Ich war einfach zu müde nach der Arbeit. Aber es ist ungerecht, wenn du sagst, daß ich dir nie helfe (Kritik zurückweisen, falls sie wirklich unberechtigt ist!). Welche Probleme schafft es für dich, wenn ich es später am Abend mache oder bis morgen stehen lasse (um nähere Erklärung bitten)?" |

## Übung 6
## Werden Sie sich Ihrer schwachen Stellen bewußt

**Sinn und Zweck:**
Lernen Sie sich selbst kennen. Wenn Sie sich Ihrer schwachen Stellen bewußt werden, ist schon der erste Schritt getan, um schwierige Situationen besser zu meistern.

**Achtung Fallgrube!**
Diese Übung ist nutzlos, wenn Sie nicht ehrlich zu sich selbst sind. Sie müssen es wagen, sich – auch mit Ihren häßlichen Seiten – nackt im Spiegel zu sehen.

Diese Übung ist in Anne Dicksons Buch *A Woman in Your Own Right – Assertiveness and You* beschrieben und von mir selbst weiterentwickelt worden.

**Schwierige Situationen**
Machen Sie sich eine Liste über Situationen, die Sie gerne besser meistern möchten: im Berufsleben, privat, zusammen mit Freunden, im Umgang mit den Behörden u. s. w.

**Rangfolge**
Rangieren Sie die Situationen nach ihrem Schwierigkeitsgrad. Nr. 1 ist das leichteste, Nr. 10 das schwierigste Problem. Entwerfen Sie eine Strategie, wie Sie sich in Zukunft verhalten wollen. Denken Sie daran: Selbstvertrauen muß schrittweise aufgebaut werden. Fangen Sie deshalb mit den einfachen Dingen an, und arbeiten Sie sich langsam die Liste hinunter.

**Gemeinsames Muster**
Dringen Sie zum Kern der Sache vor. Die Situationen können sehr unterschiedlich sein, aber Ihre Reaktionen sind die gleichen. Erkennen Sie ein gemeinsames Muster? Was ist es, das Sie zum

Explodieren bringt? Wenn jemand an Ihren Qualifikationen oder Ihren guten Absichten zweifelt? Haben Sie Schuldgefühle, weil Sie glauben, daß der andere ein Recht auf Dinge hat, die Sie ihm nicht geben wollen? Warum können Sie nicht auf Kritik ruhig und sachlich reagieren? Sind Sie wirklich wütend auf denjenigen, der Sie gerade kritisiert, oder erinnert dieser Sie nur an Seiten bei Ihnen selbst, mit denen Sie am liebsten nicht in Berührung kommen?

Je besser Sie sich selbst kennenlernen, desto leichter wird es für Sie sein, sich eine Strategie auszudenken, wie Sie solche Situationen in Zukunft meistern wollen. Seien Sie großzügig zu sich selbst. Akzeptieren Sie, daß eine Änderung der Einstellung und Verhaltensweise Jahre dauern kann. Heute ist der erste Tag vom Rest Ihres Lebens.

Erlauben Sie sich, auch Fehler zu machen und Rückschläge zu erleiden. Wenn wir neue Wege gehen, ist damit immer die Gefahr verbunden, daß wir ab und zu mal ausrutschen. Nur wenn wir uns flach auf den Bauch legen, liegen wir einigermaßen sicher, aber da kommen wir nicht vom Fleck.

## Übung 7
## Das Ziel visualisieren

**Sinn und Zweck:**
Bei dieser Visualisierungstechnik nehmen Sie Ihr Unterbewußtsein zu Hilfe, um Ihre Ziele zu erreichen. In Ihrer Phantasie sehen Sie sich genau so, wie Sie in Wirklichkeit gerne sein möchten. Wenn Sie dann in eine entsprechende Situation kommen, weiß Ihr Unterbewußtsein schon, daß Sie können, wenn Sie nur wollen und wagen. Die Chance, es wirklich zu schaffen, ist dann größer, als wenn Sie sich selbst ständig nur negativ suggerieren.

**Achtung Fallgrube!**
Einmal ist keinmal. Damit diese Übung Wirkungen zeigt, müssen Sie sie regelmäßig machen.

Diese Übung eignet sich sowohl zum individuellen Training als auch in der Gruppe.

*Ziele setzen*
Schreiben Sie auf ein Blatt Papier, was Sie im Verhältnis zu Ihrem/Ihren/Ihrer Vorgesetzten, Kollegen, Kunden, Familie, Freunden u. s. w. erreichen möchten. Beim Gruppentraining muß jeder Teilnehmer sich darauf verlassen können, daß kein anderer diesen Zettel zu sehen bekommt.

*Entspannung*
Sitzen Sie mit aufrechtem Rücken, oder liegen Sie entspannt auf dem Boden. Atmen Sie tief und ruhig mit dem Bauch. Autogenes Training oder Selbsthypnose können Ihnen helfen, tiefer zu gehen. Falls Sie diese Techniken nicht beherrschen, konzentrieren Sie sich einfach auf Ihren Atem (Ausatmen: Bauchmuskeln einziehen, Einatmen: Bauch rausstrecken). Kämpfen Sie nicht gegen

störende Gedanken an. Lassen Sie sie kommen und gehen. Geben Sie sich ganz dem Gefühl der Entspannung hin.

*Mentale Hindernisse überwinden*
Öffnen Sie wieder die Augen, und lesen Sie sich Ihren Zielkatalog noch einmal bewußt durch. Wer hindert Sie eigentlich daran, Ihre Ziele zu erreichen?

(a) Andere
- Was sagen sie?
- Auf welche Weise manipulieren sie?
- Mit was drohen sie?
- Was ist das Schlimmste, das passieren kann?
- Wie groß ist die Wahrscheinlichkeit, daß es eintrifft?
- Was, wenn es wirklich eintrifft?
- Welche Auswege gibt es?

(b) Sie selbst
- Welche negativen Gedanken haben Sie über sich selbst?
- Welche Argumente gebrauchen Sie – bewußt oder unbewußt – um sich selbst davon abzubringen, was Sie eigentlich als wichtig und richtig ansehen?

Schreiben Sie alle negativen Gedanken über sich selbst auf.

**Formulieren Sie die negativen Aussagen in positive um**
Sehen Sie sich noch einmal Ihre Liste mit Minuspunkten an. Formulieren Sie jetzt die negativen Aussagen in positive um. Vermeiden Sie dabei Worte wie „darf nicht", „muß" und „sollte". Sagen Sie lieber „will" und „wage".

Zum Beispiel:
„Ich freue mich darauf, daß ich xyz schaffen werde." (Und nicht: „Ich muß das schaffen" oder „ich darf um Gottes willen keinen Fehler machen.")

„Ich will einen klaren Kopf und eine gute Gesundheit haben und genieße das Leben auch ohne Alkohol." (Und nicht: „Ich darf keinen Alkohol trinken. Dann kann ich am nächsten Tag nicht arbeiten. Er schadet auch meiner Leber.")

„Es ist schön, reine Luft einzuatmen." (Und nicht: „Ich sollte nicht mehr rauchen.")

Schreiben Sie alle positiv formulierten Ziele in Form von kurzen Slogans auf.

**Entspannung und Visualisierung**

Sitzen Sie wieder mit aufrechtem Rücken, oder liegen Sie auf dem Boden. Schließen Sie die Augen. Atmen Sie tief und regelmäßig. Wenn Sie sich ganz entspannt fühlen, nehmen Sie Ihre Phantasie zu Hilfe, und stellen Sie sich vor, daß Sie alle Ihre Ziele erreichen. Visualisieren Sie, d. h., drehen Sie einen Film mit sich selbst in der Hauptrolle. Sie wollen, Sie wagen und Sie können. Sehen Sie, was geschieht. Hören Sie, was gesagt wird. Aktivieren Sie alle Sinne. Genießen Sie, wie schön es ist, am Ziel anzukommen.

**Üben Sie regelmäßig**

Bei regelmäßigem Training werden Sie erleben, daß Situationen, die Ihnen früher Angst eingejagt haben, viel von ihrem Schrecken verlieren. Sie trauen sich mehr und mehr zu und haben Erfolg damit.

Mir selbst hat diese Übung nicht nur bei seelischen Schwierigkeiten, sondern auch beim Skilaufen geholfen. Meine Lieblingsloipe endet mit einer relativ steilen Strecke, die plötzlich nach links abbiegt – und rechts von der Kurve steht eine große Birke. Jahrelang bremste ich bei der Abfahrt und stürzte genau vor dem Baum. Ich fiel nicht, weil ich ein schlechter Skiläufer war, der die Kurventechnik nicht beherrschte, sondern weil ich Angst hatte, in Gedanken schon das Gipsbein sah und mich deshalb sicherheitshalber hinsetzte.

Dann begann ich, mit meinen mentalen Hindernissen zu arbeiten und mir selbst vor jeder Abfahrt zu suggerieren: Ich will, ich wage und ich kann. Seitdem falle ich nicht mehr.

## Übung 8
## Kritik äußern und entgegennehmen

**Sinn und Zweck:**
Diese Übung soll Ihnen helfen, konstruktive Kritik zu geben und kritische Äußerungen anderer selbstbewußt entgegenzunehmen.

**Achtung Fallgrube!**
Das Gelingen dieser Übung hängt davon ab, ob es dem Seminarleiter gelingt, eine lockere und entspannte Atmosphäre zu schaffen. Die Teilnehmer können auch einen sozialen Vertrag eingehen: „Alles, was hier gesagt wird, bleibt unter uns."

Die Teilnehmer sitzen im Kreis am besten ohne Tische. Der Seminarleiter bittet sie, sich daran zu erinnern, wann sie das letzte Mal kritisiert wurden und die Kritik als unberechtigt und verletzend empfanden. Jeder schreibt dann eine entsprechende Kritik im Wortlaut auf ein Blatt Papier. Die Teilnehmer können selbst bestimmen, ob sie ein Beispiel aus dem Arbeitsleben, der Familie, dem Vereinsleben u. s. w. wählen wollen. Der Seminarleiter sollte auch darauf aufmerksam machen, daß jeder nur die Erfahrungen nennt, die er bereit ist, mit der Gruppe zu teilen.

Die Blätter werden dann mit der Schrift nach unten in die Mitte des Raumes gelegt. Jeder zieht einen Zettel. (Falls er den eigenen erwischt, legt er ihn zurück und zieht einen neuen.)

Eine x-beliebige Person fängt an und liest laut vor, was auf dem Blatt steht, das sie gezogen hat. Der „Eigentümer des Problems" gibt sich zu erkennen und gibt nähere Erläuterungen zum Hintergrund und der Situation, in der die Kritik gegeben wurde und warum er sie als verletzend empfand.

Es gibt nun zwei verschiedene Möglichkeiten fortzufahren:

**Kritik geben**
Derjenige, der das Blatt des anderen erhalten hat, versucht nun, den inhaltlichen Kern der Kritik auf eine konstruktive Art und Weise umzuformulieren (Aufmunterung, Ich-will-Botschaft u. s. w.). Auch die anderen Gruppenmitglieder können mit Vorschlägen kommen. Lernziel ist dabei, daß die Teilnehmer erkennen, daß es o. k. ist, Ausdruck für sein Unbehangen zu geben, die Wahl der Worte aber entscheidend ist.

Der Empfänger hört sich die konstruktiv umformulierte Kritik an und sagt, ob es leichter für ihn gewesen wäre, die Kritik zu ertragen, wenn sie in der gegebenen Situation auf diese oder jene Weise formuliert worden wäre.

**Kritik entgegennehmen**
Derjenige, der kritisiert wird, erzählt den anderen, wie er damals auf die unberechtigte Kritik reagierte, und kommt selbst mit Vorschlägen, wie er sich anders hätte verhalten können und wie er in Zukunft antworten will.

# 3. Zuhören zeugt von Respekt

*Gott hat uns zwei Ohren gegeben, aber nur einen Mund, damit wir doppelt soviel zuhören, wie wir selbst sprechen.*
*Epiktet, griechischer Philosoph*

Offene Kommunikation setzt voraus, daß der Sender einer Botschaft sich klar und deutlich ausdrückt und der Empfänger gewillt ist zuzuhören. Zuhören zeugt von Respekt. Zuhören-Können ist eine wichtige Führungseigenschaft.

Die meisten Menschen sind jedoch schlechte Zuhörer. Einige typische Kommunikationssperren sind folgende:
- Zuviel Information auf einmal
- Unsicherheit
- Vorbereitung eigener Äußerungen
- Selektives Zuhören

## 3.1 Zuviel Information auf einmal

Die Informationsmenge, die ein Mensch aufnehmen kann, ist sehr begrenzt. Wenn zuviel auf einmal kommt, schalten wir einfach ab.

Wer redet wie ein Wasserfall, verschwendet seine Energie, denn der Zuhörer faßt nur einen Bruchteil dessen auf, was da auf ihn niederprasselt. Je aufgeregter einer spricht und je mehr Argumente er auf einmal vorbringt, desto geringer die Wirkung. Wenn Sie andere überzeugen wollen, tun Sie deshalb gut daran, erst einmal zu entspannen und ihre grandiosen Ideen in kleinen Portionen mitzuteilen.

## 3.2 Unsicherheit

Menschen, die sich unsicher fühlen, sind oft schlechte Zuhörer. Denken Sie an einen offiziellen Empfang, wo Sie kaum jemanden kennen,

aber repräsentieren müssen, oder an den Beginn eines Seminars. Hand aufs Herz: An wie viele Namen können Sie sich nach der ersten Präsentationsrunde erinnern? Die meisten sind zu sehr damit beschäftigt, ihren eigenen Beitrag vorzubereiten, um den anderen zuzuhören. Schaffen Sie deshalb erst eine entspannte Atmosphäre auf einem Seminar, bevor die Teilnehmer sich einander vorstellen.

Der amerikanische Kommunikationsexperte Albert Mehrabian hat bei seinen Forschungen herausgefunden, daß wir beim ersten Kontakt mit einem Menschen 55 % auf die Körpersprache, 38 % auf die Stimme und nur 7 % auf den Inhalt der Worte achten. Beim nächsten Empfang, vor dem es Ihnen so sehr graut, spielt es also kaum eine Rolle, was Sie sagen, sondern vielmehr, welche Signale Sie mit Ihrer Körpersprache senden. Lächeln Sie, stellen Sie Fragen, und hören Sie zu. Auf diese Weise schaffen Sie sich Sympathie, ohne selbst das große Wort führen zu müssen.

## 3.3 Vorbereitung eigener Äußerungen

In unserer vom Konkurrenzdenken geprägten Kultur artet eine Diskussion leicht in einen verbissenen Kampf darum aus, wer recht und wer unrecht hat. Derjenige, der am besten rhetorisch geschult ist, gewinnt oft die Redeschlacht, obwohl seine Lösung gar nicht die beste ist.

Bei Meinungsverschiedenheiten und Konflikten sprechen die Kontrahenten oft aneinander vorbei, weil jeder seine eigenen Äußerungen vorbereitet, während der andere spricht. Sie können viele Mißverständnisse vermeiden, wenn Sie sich erst einmal anhören, was Ihr Partner zu sagen hat, bevor Sie mit Ihren Einwänden kommen.

Ein abschreckendes Beispiel sind in diesem Zusammenhang Debatten im Fernsehen zwischen Vertretern verschiedener politischer Parteien. Die Politiker machen sich gar nicht erst die Mühe, auf die Fragen des Programmleiters einzugehen, sondern leiern stur das ab, was sie vorher selbst vorbereitet haben. In der Diskussion mit dem politischen Gegner

hören sie ebenfalls nicht zu, sondern feuern ihre eigenen Geschütze ab, verdrehen dem anderen das Wort im Munde, unterstellen ihm Dinge, die er so nicht gesagt hat, und greifen angeblich früher gemachte Äußerungen auf, die sich nicht verifizieren lassen, da sich nach so langer Zeit keiner mehr genau an den Wortlaut erinnern kann.

In der Politik mögen solche Taktiken eine Überlebensfrage sein. Im Geschäftsleben kommen Sie damit nicht weit. Der beste Verkäufer ist oft derjenige, der den Kunden am meisten reden läßt und dessen Probleme ernst nimmt.

## 3.4 Selektives Zuhören

Die Fähigkeit zum Zuhören hängt auch von der eigenen Erwartungshaltung ab. Ein Mensch hört zu, wenn er vermutet, daß das Gesagte für ihn interessant, wichtig und nützlich ist. Oft glaubt er schon im vorhinein zu wissen, was der andere zu sagen hat, und erspart sich deshalb die Mühe zuzuhören.

Wenn jemand keine großen Erwartungen an einen anderen hat, schenkt er diesem auch kaum Beachtung. Eine Frau sagt etwas in einer Besprechung. Niemand nimmt davon sonderlich Notiz. Wenig später greift ein Mann ihren Vorschlag auf und entwickelt ihn weiter. Alle wenden sich nun anerkennend an ihn. Auch im Referat steht sein Name als Urheber des Gedankens. Denn immer noch ist es weit verbreitet, daß sowohl Frauen als auch Männer nur geringe Erwartungen an die Fähigkeiten von Frauen stellen. Was eine Frau sagt, kann so wichtig nicht sein.

Das gleiche Phänomen läßt sich jedoch auch in reinen Frauengruppen beobachten. Hier bekommt die Frau in der höchsten Position und dem größten Bekanntheitsgrad die meiste Aufmerksamkeit – auch wenn sie nur wiederholt, was zuvor eine andere gesagt hat.

Diese statusgebundene Verhaltensweise hängt mit der inneren Einstellung einer Person zu Autoritäten zusammen. Viele wollen sich im

Glanze des Ansehens anderer sonnen. Sie wollen selbst Macht bekommen, indem sie Menschen mit Macht nahe sind. Deshalb zollen sie demjenigen mit dem höchsten Status die meiste Aufmerksamkeit.

Auch bei Konflikten oder wenn jemand sich provoziert fühlt, hört er oft selektiv. Ein Vortragshalter sagt etwas, das eine Person im Publikum ärgert. Vielleicht war es nur eine kleine Ausschweifung, die wenig mit dem eigentlichen Thema des Vortrages zu tun hat. Nun kann der Vortragshalter sagen, was er will, der Betreffende hört nicht mehr zu, sondern regt sich mehr und mehr auf und überlegt sich, wie er dem Vortragshalter hinterher eins auswischen kann.

Die meisten Menschen glauben von sich selbst, daß sie gute Zuhörer sind. Testen Sie sich selbst mit Hilfe der nächsten Übung.

## Übung 9
## Aktives Zuhören

**Sinn und Zweck:**
Diese Übung zielt darauf ab, daß Sie sich erst vergewissern sollen, daß Sie den Standpunkt Ihres Gesprächspartners richtig verstanden haben, bevor Sie selbst Ihre Meinung sagen. Auf diese Weise können Sie viele Mißverständnisse vermeiden.

Die Übung ist auch ein guter Test für Ihre Qualitäten als Gesprächspartner und Zuhörer. Spüren Sie, wieviel Konzentration das Zuhören erfordert.

**Achtung Fallgrube!**
Achten Sie als Seminarleiter darauf, daß die Teilnehmer wirklich mitmachen und nicht die Gruppenarbeit dazu benutzen, um sich gegenseitig zu bestätigen, daß diese Übung „künstlich" sei.

Ich habe die Erfahrung, daß alle, die sich wirklich an die Spielregeln halten, sehr viel bei dieser Übung lernen.

Die Technik des aktiven Zuhörens wurde von Thomas Gordon entwickelt und ist in seinem Buch *Leader Effectiveness Training L.E.T.* beschrieben. Auf dieser Grundlage habe ich die nachfolgende Übung entwickelt.

**Anwendungsbereiche**
Die Technik des aktiven Zuhörens können Sie u. a. in folgenden Situationen anwenden:

*Delegation*
Wenn Sie eine Aufgabe an andere delegieren, bitten Sie den Betreffenden, mit eigenen Worten zu wiederholen, worin die Aufgabe besteht. Auf diese Weise können Sie sich spätere Enttäuschungen ersparen.

*Mitarbeitergespräche*
Lassen Sie den Mitarbeiter das Ergebnis der Besprechung zusammenfassen und auch das Referat anfertigen. Achten Sie darauf, ob er alles richtig wiedergibt. Auch kleine Nuancen können große Folgen haben. Falls er etwas ganz weggelassen hat, fragen Sie, warum. Die Art der Darstellung verrät viel über seine Einstellung zur Arbeit und kann der Ausgangspunkt für ein neues Gespräch sein.

*Kontakt mit Kunden*
Kunden wissen oft nicht richtig, was sie eigentlich wollen, und wenn sie es wissen, haben sie oft Schwierigkeiten, sich klar und deutlich auszudrücken. Zeigen Sie Entgegenkommen, und wiederholen Sie seine Worte: „Verstehe ich Sie richtig, daß . . . ?" Nun hat er die Möglichkeit, Ihre Behauptung zu bestätigen oder abzuschwächen: „Nein, so habe ich das nicht gemeint. Was ich eigentlich sagen wollte, war . . ." Indem Sie die Technik des aktiven Zuhörens anwenden, helfen Sie dem Kunden, mehr Klarheit in seine eigenen Gedanken zu bringen.

*Leitung einer Besprechung*
Der Leiter einer Besprechung faßt den Stand der Diskussion mit eigenen Worten zusammen. Das ist besonders wichtig bei Meinungsverschiedenheiten. Von 10 Punkten sind die Teilnehmer sich vielleicht über 7 einig. Um die letzten 3 wird erbittert gestritten. Die Besprechung ist zu Ende, und alle gehen mißmutig nach Hause. Sie denken nur an die strittigen Punkte und vergessen, daß sie ja immerhin bei 7 Einigkeit erzielt haben.

Als Leiter einer Besprechung können Sie deshalb mit Hilfe der Technik des aktiven Zuhörens zusammenfassen: „Verstehe ich Sie richtig, daß wir Einigkeit über die Punkte 1–7 erzielt haben?" Nicken der anderen. „Demgegenüber steht die Lösung der Probleme 8, 9, 10 noch aus." Die Abgrenzung der Fragen, über die Einigkeit besteht, von denen, die noch weiter diskutiert werden müssen, hilft, einen eventuellen Konflikt im Zaume zu halten.

*Spielregeln zum Erlernen der Technik des aktiven Zuhörens*
Bilden Sie Gruppen à drei Personen. Zwei führen ein Gespräch, während der Dritte observiert. Dauer der Übung ca. eine halbe Stunde. Zwischendurch tauschen die Beteiligten die Rollen, damit alle aktiv teilnehmen und beobachten können.

Die Teilnehmer wählen selbst ein Thema, das sie wirklich engagiert, oder der Seminarleiter schlägt aktuelle Themen vor. Zum Beispiel:
„Sollen wir unsere Grenzen weiter für Flüchtlinge und Asylanten öffnen?“

„Sollen im Zuge einer Umorganisation die Tüchtigsten oder die weniger Qualifizierten in eine andere Abteilung oder an einen anderen Ort versetzt werden?“

„Was sind die wichtigsten Kriterien für die Beförderung eines Mitarbeiters zum Vorgesetzten (fachliche Kenntnisse, Dauer der Anstellung, persönliche Eigenschaften u. s. w.)?“

„Dient die Quotenregelung den Interessen der Frauen?“

„Ist es richtig, daß weibliche Mitarbeiter einen männlichen Chef bevorzugen?“

„Welches Opfer sind Sie bereit für den Umweltschutz zu bringen?“

„Sollen wichtige Aufträge der öffentlichen Hand prinzipiell an deutsche Unternehmen vergeben werden oder an den billigsten Anbieter auf dem Weltmarkt?“

Person 1 eröffnet den Dialog mit einer Meinungsäußerung.
Person 2 hört genau zu und wiederholt – so buchstabengetreu wie möglich – die Äußerung von Person 1.

Person 1 bestätigt die Richtigkeit des Gesagten oder korrigiert.

Person 2 setzt den Dialog mit einer eigenen Meinungsäußerung fort.
Person 1 hört genau zu und wiederholt – so buchstabengetreu wie möglich – die Äußerung von Person 2.
Person 2 bestätigt die Richtigkeit des Gesagten oder korrigiert.

Person 1 setzt den Dialog mit einer neuen Äußerung fort.
u. s. w.

Die Rolle des Observators besteht darin, aufzupassen, ob der Gesprächspartner zugehört, verstanden und das Gesagte richtig wiedergegeben hat. Seien Sie streng.

Halten Sie diese Übung mindestens eine Viertelstunde lang durch. Sie wird schwieriger und schwieriger, je länger sie dauert und besonders, wenn die Teilnehmer unterschiedlicher Auffassung in einer Sache sind.

Sprechen Sie anschließend über die Erfahrungen, die die Teilnehmer unterwegs gemacht haben.

*Anspruch und Wirklichkeit*
Eine Alternative zu der oben beschriebenen Übung ist ein Rollenspiel, bei dem die Teilnehmer zum Beispiel eine Verkaufssituation darstellen. Fragen Sie: Wer ist ein guter Zuhörer? Lassen Sie den Betreffenden eine Verhandlung mit einem Kunden führen. Nehmen Sie das Rollenspiel auf Video auf, und diskutieren Sie dann anhand des Films die Fähigkeiten des Betreffenden zum Zuhören. Ein besonders typisches Bild eine Weile festzufrieren kann einen großen Eindruck machen und mehr sagen als tausend Worte.

## 4. Stellen Sie die richtigen Fragen

*Es ist besser, die richtigen Fragen zu stellen,*
*als alle Antworten zu kennen.*
*James Thurber*

Leiten Sie ein Gespräch mit Fragen ein.

Wer?
Was?
Wie?
Welche?
Wann?

Vermeiden Sie „Warum-Fragen". In dem unschuldigen Wort „warum" steckt oft eine heimliche Anklage: „Warum kommst du zu spät?" („Was hast du in Wirklichkeit getrieben? Ich traue dir nicht!")

Die folgenden Beispiele stammen aus dem Buch *Smart Questions* von Dorothy Leeds.

*Verhandlung*
Zeigen Sie Entgegenkommen, indem Sie Ihren Verhandlungspartner fragen:
„Welches Thema sollen wir zuerst behandeln?"

*Vorstellungsgespräch*
Eine beliebte Frage bei einem Vorstellungsgespräch ist: „Erzählen Sie etwas über sich selbst."

Der Bewerber macht hier oft den Fehler, viel kostbare Zeit zu vergeuden, indem er bei Adam und Eva anfängt und nicht bis zum Wesentlichen für die neue Stellung vordringt. Anstatt sich in Kindheitserinnerungen zu verlieren, kann der Bewerber fragen: „Was möchten Sie gerne wissen? Was interessiert Sie besonders?"

*Telefon*
Sie versuchen, eine wichtige Person anzurufen, aber die Sekretärin stellt Sie entweder nicht durch, oder die Person ist ständig auf Reisen. Anstatt die Sekretärin auszuschimpfen, die ja nur die Anweisungen ihres Chefs befolgt, können Sie höflich fragen: „Können Sie mir sagen, wann und wie ich Ihren Chef am besten erreichen kann? Dies ist sehr wichtig für mich. Sie würden mir damit einen großen Gefallen tun."

*Betriebsklima*
In einer Besprechung kommt Ihr Vorgesetzter mit unspezifizierten Andeutungen darüber, daß er mit dem Teamgeist im Unternehmen nicht zufrieden ist. Anstatt sich gleich persönlich kritisiert und betroffen zu fühlen, stellen Sie ihm die direkte Frage: „Was konkret erwarten Sie von uns? Was meinen Sie selbst, wie wir die Situation verbessern können?"

*Verkauf*
Eine gute Strategie, um Ihre Ideen zu verkaufen, ist, Fragen zu stellen. Ohne es zu merken, übernimmt dann Ihr Partner oft Ihre Idee als seine eigene und akzeptiert sie dann natürlich.

Aufgebrachte Kunden können Sie damit beruhigen, daß Sie fragen: „Was kann ich tun, um Ihnen zu helfen?"

*Unannehmlichkeiten*
Wenn Sie sich vom Thema eines Gespräches unangenehm berührt fühlen, können Sie fragen: „Warum sagen Sie das?" oder einfach das Thema wechseln, indem Sie eine Frage zu etwas ganz anderem stellen.

Um besser kommunizieren zu können, ist es wichtig, daß Sie Ihre Botschaft auf eine überzeugende Weise vortragen und – falls notwendig – eigene Forderungen so lange wiederholen, bis Sie Ihr Ziel erreicht haben. Die Übungen 10 und 11 können Ihnen dabei helfen.

## Übung 10
## Andere überzeugen

**Sinn und Zweck:**
Diese Übung zeigt Ihnen, wie Sie eine Botschaft aufbauen können, um Gehör zu finden. Sie enthält eine Aufforderung zum Handeln. Die Zielsetzung besteht also darin, andere dazu zu bewegen, zu tun, was Sie selbst wünschen. Das ist wichtig in einer Verkaufssituation oder wenn Sie Ihren Vorgesetzten von Ihren Vorschlägen überzeugen wollen.

**Achtung Fallgrube!**
Schlechte Vorbereitung. Zu wenig Engagement. Kein Augenkontakt. Worte und Körpersprache stimmen nicht miteinander überein.

Eine gute Präsentation ist wie ein Gericht mit drei Gängen. Zuerst wecken Sie den Appetit mit einem Aperitif, dann nehmen Sie das Hauptgericht ein und schließen mit einem Dessert ab.

**Situationsanalyse** (Aperitif)
Bereiten Sie sich gut vor, und antworten Sie auf folgende Fragen: Wie sieht die jetzige Situation aus? Worin besteht das Problem? Welche Aufgaben müssen erledigt werden?

Wer ist betroffen?

Was geschah? Was kann geschehen?

Welche Konsequenzen wird das nach sich ziehen?

Die Art und Weise Ihrer Darstellung ist wichtig. Wenn Sie sich darauf beschränken, nüchterne Fakten und Daten zu präsentieren, sprechen Sie nur den Intellekt an.

Sie werden mehr Gehör finden, wenn Sie sich auch an das Herz Ihres Zuhörers wenden. Das können Sie erreichen, indem Sie den emotionalen Gehalt Ihrer Worte hervorkehren und von Ihren persönlichen Erfahrungen sprechen, Bilder und Beispiele gebrauchen, mit denen sich der andere identifizieren kann.

**Aufforderung zum Handeln** (Hauptgericht)
Sagen Sie Ihrem Publikum, Auftraggeber oder Verhandlungspartner, was er tun soll.

Sagen Sie in einer Verkaufssituation, was Sie für Ihren Kunden tun können.

Dies ist der wichtigste Teil Ihrer Überzeugungsrede. Finden Sie heraus, was Sie eigentlich wollen. Was haben Sie dem anderen zu bieten? Was sollen andere für Sie tun? Sagen Sie es! Seien Sie konkret, und gehen Sie nicht wie die Katze um den heißen Brei. Verlassen Sie sich nicht darauf, daß Ihr Partner Gedanken lesen kann.

Begründen Sie, warum diese Sache für Sie wichtig ist. Nehmen Sie sich Zeit. Sie können nicht ohne weiteres davon ausgehen, daß Ihr Partner Sie sofort versteht. Gedanken, die bei Ihnen selbst lange gereift haben, können neu und ungewohnt für ihn sein. Seien Sie geduldig, und wiederholen Sie falls nötig.

Vergewissern Sie sich, daß der andere richtig verstanden hat, denn überall lauern Mißverständnisse. Ein und dasselbe Wort kann bei verschiedenen Menschen ganz unterschiedliche Assoziationen wecken. Ihr Partner denkt vielleicht gerade an etwas anderes und hat Ihnen überhaupt nicht zugehört. Sie selbst haben sich möglicherweise unklar ausgedrückt oder setzen Informationen voraus, die der andere nicht hat.

Seien Sie enthusiastisch. Wie soll ein anderer Mensch Ihnen glauben, wenn Sie selbst nicht von Ihrer Idee oder Ihrem Produkt

begeistert sind? Lassen Sie sich nicht durch saure Mienen oder ein Gestreßt-auf-die-Uhr-Sehen aus dem Konzept bringen. Wenn Sie wirklich engagiert Ihre Sache vertreten, wird Ihre positive Ausstrahlung früher oder später auch die anderen anstecken.

**Erklären Sie die Vorteile** (Dessert)
Erklären Sie, welche Vorteile und guten Resultate Ihr Partner erzielen wird, wenn er das tut, was Sie sagen.

Sie erreichen mehr, wenn Sie positive Argumente vorbringen, als wenn Sie mit negativen Konsequenzen drohen. Loben Sie Ihren Auftraggeber, und verkneifen Sie es sich, Konkurrenten in den Dreck zu ziehen. Seien Sie so überzeugend, daß gar kein Zweifel daran aufkommt, daß Sie der Beste sind.

Ob Ihr Kunde zu guter Letzt Ihre Produkte oder Dienstleistungen kauft, ist nicht nur eine Frage der Qualität oder des Preises, sondern auch, ob Sie ihm als Mensch sympathisch sind.

In einem Verkaufsprozeß gibt es viele irrationale Momente. Bauen Sie deshalb gute zwischenmenschliche Beziehungen zu allen auf, auf deren Unterstützung Sie einmal angewiesen sein könnten. Er lohnt sich nicht, Feinde zu haben.

## Übung 11
## Klare Forderungen stellen

**Sinn und Zweck:**
Als Chef haben Sie das Recht und die Pflicht, klare Anforderungen an Ihre Mitarbeiter zu stellen. Als Kunde brauchen Sie sich keinen schlechten Service oder minderwertige Qualität von Waren gefallen zu lassen.

Diese Übung hilft Ihnen, Ihre berechtigten Forderungen durchzusetzen. Bei Beschwerden und Reklamationen werden Sie mehr erreichen, wenn Sie nicht nur klagen, sondern auch ganz klar sagen, was Sie von Ihren Mitarbeitern, Geschäftspartnern oder Freunden erwarten – und an Ihrer Forderung festhalten, auch wenn der andere mit Einwänden kommt.

**Achtung Fallgrube!**
Wenn Sie diese Übung zum ersten Mal machen, wird sie Ihnen möglicherweise „künstlich" vorkommen. Das ist eine ganz natürliche Reaktion auf alles, was neu und ungewohnt ist. Wenn Sie diese Argumentationstechnik jedoch ein paarmal praktiziert haben, wird sie Ihnen in Fleisch und Blut übergehen, ohne daß Sie in gegebener Situation erst lange nachdenken müssen.

Erfahrungsgemäß fällt es vielen anfangs auch schwer, die eigene Forderung – falls nötig – zu wiederholen. Das müssen Sie aber tun, wenn Sie Gehör finden wollen. Mit jeder Wiederholung Ihres Standpunktes werden Sie sich selbst Ihrer Sache sicherer, und Ihr Gesprächspartner wird verstehen, daß es Ihnen wirklich ernst ist. Die Wiederholung ist oft der Schlüssel zum Erfolg. Denken Sie an die Werbung oder an die Politik. Wie oft wird da nicht eine Botschaft wiederholt, bis sie wirklich verstanden und akzeptiert wird!

Diese Argumentationstechnik ist von Manuel J. Smith entwickelt worden und besteht aus drei Elementen:

- Äußern Sie einen Wunsch, oder stellen Sie eine Forderung.
- Geben Sie Ihrem Gesprächspartner zu verstehen, daß Sie ihm genau zuhören, indem Sie mit Ihren eigenen Worten wiederholen, was er gesagt hat (siehe Übung 9 Aktives Zuhören).
- Wiederholen Sie Ihre eigene Forderung so lange, bis Sie Ihr Ziel erreicht haben oder einen Kompromiß eingehen.

**Ich will:**
Überlegen Sie gut, was Sie eigentlich wollen, und teilen Sie es dem anderen kurz und präzis mit. Seien Sie konkret, und reden Sie nicht um den heißen Brei herum.

Begründen Sie Ihre Forderung, aber kommen Sie nicht mit zu vielen Argumenten auf einmal. Hüten Sie sich davor, selbst alle möglichen Einwände vorwegzunehmen. Damit würden Sie Ihre Position nur schwächen.

**Einwand:**
Seien Sie darauf vorbereitet, daß Ihr Gesprächspartner mit Einwänden kommt.

**Aktives Zuhören:**
Erweisen Sie Ihrem Gesprächspartner Respekt, indem Sie ihm nicht aufgeregt ins Wort fallen, sondern ihm ruhig zuhören. Beweisen Sie, daß Sie ihn verstanden haben, indem Sie mit Ihren eigenen Worten wiederholen, was er gesagt hat.

**Ich will:**
Wiederholen Sie anschließend Ihren eigenen Standpunkt. Lassen Sie nicht locker. Sagen Sie ruhig noch einmal, was Sie von dem anderen erwarten.

**Neuer Einwand:**
Ihr Gesprächspartner hat noch andere Einwände auf Lager, warum das nicht so geht, wie Sie gerne wollen.

**Aktives Zuhören:**
Bewahren Sie die Fassung, und hören Sie sich auch die neuen Einwände an. Wenden Sie die Technik des Aktiven Zuhörens an als Beweis dafür, daß Sie verstanden haben.

**Ich will:**
Wiederholen Sie anschließend stur Ihre eigene Forderung. Steter Tropfen höhlt den Stein.

**u.s.w.**

**Ziel erreicht:**
Sie haben Ihr Ziel erreicht! Gratuliere!

**Kompromiß:**
Die Sache ist doch komplizierter, als Sie dachten. Gehen Sie Ihrem Gesprächspartner auf halbem Weg entgegen, und schließen Sie einen Kompromiß.

**Höhere Instanz:**
Ihr Gesprächspartner will nicht hören oder hat zu wenig Kompetenzen. Gehen Sie zur nächsthöheren Instanz. Verlangen Sie, mit dem Vorgesetzten zu sprechen.

**Drohung:**
Ihr Gesprächspartner zeigt nicht die geringste Bereitschaft zum Entgegenkommen. Drohen Sie ihm mit Gegenmaßnahmen. Zeigen Sie ihm die Konsequenzen seines Verhaltens auf. Lassen Sie sich aber im Eifer des Gefechts nicht dazu verleiten, Drohungen auszustoßen, die Sie gar nicht wahrmachen können oder wollen.

### Beispiel für ein Gespräch

In diesem Beispiel aus der Wirklichkeit teilen mehrere kleine Firmen in einem Bürocenter die technischen Einrichtungen wie Telefonanlage, Kopiermaschine, Kantine usw.

Mieter:
Das Telefon kann 9 bis 12mal klingeln, bevor jemand den Hörer abnimmt. Ich bitte Sie darum, dafür zu sorgen, daß die Telefonanlage zu jeder Zeit bedient ist.

Bürocenter:
Wir betreiben dieses Bürocenter seit 1981, und wir haben noch nie Klagen gehört.

Mieter:
Ich weiß, daß Sie dieses Bürocenter seit 1981 betreiben, aber meine Kunden haben sich faktisch bei mir beschwert, daß es zu lange dauert, bevor jemand abnimmt. Deshalb bestehe ich darauf, daß Telefone schneller abgenommen und durchgestellt werden.

Bürocenter:
Es gibt ja schwierige Kunden.

Mieter:
Sie haben vollkommen recht. Es gibt schwierige Kunden, aber bei meiner Tätigkeit bin ich vom Telefon abhängig, und deshalb will ich, daß es in Zukunft schneller geht.

Bürocenter:
Ihre Tätigkeit ist ja ziemlich speziell.

Mieter:
Ich verstehe, daß Sie meinen Arbeitsbereich als speziell ansehen. Ich führe u. a. offene Seminare durch, und in diesem Zusammenhang melden sich einige Teilnehmer per Telefon an. Deshalb fordere ich einen besseren Telefonservice.

Bürocenter:
Ich kann ja die anderen Mieter fragen, ob auch sie Klagen bekommen haben.

Mieter:
Sie können gerne die anderen Mieter befragen, ob auch diese Klagen bekommen haben. Ich für meinen Teil halte jedoch an meiner Forderung fest, daß Sie eine modernere Telefonanlage anschaffen und dafür sorgen, daß auch in Spitzenzeiten stets genügend Personal die Anlage bedient.

# Teil 4
# Motivation durch Mitwirkung und Verantwortung

*In diesem Augenblick... wurde der Grund gelegt zur Sehnsucht nach einer selbständigen Leistung.*
*Peter Weiss in „Abschied von den Eltern“*

## 1. Autoritärer versus demokratischer Führungsstil

Der Führungsstil eines Managers entscheidet über die Motivation der Mitarbeiter. Ein autoritärer Vorgesetzter befiehlt seinen Untergebenen, was sie zu tun haben, und beschreibt im Detail, wie sie es tun sollen. Moderne Management-Theorie lehrt, daß die Mitarbeiter auch die Ziele des Unternehmens kennen müssen.

In diesem Buch gehe ich noch einen Schritt weiter und empfehle den Managern, die Zielsetzung zusammen mit ihren Mitarbeitern zu erarbeiten und ihnen innerhalb gegebener Richtlinien so viel Handlungsfreiheit zu lassen, daß sie selbst bestimmen können, wie sie ihre Aufgaben am besten lösen. Mit dem Ziel fest vor Augen sollen sie eigene Initiativen ergreifen können. Das setzt natürlich Mut zur Verantwortung voraus. Ein guter Umgangston schafft Selbstvertrauen. Eine Führungskraft, die sich dagegen nur für die Zahlen in der Jahresbilanz interessiert, wird die Mitarbeiter nicht für sich gewinnen.

Ein autoritärer Führungsstil paßt nicht mehr in unsere Zeit. Keiner mag es, immer nur herumkommandiert zu werden. Ebenso falsch ist es aber, die Zügel ganz schleifen zu lassen. Wenn zu wenig Anforderungen

gestellt werden und die Zeit mit Kaffee-Trinken und Zigaretten-Rauchen totgeschlagen wird, wirkt dies ebenso demoralisierend wie zu straffe Führung. Die Herausforderung besteht darin, den goldenen Mittelweg zu finden. Ein motivierender Führungsstil beruht auf klaren Zielen, direkter Kommunikation und Mitwirkung. Mitmenschlichkeit und gegenseitiger Respekt schaffen ein gutes Betriebsklima.

## 1.1 Ethische Werte am Arbeitsplatz

*You can fool some people sometimes, but*
*not all the people all the time.*
*Bob Marley*

### (1) Gefühle

Ethische Werte haben mit Gefühlen, inneren Haltungen und Einstellungen zu anderen Menschen zu tun. Persönliches Wohlbefinden ist eine wichtige Voraussetzung für ein gutes Betriebsklima. Viele Menschen behaupten jedoch, daß der ganze Schnickschnack über Gefühle nichts an einem Arbeitsplatz zu suchen habe. Hier gehe es nur um nüchterne Zahlen und unsentimentale Tatsachen. Diese Leute haben nicht verstanden, daß das menschliche Verhalten nicht nur vom Verstand, sondern auch von Gefühlen gesteuert wird.

Folgendes kleine Beispiel ist bezeichnend. Ein Angestellter in mittleren Jahren kündigte nach 10 Jahren in der gleichen Firma und bewarb sich um eine besser bezahlte Stellung in einem anderen Unternehmen. Ausschlaggebend für seinen Beschluß war aber nicht das Geld, eine interessantere Aufgabe oder ein Zugewinn an Status, sondern der langjährige Konflikt mit seinem Vorgesetzten. Das bewies sein spontaner Ausruf, als er die Nachricht von der Einstellung bekam: „Jetzt bin ich endlich von dem Müller weg!"

Eine Führungskraft, die sich keine Gedanken darüber macht, welche gefühlsmäßigen Reaktionen ihr eigenes Verhalten in anderen auslöst,

beraubt sich selbst der Möglichkeit, ihren Mitarbeitern auch als Mensch näherzukommen.

Ein Manager, der bewußt auf Distanz geht, fürchtet oft, daß er an Autorität einbüßt, wenn er andere zu nah an sich herankommen läßt. Immer weiter Abstand zu halten läßt auf Angst vor den eigenen Gefühlen schließen. Er muß es aber wagen, sich selbst mit seinen starken und schwachen Seiten besser kennenzulernen, und sich darüber klarwerden, wie sein eigenes Verhalten die Haltungen seiner Mitarbeiter beeinflußt.

Gefühle werden erst dann gefährlich, wenn sie unterdrückt werden müssen. Wenn sie demgegenüber ohne Angst vor Repressalien frei zum Ausdruck kommen dürfen, können die Betroffenen einen Dialog beginnen, und das ist schon der erste Schritt in Richtung eines gegenseitigen Einverständnisses. Im Laufe eines solchen Gespräches kann zum Beispiel an den Tag kommen, daß der Mitarbeiter eigentlich gar nichts gegen den Inhalt der Entscheidung hat, sondern nur auf die Vorgehensweise reagiert hat. Vielleicht fühlte er sich übergangen und will endlich einmal seine Meinung sagen.

### (2) Offenheit

Offenheit bedeutet, daß es akzeptiert ist, auch über kontroverse Dinge zu sprechen. Offenheit bedeutet, daß es erlaubt ist, anderer Meinung zu sein. Offenheit bedeutet auch, daß es o.k. ist, seine Gefühle zum Ausdruck zu bringen.

Offenheit bedeutet nicht, naiv zu sein oder das gesamte Familienleben vor den Kollegen auszubreiten. Ich entscheide selbst, welche Gedanken ich anderen mitteilen möchte und was ich lieber für mich behalte.

Ich bin mir auch darüber im klaren, daß meine Offenheit von anderen mißbraucht werden kann. Wenn mein Herz voll ist und mir der Mund überläuft, kann alles, was ich sage, von bösen Zungen später gegen mich verwendet werden. Ich biete mich selbst als Zielscheibe für die spitzen Pfeile meiner Gegner an. Dieses Risiko gehe ich aber bewußt

ein. Es ist immer noch das kleinere Übel, daß andere über mich klatschen, als daß ich alles in mich hereinfresse und als Folge davon steife Nackenmuskeln oder sogar ein Magengeschwür bekomme. Gefühle brauchen ein Ventil.

Offenheit in bezug auf alles, was sich täglich am Arbeitsplatz abspielt, ist eine Voraussetzung dafür, daß sich die Mitarbeiter mit der Zielsetzung des Unternehmens identifizieren können. Eine solche Offenheit ist aber nicht möglich, wenn der Vorgesetzte nicht dazu bereit ist, sich selbst zu öffnen, für andere zugänglich zu sein und den Glauben aufzugeben, daß der Abstand zu seinen Mitarbeitern die Säule ist, auf dem seine ganze Autorität ruht.

Eine Führungskraft, die kein Einfühlungsvermögen besitzt und Kritik mit gleicher Münze heimzahlt, sägt selbst am Ast, auf dem sie sitzt, denn Angst vor dem Zorn des Chefs resultiert in Teilnahmslosigkeit und oft irrationalen Verhaltensweisen.

> Der Leiter einer Institution des öffentlichen Dienstes, der als hervorragende Fachkraft, aber sehr strenger Chef bekannt war, bekam viele Beschwerden, weil die Sachbearbeitung ungewöhnlich lange Zeit in Anspruch nahm. Darüber hinaus verschwanden einzelne Vorgänge völlig. Er fragte die Mitarbeiter, ob sie Probleme bei ihrer Arbeit hätten, bekam aber immer „nein“ als Antwort. Eines Tages sah er keinen anderen Ausweg, als nach Feierabend in die Schubladen der Angestellten zu sehen. Im Schreibtisch einer älteren Dame fand er die vermißten Vorgänge. Sie hatten teilweise mehr als ein halbes Jahr unbearbeitet dort gelegen. Als er sie zur Rede stellte, zeigte sich, daß sie Angst davor hatte, Fehler zu machen, aber nicht wagte, Fragen zu stellen. Aufgaben, die sie nicht 100prozentig beherrschte, wanderten deshalb in die Schublade.

Ohne Mitarbeiter, die Mut und Willen haben, Verantwortung zu tragen, kann der Vorgesetzte nicht die guten Ergebnisse erzielen, die er für seine weitere Karriere braucht. Die Manager müssen deshalb lernen, auch aus negativen gefühlsmäßigen Reaktionen ihrer Mitarbeiter etwas Konstruktives zu machen, und nicht einfach – mit der Einstellung: „Nicht sein kann, was nicht sein darf“ – über Konflikte hinweg glätten.

Es ist nicht zu umgehen, daß die täglichen Entscheidungen, die eine Führungskraft trifft, Gegenvorstellungen, Ärger oder sogar Aggression bei den Betroffenen hervorrufen können. Das Management sollte sich deshalb darum bemühen, solchen Wutausbrüchen zuvorzukommen, indem es im voraus darüber nachdenkt, welche Personen oder Gruppen von der Entscheidung betroffen werden, und versuchen, durch Information und Diskussion eine Vertrauensbasis herzustellen. Falls die Dringlichkeit der Sache keine Zeit zum Dialog erlaubt, sollte der Manager auf jeden Fall im nachhinein erklären, warum er diesen oder jenen Beschluß gefaßt hat.

Wenn der Vorgesetzte es unterläßt, die Mehrarbeit auf sich zu nehmen, die eine solche Aufklärungsrunde mit sich führt, braucht er sich hinterher nicht zu wundern, daß die Mitarbeiter ihn nicht aus vollem Herzen unterstützen. Es liegt nun einmal nicht in der menschlichen Natur, sich mit allen Kräften für eine Sache einzusetzen, die den eigenen Interessen zuwiderläuft.

Wenn die Mitarbeiter etwas tun müssen, ohne es eigentlich aus innerster Überzeugung heraus selbst zu wollen, entsteht ein gefühlsmäßiges Spannungsverhältnis.

Ein Pflichtmensch wird zwar trotzdem versuchen, seinem Chef loyal zu folgen. Insgeheim spürt er aber doch einen Widerwillen. Die aufmüpfigen Gedanken geraten in Konflikt mit dem anerzogenen Ideal des Gehorsams. Die heimliche Aggression wird als unerlaubtes Gefühl unterdrückt und weckt Schuldgefühle. Das schlechte Gewissen meldet sich. Die Bearbeitung dieser zwiespältigen und verwirrenden Gefühle erfordert Zeit und Kraft, die bei der Erledigung der Arbeitsaufgaben verlorengeht.

Weniger pflichtbewußte Mitarbeiter bringen ihren Widerwillen mehr oder weniger offen zum Ausdruck: Sie legen die Sache ganz zuunterst ins Körbchen, erledigen ihre Privatangelegenheiten in der Arbeitszeit, telefonieren viel und lange mit Freunden, feiern öfters mal krank oder betreiben offen Sabotage.

Auf jeden Fall erzielt der Vorgesetzte ein schlechteres Resultat als notwendig. Das ist der Nachteil eines autoritären Führungsstils. Offene Kommunikation hilft, Probleme dieser Art zu vermeiden. Und falls sie doch einmal entstehen sollten, wird das Team selbst dafür sorgen, daß der Schaden auf ein Minimum beschränkt bleibt. In einem offenen Betriebsklima wird die Abteilung oder Gruppe versuchen, gemeinsam eine Lösung zu finden, ohne eine Front gegen den Chef aufzubauen und ihm allein den Schwarzen Peter zuzuspielen.

### (3) Angst

Angst entsteht aus Unsicherheit und gedeiht deshalb vor allem in einem Betriebsklima, wo offene Kommunikation Mangelware ist.

Entscheidungen, die ohne nähere Erklärung über den Kopf des Betroffenen hinweg gefällt werden, sind eine Bedrohung seines Ansehens oder Arbeitsplatzes – und damit seiner wirtschaftlichen Situation, Verantwortung für die Familie und Möglichkeit zur Karriere.

In einer solchen angsterfüllten Situation ist ein Mitarbeiter verständlicherweise mehr damit beschäftigt, sich selbst in Sicherheit zu bringen oder einen Ausweg zu finden, als einen guten Arbeitseinsatz zu leisten. Auf diese Weise kann Angst eine lähmende Wirkung auf die Arbeitslust, den Initiativreichtum und die Effektivität haben.

Wenn Angstgefühle und Ungewißheit erst an einem Ort ihre Wurzeln geschlagen haben, besteht die Gefahr, daß sie wie ein Krebsgeschwür weiter wachsen und sich auch in andere Bereiche verpflanzen. Ein freier Informationsfluß kann eine solche zerstörerische Entwicklung verhindern. Voraussetzung ist allerdings, daß der Manager es schafft, seine eigene Angst zu überwinden.

Verdrängte Gefühle rächen sich, indem sie Angst erzeugen. Der Mensch will einfach nicht an unangenehme Erlebnisse in seiner Kindheit oder mit seinem früheren Chef erinnert werden. Deshalb umgibt er sich mit einem dicken Panzer. Die harte äußere Schale soll vortäuschen,

daß auch innen alles unter Kontrolle ist. Ständig eine Maske aufzuhaben kostet jedoch Energie. Manche Menschen beißen so oft und so lange die Zähne aufeinander, daß sie Kieferschäden bekommen. Anderen schmerzt der Rücken, weil sie im wahrsten Sinne des Wortes nicht mehr ertragen können. Die Rettung besteht dann darin, eine physiotherapeutische Behandlung anzufangen. Ein körperliches Leiden zu haben und zu behandeln ist gesellschaftlich eher akzeptiert als ein seelisches.

> Eine Physiotherapeutin berichtet aus ihrer Praxis:
> Der Mensch wird krank, wenn er entweder über- oder unterstimuliert wird. Das Ergebnis dieser inneren Disharmonie sind Kopfschmerzen, Migräne, Nacken- und Rückenschmerzen, Herzbeschwerden und Angst.
>
> In meiner Arbeit treffe ich täglich überarbeitete Manager, denen die Einsicht fehlt, daß das Unternehmen und die Mitarbeiter nur miteinander und nicht gegeneinander Erfolg haben können. Die andere Gruppe Patienten sind deren Mitarbeiter, die an inneren Spannungen leiden, weil der Chef ihnen keine Chance gibt, sich selbst bei ihrer Arbeit zu verwirklichen.
>
> Ich bin davon überzeugt, daß die Unternehmen Millionen von DM an Krankheitskosten sparen könnten, wenn sie sich den Zusammenhang zwischen der Gesundheit ihrer Mitarbeiter und deren Möglichkeit zur Selbstverwirklichung bei der Arbeit besser klarmachen würden.

Unterdrückte Gefühle sind gesundheitsschädlich und wirken handlungslähmend. Offenheit ist Medizin. Eine Konfrontation mit dem Unangenehmen ist der erste Schritt, um die Angst zu überwinden. Erst wenn ich es wage, der Wahrheit in die Augen zu sehen und mich auch zu meinen „häßlichen" Gefühlen zu bekennen, kann die innere Spannung sich lösen und die Versöhnungsarbeit beginnen.

Vergeben-Können ist eine Stärke. Ich kann hier und heute den Beschluß fassen, meinem ärgsten Feind zu verzeihen, und mich damit von der Last meiner negativen Gefühle befreien. Es ist nicht einmal nötig, ihn davon zu unterrichten, daß ich emotional mit ihm fertig bin.

### (4) Moral und Ethik

Jeder Mensch ist einzigartig. Damit verschiedene Individuen mit ganz unterschiedlichen Meinungen, Erfahrungen und Interessen in der Gemeinschaft einer Familie, eines Unternehmens oder eines Staates in Frieden miteinander leben können, brauchen sie Normen und Werte, die von allen respektiert werden.

Das menschliche Verhalten wird einerseits durch Verbote und Kontrollen gelenkt, die Menschen oder Instanzen aufgestellt haben, die Macht über uns ausüben, d. h. auch die Macht zu strafen. Ein Kind ist noch zu klein, um zu verstehen, was gut und was böse ist. Es vertraut deshalb seinen Eltern, daß diese schon wissen, warum dieses erlaubt und jenes verboten ist.

Andererseits hat jeder Mensch einen freien Willen, aus eigener Überzeugung etwas zu tun oder zu unterlassen – und dann auch die Konsequenzen für sein Handeln auf sich zu nehmen.

Es ist ein großer Unterschied, ob ein Mensch etwas aus freiem Willen tut oder nur, weil er sich dazu genötigt fühlt. Dieser Zwiespalt zwischen Müssen und Wollen kann auch mit den Begriffen „Moral" und „Ethik" beschrieben werden.

Der dänische Oberarzt Henning Paikin schreibt in einem Artikel über „Psychoanalyse und Ethik":

> Moral, das sind die Normen, auf die sich jemand in einer bestimmten Situation beruft, um bei anderen eine bestimmte Handlung oder Verhaltensweise hervorzurufen.
>
> Ethik ist demgegenüber etwas, was viel tiefer liegt. Ethik baut auf der humanistischen Grundidee auf, daß jeder Mensch unersetzbar ist und die Freiheit zur persönlichen Entfaltung hat. Diese Überzeugung kann nur dadurch zustande kommen, daß jeder einzelne in seinem eigenen Leben selbst erfahren kann, was es bedeutet, frei zu sein und selbständig handeln zu können, und auf dieser Grundlage einsieht, worin die Freiheit und Selbständigkeit des anderen besteht.

In diesem Sinne ist Moral die Instanz, die verbietet, befiehlt und überwacht. Ethik beruht demgegenüber auf einem tief verwurzelten Respekt vor den Rechten anderer Menschen und dem Glauben an deren Fähigkeit und Willen, ihre Handlungen von einem persönlichen Wertsystem aus selbst zu bestimmen.

Wenn wir diese Gedanken auf das Arbeitsleben übertragen, können wir zwischen zwei Managementphilosophien unterscheiden, die auf ganz unterschiedlichen Werthaltungen beruhen.

Der Begriff „Moral" entspricht einem Führungsstil, der durch einen Befehl gekennzeichnet ist und wo strenge Kontrolle dafür sorgt, daß der Befehl auch ausgeführt wird. Die Kommunikation geht wie in einer Einbahnstraße nur in eine Richtung: von oben nach unten. Die Mitarbeiter sind passive Befehlsempfänger. Sie können hin- und hergeschoben werden oder sogar ganz ausgewechselt werden wie die Figuren auf einem Schachbrett. Man erwartet von ihnen, daß sie gehorsam auf Anordnungen von oben reagieren. Mitdenken oder eigene Initiativen sind nicht erwünscht.

Der Begriff „Ethik" entspricht demgegenüber einem demokratischen Führungsstil, der dadurch gekennzeichnet ist, daß die Mitarbeiter als selbständig denkende und handelnde Menschen respektiert werden – eine wertvolle Ressource für das Unternehmen. Sie tragen aktiv zum Unternehmenserfolg bei und bekommen deshalb die Chance, am Entscheidungsprozeß mitzuwirken. Sie handeln mehr aus innerer Triebkraft als aufgrund von äußerem Zwang. In einem solchen Betriebsklima kann Kontrolle in zunehmendem Grad durch Eigenkontrolle ersetzt werden. Um optimale Ergebnisse zu erzielen, investiert das Unternehmen nicht nur in Maschinen und Anlagen, sondern auch in die Entwicklung der Menschen.

In diesem Zusammenhang ist es auch wichtig, zwischen einer autoritären Persönlichkeit und einer Person mit Autorität zu unterscheiden. Ich benutze hier das Wort „autoritärer Führungsstil" in dem Sinne, daß die Macht an eine bestimmte Position oder einen Titel gebunden ist. Eine

Person mit Autorität übt demgegenüber aufgrund ihrer fachlichen und menschlichen Qualitäten Einfluß aus. Sie überzeugt, motiviert und begeistert.

Eine autoritäre Persönlichkeit zwingt anderen ihren Willen auf. Eine Person mit Autorität stimuliert andere dazu, selbst Verantwortung zu tragen. Eine Führungskraft sollte immer eine Autorität sein, zu der die Mitarbeiter hinaufschauen können.

## 1.2 Autoritärer Führungsstil ist nur effektiv auf kurze Sicht

Wohlgefühl und Effektivität hängen eng zusammen. Das sollten sich alle diejenigen hinter die Ohren schreiben, die glauben, daß sie am effektivsten arbeiten, wenn sie alles allein bestimmen. Die Führungskräfte irren sich, wenn sie glauben, daß sie ungestraft mit ihren Mitarbeitern umspringen können, wie es ihnen gerade paßt, weil die hohe Arbeitslosigkeit schon dafür sorgen wird, daß die Leute sich sputen und fügen.

Wenn das Mißbehagen bei den Mitarbeitern wächst, ist das Unternehmen immer der große Verlierer – egal, ob die Mitarbeiter bleiben oder kündigen.

Kreative Menschen wollen über sich selbst bestimmen. Wenn die Entscheidungen ständig über ihre Köpfe hinweg gefällt werden, empfinden sie das als eine persönliche Herabsetzung: Mein Vorgesetzter weiß meine Arbeit nicht zu schätzen. Die da oben sind so sehr mit sich selbst beschäftigt, daß ihnen meine Meinung ganz egal ist. Der Chef hat kein Vertrauen zu mir.

Wie du mir, so ich dir. Warum soll ich mich denn für das Unternehmen einsetzen, wenn das Unternehmen sich nicht für mich und meine Bedürfnisse interessiert? Euer Ziel ist dann nicht mein Ziel. Wenn mein Chef mir die Anerkennung verweigert, hole ich sie mir eben woanders.

Ich schone meine Kräfte für Freizeit und Familie oder schaue mich nach einem anderen Arbeitgeber um, der mehr Wert auf meine Arbeit legt.

Auch bei 10% Arbeitslosigkeit werden Mitarbeiter mit guter Ausbildung und relevanter Praxis immer eine andere Arbeit finden – und mit ihnen verschwindet die Kompetenz.

Aber auch an denjenigen, die bleiben, weil sie entweder zu alt sind oder nicht die richtige Ausbildung haben, wird das Unternehmen keine große Freude haben, denn Frustration verdirbt die Arbeitslaune.

### (1) Unzufriedenheit führt zur inneren Kündigung

Ein Diktat von oben weckt Widerwillen. Abhängig von den realen Machtverhältnissen kann ein Mitarbeiter offene oder mehr verdeckte Formen des Widerstands wählen. Proteste und Streiks sind der sichtbarste Ausdruck für Unzufriedenheit. Private Dienst-nach-Vorschrift-Aktionen sind weniger augenfällig, aber oft ebenso wirkungsvoll, um die Produktivität zu senken. Das gleiche gilt für häufige Abwesenheit wegen Krankheit. Der heimliche Zorn kann jahrelang unter der Oberfläche schwelen, um dann bei passender Gelegenheit in einem explosionsartigen Gefühlsausbruch zum Ausdruck zu kommen. Dieser überrascht alle, weil der aktuelle Anlaß in keinem Verhältnis zu der Heftigkeit des Ausbruches stand. Die anderen haben nicht bemerkt, was sich über Jahre hinweg an Ärger angestaut hat.

Wenn die Unzufriedenheit lange genug andauert, fangen viele an zu resignieren. Dann ist die innere Kündigung ein Faktum. Sie beziehen weiterhin ihr Gehalt, erscheinen pünktlich bei der Arbeit und gehen beim Glockenschlag, tun aber ansonsten nur, was sich absolut nicht vermeiden läßt. Den Rest der Zeit klagen sie, wie schrecklich alles ist. Mit dem Chef ein Wort zu reden hat ja doch keinen Zweck. Entweder hat er keine Zeit, oder alles geht in das eine Ohr rein und das andere wieder raus.

In einem privaten Brief, der während der Arbeitszeit geschrieben wurde, heißt es u. a.: „Ich sitze hier im Büro und setze eine pflichtbewußte Miene auf, aber kriege keinen richtigen Schwung in die Sache, die mich eigentlich engagieren sollte. Meine Gedanken sind ganz woanders."

Es wäre eine Forschungsarbeit wert, den Produktivitätsverlust zu messen, der tagtäglich in deutschen Büros und Amtsstuben entsteht, weil die Mitarbeiter sich weigern, das aus sich herauszuholen, was wirklich in ihnen steckt.

Druck von oben erhöht den Leistungswillen nur auf kurze Sicht. Um dauerhafte Resultate zu erzielen, muß eine Führungskraft Rücksicht auf die Bedürfnisse der Mitarbeiter nehmen. Ein gutes Arbeitsklima, wo Lachen erlaubt ist und man auch mal uneinig sein kann, schafft eine positive Einstellung zur Arbeit.

Der Preis, den ein Manager für Mitwirkung zahlen muß, ist, daß der Entscheidungsprozeß länger dauert. Wenn alle ein Wörtchen mitzureden haben, braucht das seine Zeit. Es kann auch passieren, daß verborgene Gegensätze und Konflikte an die Oberfläche kommen und für alle sichtbar werden. Eine Entscheidung, an der die Mitarbeiter Gelegenheit hatten aktiv mitzuwirken, wird jedoch bei der Ausführung mehr Unterstützung finden als ein einsamer Beschluß an der Spitze.

Wenn man die Mitarbeiter von der Entscheidungsfindung fernhält, geht es scheinbar schneller. Es kann jedoch viel Zeit in Anspruch nehmen, den Beschluß dann später auch in die Tat umzusetzen, denn wenn die Mitarbeiter sich einigeln, kann der Chef sich an ihren Stacheln stechen.

### (2) Scheindemokratie

Es ist Scheindemokratie, wenn der Vorgesetzte die Mitarbeiter zu einer Besprechung bittet, um ein Problem zu erörtern, während er sich in Wirklichkeit längst entschieden hat. Noch schlimmer ist es, wenn das

Team nach langer Diskussion gemeinsam zu einer Entscheidung gelangt und der Chef hinterher alles eigenmächtig ändert, ohne die Gründe dafür anzugeben.

Der Vorstand eines Vereins traf sich zu einer Sitzung, um die Termine für das nächste Halbjahr festzulegen. Nach drei Stunden Diskussion waren sich alle einig. Im nachhinein veränderte der Vorsitzende eigenmächtig das Programm. Seine Vorgehensweise führte dazu, daß die anderen das Gefühl bekamen, ihre Zeit vergeudet zu haben. Allmählich wollte keiner mehr seine Freizeit für die Vereinsarbeit opfern. Da klagte der Vorsitzende über die Trägheit der Mitglieder. Er hatte nicht verstanden, daß sein eigenes Verhalten schuld an der passiven Haltung der anderen war.

Ähnliche Fälle spielen sich tagtäglich im Arbeitsleben ab. Natürlich ist es das gute Recht eines Vorgesetzten, nach eigenem Ermessen zu entscheiden. Er braucht auch nicht jedesmal erst eine Betriebsversammlung einzuberufen, bevor er einen Beschluß faßt, aber wenn er die Mitarbeiter um ihre Meinung bittet und dann doch von deren Rat abweicht, sollte er wenigstens erklären, warum.

Die Mitarbeiter in der psychiatrischen Abteilung eines Krankenhauses legten großen Wert auf Teamarbeit. Die Gruppe bestimmte gemeinsam mit dem Oberarzt, wie ein bestimmtes Problem zu lösen sei. Dieser nahm jedoch keine Rücksicht auf den Vorschlag des Teams und machte etwas ganz anderes als abgesprochen.

Die Mitarbeiter fühlten sich mit Recht übergangen. Die Tatsache, daß der Oberarzt eine andere Lösung wählte, wurde an und für sich akzeptiert, aber wenn ihm wirklich etwas an der Zusammenarbeit mit den anderen gelegen hätte, hätte er die Gruppe über seinen geänderten Entschluß informieren sollen. Die Entscheidung, d. h. das Endprodukt, wäre die gleiche gewesen, aber der Weg zur Entscheidungsfindung, d. h. die Vorgehensweise, hätte mehr Unterstützung von seiten der Mitarbeiter gefunden. Das Team hätte auf seiner Seite gestanden, anstatt sich frustriert zu fügen und heimlichen Groll gegen ihn zu hegen.

Eine Führungskraft muß dafür sorgen, daß ihre Worte im Einklang mit ihren Taten stehen. Sonst herrscht bei den Mitarbeitern Verwirrung, die leicht Mißverständnisse hervorrufen kann. Büroklatsch ist oft eine Folge davon, daß die schönen Sprüche über Menschlichkeit, ethische Werte und Unternehmenskultur so gar nicht mit der innerbetrieblichen Wirklichkeit übereinstimmen.

Information und offene Kommunikation auch über unangenehme Dinge sind die beste Strategie, um Gerüchten entgegenzuwirken. Die Information muß in beide Richtungen gehen: Der Vorgesetzte sorgt dafür, daß alle wissen, was geplant ist und warum. Die Mitarbeiter unterrichten ihren Vorgesetzten, wenn etwas der Zielerfüllung im Wege steht. Leider legen nicht alle Führungskräfte Wert auf Verbesserungsvorschläge von seiten der Mitarbeiter. Viele gute Ideen erreichen niemals den Geschäftsführer, weil der Abteilungsleiter sie auf seinem Schreibtisch verstauben läßt.

## 1.3 Das mittlere Management als Kommunikationssperre

Das mittlere Management wirkt oft als Puffer zwischen der Unternehmensleitung und den Sachbearbeitern. Die da oben möchten möglichst ungestört ihren wichtigen Geschäften nachgehen und erwarten deshalb vom mittleren Management, daß eventuelle Beschwerden der Mitarbeiter auf halbem Wege abgefangen werden. Das Fußvolk will aber nicht nur klagen, sondern auch Verbesserungen einführen. Der Abteilungsleiter sieht oft nicht den Unterschied und blockt sicherheitshalber erst mal ab.

Die negative Haltung vieler Manager zu Änderungsvorschlägen ist aber nicht nur ein personenabhängiges, sondern auch ein strukturelles Problem. In einer Organisation, die nach hierarchischem Muster aufgebaut ist, gibt es im Mittelbau immer eine Gruppe Menschen, die in erster Linie die Aufgabe hat, zu überwachen, daß die anderen alles richtig machen, anstatt eigene Ergebnisse zu erzielen. Wenn der „Kleinchef" bei seiner Kontrolle sich überall bis ins kleinste Detail einmischt und pedantisch auch den winzigsten Formfehler lautstark kritisiert, verlieren die Mitarbeiter schnell die Motivation.

Häufig zu hörende Beschwerden sind in diesem Zusammenhang:
„Mein Abteilungsleiter mischt sich in jeden Dreck ein. Er verschwendet seine Zeit mit Spitzfindigkeiten. Wenn ich ‚u. s. w.' schreibe, verbessert

er das zu ‚etc.'. Bei uns ist das ganze mittlere Management nicht sehr produktiv."

„In unserem Unternehmen herrscht eine schreckliche Bürokratie. Jeder Vorschlag geht mindestens durch 10 Instanzen, bevor er angenommen wird. Da ist die Freude an der Arbeit weg."

„Wenn ich eine Initiative ergreife, bekomme ich oft zu hören: Das ist nicht dein Bier."

„Meine Vorschläge bleiben oft auf dem Schreibtisch meines Vorgesetzten liegen, und ich komme einfach nicht weiter mit meinen guten Ideen."

Das mittlere Management sitzt selbst zwischen zwei Stühlen. Die Möglichkeit, in eine höhere Stellung aufzurücken, ist oft begrenzt. Der Topmanager bleibt auf absehbare Zeit auf seinem Posten. In den unteren Etagen sitzen ehrgeizige Mitarbeiter schon in den Startlöchern und bedrohen die eigene Position. Das Abblocken von Verbesserungsvorschlägen geschieht also aus reinem Selbstschutz. So verständlich diese Vorgehensweise auch aus der Sicht des einzelnen ist, so zerstörerisch wirkt sie auf die Motivation der Mitarbeiter. Diese fühlen, daß sie mit dem Kopf gegen die Wand rennen. Sie probieren es einmal, zweimal, und dann geben sie auf. Es hat doch alles keinen Zweck.

Wie kann man dem mittleren Management aus der Klemme helfen? Die Antwort lautet: bessere Schulung, alternative Karrierewege, d. h., daß sie auch in fachlichen Stellungen ohne Personalverantwortung gut verdienen können, und eine Aufweichung der hierarchischen Strukturen im Unternehmen in Richtung auf mehr Projektarbeit und sich selbst steuernde Gruppen.

## 1.4 Selbstverwirklichung durch aktive Mitwirkung

*Phantasie ist wichtiger als Wissen.*
*Albert Einstein*

Eine Führungskraft, die ihren Mitarbeitern die Chance zur aktiven Mitwirkung am Geschehen gibt, sichert sich auf diese Weise nicht nur den Zugang zu wichtigen Informationen, sondern auch die Loyalität der Mitarbeiter. Mitwirkung erhöht das Engagement und vermindert die Lust zum Streiten. Ein kluger Vorgesetzter sieht deshalb seine Mitarbeiter als Ressource. Dieser kennt ja seinen eigenen Aufgabenbereich am besten und sieht am ehesten, was man hier noch besser machen kann.

Mitwirkung am Geschehen bedeutet Selbstverwirklichung. Die Befriedigung dieses menschlichen Bedürfnisses ist sehr motivierend. Der Wunschzettel der Mitarbeiter enthält u. a. folgende Punkte:
„Erhöhen Sie die Leistungsbereitschaft Ihrer Mitarbeiter, indem Sie ihnen Verantwortung übertragen."

„Beziehen Sie die Mitarbeiter in die Diskussion ein, bevor eine Neuerung eingeführt wird, und nicht erst hinterher, wenn es zu spät ist, etwas zu verändern."

„Hören Sie sich an, was die Mitarbeiter denken, und nehmen Sie Rücksicht auf deren Wünsche. Vermeiden Sie es, ihnen das Gefühl zu vermitteln, daß sie Ihnen gleichgültig sind."

„Geben Sie Ihren Mitarbeitern eine Chance, bei der Gestaltung ihrer Arbeitsaufgaben selbst mitzuwirken."

Mitwirkung ist auch ein Heilmittel gegen Konflikte, denn viele Konflikte sind nichts anderes als eine Trotzreaktion auf das unschöne Gefühl, in den Augen des Vorgesetzten keine Rolle zu spielen. „Wenn du mir freiwillig keine Aufmerksamkeit schenken willst, dann werde ich dich eben dazu zwingen."

Eine politische Partei erteilte mir einmal den Auftrag, die organisatorische Vorbereitung und Durchführung einer großen Konferenz zu übernehmen. Die einzige Weisung war: Diesmal soll es anders sein als üblich.

Ich schlug vor, daß die Delegierten die Themen zuerst in Gruppenarbeit diskutieren, bevor sie im Plenum behandelt werden. Nach viel Skepsis in der Startphase („Wagen wir das?") nahmen meine Auftraggeber den Vorschlag halbherzig an. Es war eine Kompromißlösung: Die eine Hälfte der Themen sollte zuerst in Gruppen, die andere nur im Plenum diskutiert und beschlossen werden.

Wir teilten die 180 Delegierten in 15 Gruppen à 12 Teilnehmer ein, und ich schulte die Gruppenleiter zwei Tage lang in motivierenden und kreativen Arbeitsmethoden.

Auf der Konferenz lief alles so ab, wie ich es vorausgesehen hatte. Die Themen, die zuerst in der Gruppe diskutiert worden waren, gingen später im Plenum glatt durch. Selbst in denjenigen Gruppen, die aufgrund von Zeitmangel nicht mit ihrer Arbeit fertig geworden waren, herrschte eine harmonische Atmosphäre und großes Vertrauen zu dem Gruppenleiter: „Wir vertrauen Ihnen, daß Sie unsere Interessen richtig wahrnehmen werden." Die Stimmung war gut, alle fühlten Zugehörigkeit zur Gruppe, und als die Teilnehmer auseinandergingen, waren sich alle einig, daß die Gruppenarbeit der beste Teil der Konferenz gewesen war.

Bei den Themenbereichen, die nicht zuerst in Gruppen behandelt worden waren, gab es viel Uneinigkeit im Plenum, und es kam zu den ewigen Monologen von Dauerrednern, dem bewußten Aneinander-Vorbeireden und Auseinandersetzungen, die für die Politik so typisch sind.

Welche Arbeitsmethoden ein Manager anwendet, ist ausschlaggebend dafür, welches Resultat er erzielen kann. Wenn die Mitarbeiter gleich zu Beginn in den Entscheidungsprozeß miteinbezogen werden, bestehen gute Aussichten, daß sich später die Reibungsverluste bei der Umsetzung der Entscheidung in die Praxis auf ein Minimum beschränken. Mitwirkung erzeugt ein „Wir-Gefühl". Ich gebrauche in diesem Buch das Wort Mitwirkung in dem Sinne, daß der einzelne Mitarbeiter Möglichkeit zur Teilnahme am Geschehen hat. Ich gehe also mit meiner Forderung weiter als die formelle Mitbestimmung durch die Gewerkschaften, die die Interessen der Arbeitnehmer als Ganzes vertreten soll. Mitwirkung entspricht in meiner Definition mehr einer direkten Demokratie, während Mitbestimmung mehr eine Form der repräsentativen Demokratie im Arbeitsleben ist.

Ich stelle am Ende dieses Buches eine Reihe von Arbeitsmethoden vor, die Mitwirkung der Mitarbeiter gewährleisten, gleichzeitig aber so strukturiert sind, daß auch wirklich effektive Arbeit geleistet wird. Die Techniken eignen sich sowohl für die Organisationsentwicklung als auch für die innerbetriebliche Schulung von Führungskräften und Mitarbeitern.

# 2. Die Delegation von Verantwortung

## 2.1 Was ist Delegation?

Management bedeutet, Resultate durch andere zu erzielen. Die Fähigkeit, die Mitarbeiter zu motivieren, ist die wichtigste Eigenschaft einer guten Führungskraft. Die Delegation von Verantwortung ist der Schlüssel zum Erfolg.

Delegation besteht darin, genau definierte Aufgaben von einer höheren Ebene auf eine niedrigere Ebene zu verlagern: vom Geschäftsführer zum Stellvertreter, vom Abteilungsleiter zum Sachbearbeiter, vom Sachbearbeiter auf die Sekretärin. Auf diese Weise erkauft sich der Vorgesetzte Zeit zum Führen, d. h., eine Strategie zu entwerfen und die Richtung und den Weg aufzuzeigen, der ans Ziel führt.

Die meisten Mitarbeiter wollen gerne mehr Verantwortung übernehmen: „Mehr Delegation würde die Effektivität erhöhen. Die Verantwortung ruht oft auf allzu wenigen Personen, die es beim besten Willen nicht schaffen, den Überblick über alles zu behalten. Wir Mitarbeiter wollen mehr Verantwortung, weil unsere Arbeit dann viel interessanter wird."

Ohne Delegation besteht die Gefahr, daß der Vorgesetzte sich in Details verstrickt und den Überblick über das Ganze verliert. Die Routinearbeit nimmt Überhand. Der Chef führt die Arbeit selbst aus, anstatt die Mitarbeiter zu führen. Das „Wie" wird wichtiger als das „Was", d. h., Vorschriften über die Vorgehensweise werden zum Selbstzweck. Man hinterfragt nicht mehr: „Was war eigentlich ursprünglich der Sinn dieser Richtlinie?", sondern macht stur weiter so wie bisher. Die Anpassungsfähigkeit läßt nach. Das Unternehmen wird schwerfällig.

Delegation muß freiwillig geschehen. Es hat keinen Zweck, sie einem Alleinherrscher gegen seinen Willen aufzuzwingen. Der Manager muß

selbst die Vorteile erkennen und sich seelisch darauf vorbereiten, daß die Veränderung seiner Einstellung zu seinen Mitarbeitern zuweilen ein schmerzvoller Prozeß sein kann. Es ist nie leicht, von alten Vorstellungen Abschied zu nehmen. Die Mühe lohnt jedoch. Wenn die Mitarbeiter gute Ergebnisse erzielen, ist das ein Kompliment für den Chef.

## 2.2 Sieben Ausreden, um nicht zu delegieren

Alle sind dafür – solange sie die Delegation von Verantwortung nur ganz allgemein und unverbindlich diskutieren. In dem Augenblick, wo es ernst wird, entwickeln die Manager viel Phantasie, um zu beweisen, daß es in der Praxis doch nicht geht. Die sieben häufigsten Ausreden sind folgende:

- Die Mitarbeiter haben ohnehin schon zuviel zu tun
- Die Mitarbeiter können das doch gar nicht
- Die Mitarbeiter wollen ja gar nicht
- Ich habe niemanden, dem ich etwas delegieren könnte
- Ich habe zuwenig Vollmachten
- Ich habe keine Zeit zum Erklären
- Ich mache es am besten selbst

### (1) Die Mitarbeiter haben ohnehin schon zuviel zu tun

Rücksicht auf die Arbeitsbelastung der Mitarbeiter ist das am häufigsten vorgebrachte Argument, um nicht delegieren zu müssen. Zum Beispiel:

„Die Mitarbeiter dürfen nicht mit Arbeit überhäuft werden."

„Alle haben ohnehin schon zuviel zu tun."

„Ich habe Angst, die Mitarbeiter zu überfordern. Deshalb sitze ich lieber selbst bis zu beiden Ohren in Arbeit begraben."

„Die Mitarbeiter sind so mit Arbeit überlastet, daß ich es einfach nicht fertigbringe, ihnen noch mehr aufzuhalsen, obwohl es sich um Aufgaben handelt, die ich mit Vorteil delegieren könnte."

„Zeitweilig sind die Mitarbeiter so im Streß, daß ich es lieber selbst mache."

„Meine Untergebenen haben keine Zeit, um etwas Neues zu lernen oder zusätzliche Arbeitsaufgaben auf sich zu nehmen."

Die mangelnde Bereitschaft zum Delegieren beruht anscheinend auf ganz ehrenwerten Motiven – nämlich der Sorge für das Wohl der Mitarbeiter. Nur wenige Führungskräfte machen sich jedoch die Arbeit herauszufinden, warum die Mitarbeiter in Arbeit ertrinken und ob die Mitarbeiter überhaupt an dieser Art von Fürsorge interessiert sind.

Ein Unternehmen, das ständig unter Druck steht, leidet oft an schlechter Planung und unzweckmäßigen Arbeitsroutinen. Dann ist es ohnehin an der Zeit, einmal gründlich aufzuräumen.

Außerdem haben Vorgesetzter und Mitarbeiter oft eine ganz unterschiedliche Wirklichkeitsauffassung. Während der Chef glaubt, daß er seinen Leuten einen Gefallen tut, wenn er alles allein macht, sind die Mitarbeiter frustriert, weil ihnen die Arbeit zuwenig Möglichkeit zur Selbstverwirklichung bietet.

Sie können mit Hilfe folgender Fragen eine Aufklärungsrunde vornehmen:
Steht die Ihnen auferlegte Arbeitsmenge im richtigen Verhältnis zu Ihrer Belastungsfähigkeit?
Entspricht der Inhalt der Arbeit Ihren fachlichen Qualifikationen?
Haben Sie genug / zuviel / zuwenig zu tun?
Haben Sie das Bedürfnis nach Entlastung?
Funktionieren die Stellvertreterroutinen zufriedenstellend?
Sehen Sie einen Bedarf an fachlicher Weiterbildung? Welchen?

### (2) Die Mitarbeiter können das doch gar nicht

Viele Führungskräfte wollen nicht delegieren, weil sie fürchten, daß ihre Mitarbeiter der Aufgabe nicht gewachsen sind. Mit dieser Einstellung bewegen sie sich in einem Teufelskreis: Der Vorgesetzte delegiert nicht, weil die Mitarbeiter zuwenig können. Um mehr zu können, müssen sie mehr lernen. Der Chef hat aber keine Zeit, ihnen etwas beizu-

bringen. Er kann ihnen nichts beibringen, weil er selbst völlig mit Arbeit überlastet ist. Er ist überlastet, weil er nicht delegiert.

Die meisten Menschen haben ein weit größeres Potential in sich, als sie in ihrer täglichen Arbeit zeigen. Ermuntern Sie deshalb Ihre Mitarbeiter, ihre Fähigkeiten weiterzuentwickeln und zum eigenen Wohl und dem des Unternehmens einzusetzen. Vertrauen und Selbstvertrauen sind in diesem Zusammenhang wichtige Stichpunkte.

Delegation ist auch eine gute Form des „on-the-job-trainings", d.h. der praxisnahen Ausbildung. Die ständige Anpassung des Wissens an neue Herausforderungen ist nicht nur eine Voraussetzung für die zufriedenstellende Erledigung der Aufgaben, sondern auch ein wichtiger Motivationsfaktor. Die meisten Menschen wollen gerne etwas Neues lernen. Bessere Ausbildung gibt mehr Selbstsicherheit und erhöht das persönliche Engagement. Der Produktivitätsgewinn, der auf diese Weise erreicht wird, übersteigt die Kosten für die Personalentwicklung.

Folgende Fragen können Ihnen helfen, den Ausbildungsbedarf festzulegen:
Auf welchen Gebieten erstreben Sie eine Erweiterung Ihres Fachwissens an? Fühlen Sie, daß Ihr Vorgesetzter zu große / zu geringe Anforderungen an Sie stellt?
Welchen Bedarf an praxisnaher Ausbildung empfinden Sie selbst?
Sollten einige Ihrer Aufgaben eher auf eine höhere / niedrigere Ebene übertragen werden? Welche?

### (3) Die Mitarbeiter wollen ja gar nicht

Die Tatsache, daß ein Mitarbeiter kein Interesse daran hat, zusätzliche oder andere Aufgaben auf sich zu nehmen, läßt darauf schließen, daß er Angst vor der Verantwortung hat. Selbständig zu handeln und eigene Initiativen zu ergreifen beinhaltet immer das Risiko, etwas falsch zu machen. Stärken Sie deshalb das Selbstvertrauen Ihres Mitarbeiters. Geben Sie ihm die Chance, aus seinen Fehlern zu lernen. Eine kleine Dummheit darf nicht gleich das Ende seiner Karriere bedeuten.

Wenn Ihre Mitarbeiter Null-Bock haben, versuchen Sie herauszufinden, warum:
Könnte Ihr eigener Führungsstil ein Initiativen-Killer sein?
Sind Sie so gefürchtet, daß keiner es wagt, den Mund aufzumachen?
Haben auch wirklich alle die Zielsetzung verstanden? Zögern Sie nicht, Ihr Anliegen noch einmal zu erklären.
Gibt es Konflikte zwischen den Kollegen aufgrund von unklarer Abgrenzung der Kompetenzen?
Haben Ihre Mitarbeiter zuwenig Selbstvertrauen: Soll ich das wirklich wagen?
Was werden bloß die anderen dazu sagen?
Haben Ihre Mitarbeiter vielleicht Angst davor, daß ihnen die fachlichen Voraussetzungen fehlen, um neue Aufgaben zu bewältigen?

### (4) Ich habe niemanden, dem ich etwas delegieren könnte

Delegation bedeutet, die Verantwortung so zu verteilen, daß jeder weiß, wer was macht, und daß die Entscheidungen so weit wie möglich nach unten verlagert werden. In diesem Sinne ist Delegation immer von Vorteil und ganz unabhängig davon, wie viele Menschen in einem Unternehmen beschäftigt sind.

Der Hinweis auf zuwenig Stellen ist kein Argument gegen die Delegation. Ein kritischer Durchgang der ganzen Organisation wird Ihnen helfen, die Arbeitsaufgaben und Routinen den faktischen Möglichkeiten des Unternehmens anzupassen.

Die administrative Wertanalyse (siehe Übung 21 am Ende dieses Buches) kann Ihnen helfen, die Effektivität im Unternehmen zu erhöhen. Stellen Sie folgende Fragen:
Welche Arbeitsaufgaben und Routinen können wegfallen?
Welche Aufgaben können im Umfang reduziert werden?
Was kann man anders machen als bisher?
Wie können wir die Produktivität erhöhen?

### (5) Ich habe zuwenig Vollmachten

Wenn die Beschwerden über zuwenig Vollmachten sich häufen, ist das ein Zeichen dafür, daß Aufgaben und Verantwortung nicht miteinander im Einklang stehen. Oft fehlen auch klare Zielvorstellungen für die einzelnen Stellen. Typische Klagen sind in diesem Zusammenhang:
„Unser Organisationsplan stimmt nicht mit der Wirklichkeit überein."
„Mir ist unklar, wer für was die Verantwortung trägt und wem ich etwas delegieren kann."

Um eine bessere Übersicht über die einzelnen Verantwortungsbereiche und die damit verbundenen Vollmachten zu bekommen, stellen Sie folgende Fragen:
Stehen Ihre Arbeitsaufgaben und Ihre Vollmachten miteinander im Einklang? Streben Sie eine Ausweitung Ihrer Vollmachten bei Verhandlungen mit Kunden an? Welche?
Besteht Klarheit darüber, wer was unterschreiben kann?
Welche Angelegenheiten möchten Sie selbst unterschreiben können?
Welche Konsequenzen würde dies nach sich ziehen?

### (6) Ich habe keine Zeit zum Erklären

Viele Führungskräfte behaupten, daß sie keine Zeit zum Erklären haben:
„Es geht schneller, wenn ich es selbst mache."
„Wenn ich erst lang und breit erklären muß, was getan werden soll, dauert das oft länger, als wenn ich es schnell selbst mache."

Wenn die Sache immer eilt, hapert es wahrscheinlich an Ihrer persönlichen Effektivität und Planung. Wie lange haben Sie eine schwierige Aufgabe unerledigt liegen lassen? Wie oft haben Sie sich in die Routinearbeit gestürzt, um sich vor dem Unangenehmen zu drücken? Sie können eine Überraschung erleben, wenn Sie sich einmal die Mühe machen aufzuschreiben, mit was Sie wirklich Ihre Zeit verbringen.

Notieren Sie im Laufe einer Woche oder eines Monats:
Welche Aufgaben erledige ich?
Wieviel Zeit brauche ich für die verschiedenen Aufgaben?

Zum Beispiel:
- Routinearbeit
- Ziel und Strategie entwickeln
- Krisenmanagement
- Information
- Rapporte schreiben, Statistik
- Ausbildung
- Repräsentation
- Kontakte zu den Mitarbeitern
- Besprechungen
- Konferenzen und Reisen

Viele Führungskräfte leben in dem festen Glauben, daß sie die meiste Zeit mit strategischem Denken oder der Rettung aus akuten Krisen verbringen. Dank einer solchen Zeitstudie gewinnen sie aber die Erkenntnis, daß sie in Wirklichkeit fast nur Routineaufgaben erledigen, die sie mit Vorteil delegieren könnten.

### (7) Ich mache es am besten selbst

Delegation setzt Vertrauen voraus. Einige Manager fühlen sich jedoch nur sicher, wenn sie alles selbst machen. Es gibt viele Gründe dafür, daß sie die Kontrolle nicht aus den Händen geben wollen: reines Machtstreben, Angst vor Konkurrenz oder die Befürchtung, überheblich zu wirken.

Typische Aussagen sind in diesem Zusammenhang:
„Die Tatsache, daß nur ich diese Arbeit beherrsche, gibt mir Macht."
„Wenn ich meine Aufgaben anderen delegieren würde, würde ich ja selbst arbeitslos werden."
„Ich sträube mich innerlich dagegen, die weniger interessante Arbeit anderen zu übertragen."
„Wir sind hier alle gleichberechtigt. Ich kann doch nicht die langweiligen Sachen meinen Mitarbeitern geben und mir selbst nur die Rosinen rauspicken."
„Ich will nicht, daß meine Mitarbeiter mich als überheblich auffassen."
„Wann immer ich Zeit habe, mache ich es lieber selbst."

Eine Führungskraft, die immer alles selbst macht, begibt sich in die Gefahr, ihre Gesundheit zu ruinieren, während die Mitarbeiter Däumchen drehen. Eine Krankenschwester erzählt: „Auf unserer Station werden oft Manager mit Herzinfarkt eingeliefert. Einige kommen ins Krankenhaus mit Aktenkoffer, Mobiltelefon und tragbarem PC. Nach ihrer Entlassung dauert es oft nicht lange, bis sie mit Infarkt Nr. 2 wiederkommen."

Manche Arbeitswütige bezahlen mit ihrem Leben für ihr mangelndes Vertrauen zu ihren Mitarbeitern.

## 2.3 Der Chef trägt die Verantwortung

Der Chef trägt immer die Verantwortung, auch wenn andere die Arbeit machen. Die Einführung von Delegation sollte deshalb nach einem gründlich durchdachten Plan vor sich gehen. Der Vorgesetzte tut auch gut daran, sich regelmäßig danach zu erkundigen, wie es mit der Arbeit steht.

Delegation setzt Selbstvertrauen und Vertrauen zu anderen voraus. Der Vorgesetzte trägt damit das Risiko, daß sein Vertrauen mißbraucht werden kann oder daß die Aufgabe nicht zufriedenstellend gelöst wird. Selbst in diesem Fall ist derjenige, der delegiert, der nächsthöheren Instanz gegenüber verantwortlich. Es macht keinen guten Eindruck, auf die Mitarbeiter zu schimpfen, wenn etwas schiefgelaufen ist.

Der Vorgesetzte trägt die Verantwortung für folgende Aufgaben:
- Ziel und Strategie festlegen und Mitarbeiter motivieren
- Problem definieren. Sich mit den Mitarbeitern darauf einigen, in welchem Ausmaß sie die Mittel zur Zielerreichung selbst wählen können. Rahmenbedingungen abstecken. Abwägen: je mehr Spielraum, desto mehr Kreativität. Jedoch nicht die Kontrolle verlieren. Information nach oben sichern.
- Genau definieren, welches Ergebnis erzielt werden soll. Eventuelle

Einwände sollten im voraus auf den Tisch kommen. Einigkeit ums Ziel.
- Zeitpunkt absprechen, wann die Arbeit fertig sein soll oder eventuelle Teilziele erreicht werden sollen. Das bedeutet auch, klare Prioritäten zu setzen.
- Dafür sorgen, daß demjenigen, der die Aufgabe ausführen soll, genügend Vollmachten und Ressourcen zur Verfügung stehen.
- Informieren, Rat und Rückmeldung geben, Interesse zeigen.

## 2.4 Delegierbare Aufgaben

Um herauszufinden, was Sie delegieren können, fertigen Sie eine Liste an, auf der Sie alle Arbeitsaufgaben niederschreiben, die Sie im Laufe eines Monats oder eines Jahres erledigen. Schreiben Sie auch auf, wieviel Zeit Sie zur Erledigung der Aufgaben benötigen. Schreiben Sie dann auf eine zweite Liste, welche wichtigen Aufgaben liegenbleiben, weil Sie keine Zeit haben.

Falls es ein großer Unterschied ist zwischen dem, was Sie tun sollten, und dem, was Sie tatsächlich tun, dann setzen Sie wahrscheinlich falsche Prioritäten. Nun ist es höchste Zeit, sich um das Wesentliche zu kümmern und die anderen Aufgaben auf andere zu übertragen.

Folgende Aufgaben eignen sich in der Regel gut zum Delegieren:
- Routineaufgaben
- Besprechungen und Konferenzen
- Die Lieblingsaufgaben des Chefs
- Spezielle Aufgaben
- Information und Kundenkontakt
- Besonders zeitraubende Aufgaben

### (1) Routineaufgaben

Routinearbeit besteht aus Aufgaben, die täglich erledigt werden müssen, die aber so standardisiert sind, daß sie zur Erledigung nicht viel Neudenken erfordern, weil sie sich stets in gleicher Form wiederholen.

### (2) Besprechungen und Konferenzen

Jeder Vorgesetzte kennt dieses Dilemma: Die Verpflichtung, das Unternehmen nach außen zu repräsentieren, führt viele Konferenzen und Reisen mit sich. Um die Mitarbeiter zu motivieren, sollte er aber soviel wie möglich im Büro sein. Das Engagement der Mitarbeiter hängt davon ab, daß der Chef für sie erreichbar ist. Viele Führungskräfte sitzen aber die meiste Zeit in Besprechungen. Gleichzeitig türmen sich die unerledigten Akten auf dem Schreibtisch.

Jeder Vorgesetzte sollte deshalb mit sich selbst ehrlich ins Gericht gehen und herausfinden, unter welchen Umständen seine Anwesenheit auf einer Konferenz wirklich unabdingbar ist und in welchen Fällen ein Mitarbeiter ihn vertreten könnte. Wie oft reist er nur, um allem Ärger im Büro zu entfliehen?

Delegation der Teilnahme an Besprechungen und Konferenzen hat u. a. folgende Vorteile für das Unternehmen:
Der Mitarbeiter, der reisen darf, bekommt neue Anregungen. Wenn er zurückkommt, sprudelt er vor neuen Ideen und entfaltet eigene Initiativen.

Den Chef auf Besprechungen und Konferenzen repräsentieren zu dürfen ist ein Vertrauensbeweis und kann eine Belohnung für früher erbrachte Leistungen sein.

Reisen ins Ausland sind ein Gratial, das den Mitarbeiter an das Unternehmen bindet. Die Teilnahme an Konferenzen erhöht die fachliche und soziale Kompetenz. Neue Leute kennenzulernen, Kontakte zu knüpfen und ein soziales Netzwerk aufzubauen kann von großem Nutzen sein.

Das Unternehmen sichert sich eine bessere Kontinuität. Es ist immer jemand da, der einspringen kann, falls der Chef einmal krank ist, einen Unfall hat oder in Ferien ist.

### (3) Die Lieblingsaufgaben des Chefs

Die Lieblingsaufgaben des Chefs sind die Aufgaben, die er selbst am besten beherrscht. Seine Kenntnisse auf diesem einen Gebiet waren vielleicht gerade der Grund zu seiner Beförderung.

Geben Sie sich einen Ruck, und delegieren Sie Ihre Lieblingsaufgaben an andere, auch wenn diese zur Erledigung mehr Zeit brauchen als Sie. Eine Führungskraft soll führen und nicht Supersachbearbeiter spielen.

Wenn der Chef seine Zeit für die falschen Dinge aufwendet, verursacht er Kosten für das Unternehmen. Es ist eine unzweckmäßige Ausnutzung von Ressourcen, wenn der Chef seine hochbezahlte Stelle dazu benutzt, um Dinge zu erledigen, die von Mitarbeitern in den niederen Rängen ebenso gut oder noch besser erledigt werden können.

Die Mitarbeiter lernen durch Erfahrung. Geben Sie ihnen eine Chance, sich beruflich weiterzuentwickeln.

Bei Abwesenheit des Chefs können die Mitarbeiter für ihn einspringen.

### (4) Spezielle Aufgaben

Spezielle zeitraubende Aufgaben, die mit Vorteil delegiert werden können, sind zum Beispiel Berichte schreiben, statistische Übersichten anfertigen, Hintergrundstoff zu einer Sache sammeln, Jahresmeldung redigieren.

### (5) Information und Kundenkontakt

Information und Kundenkontakt in Verbindung mit laufenden Aufgaben kann delegiert werden. Die Mitarbeiter, die in ihrer täglichen Arbeit unmittelbaren Kontakt mit den Kunden haben, können auch die Aufgabe auf sich nehmen, diese über neue Produkte oder Dienstleistungen zu informieren. Im Gespräch mit dem Kunden bekommen sie oft Klagen zu hören oder werden auf ungedeckte Bedürfnisse aufmerksam. Wenn sie diese Signale des Marktes an ihre Vorgesetzten weiterlei-

ten, stärken sie die Fähigkeit des Unternehmens, sich rechtzeitig an Änderungen in der Umgebung anzupassen.

Wenn Mitarbeiter, die gewöhnlich einsam hinter ihrem Schreibtisch sitzen, die Möglichkeit erhalten, direkten Kundenkontakt zu bekommen, wirkt dies in der Regel sehr motivierend.

Im Umgang mit den Medien ist es wichtig, daß das Unternehmen mit einer Zunge spricht. In wirklich wichtigen Angelegenheiten sollte der Topmanager das Gesicht des Unternehmens nach außen sein. Darüber hinaus gibt es jedoch viele innerbetriebliche Entwicklungen, die für die Öffentlichkeit interessant sein und dem Unternehmen ein besseres Image geben könnten, bei denen auch ein Sachbearbeiter über seine eigene Arbeit informieren könnte. In diesem Zusammenhang ist jedoch eine klare Grenzziehung und Verteilung der Vollmachten notwendig. Die Unternehmensleitung muß natürlich immer zuerst informiert werden.

### (6) Besonders zeitraubende Aufgaben

Was für den Vorgesetzten eine langweilige Routinearbeit ist, kann für den Mitarbeiter, der dies zum ersten Mal macht, eine Herausforderung sein. Der Chef gewinnt Zeit, und der Mitarbeiter lernt etwas Neues.

## 2.5 Nicht delegierbare Aufgaben

Folgende Aufgaben sind nicht delegierbar:
- Verantwortung für Ziel und Strategie
- Repräsentation bei besonderen Anlässen
- Besondere Personalangelegenheiten
- Krisenmanagement
- Betriebsgeheimnisse.

### (1) Verantwortung für Ziel und Strategie

Der Topmanager trägt die Verantwortung für Ziel und Strategie des Unternehmens. Er kann dabei die Hilfe und den Rat anderer in Anspruch nehmen, aber niemals die Verantwortung auf andere abwälzen. Auch wenn er nur einem schlechten Rat folgt, muß er selbst seinen Kopf hinhalten, wenn die Katastrophe ein Faktum ist.

Zu führen heißt, die Richtung anzugeben und die Mitarbeiter von der Richtigkeit des Weges zu überzeugen, damit diese loyal folgen. Wenn das übergeordnete Ziel und die Rahmenbedingungen für alle klar sind, können die Mitarbeiter selbst die Mittel wählen, um es zu erreichen.

### (2) Repräsentation bei besonderen Anlässen

Bei besonders feierlichen oder wichtigen Anlässen kommt der Topmanager nicht darum herum, selbst das Unternehmen zu repräsentieren. Denn bei solchen Begebenheiten steht die Position und der Titel des Vortragenden im Vordergrund, d. h., es ist oft wichtiger, **wer** etwas sagt, als **was** da gesagt wird. Beispiele hierfür sind offizielle Eröffnungen von neuen Einrichtungen, Würdigung verdienter Mitarbeiter, besonders wichtige Empfänge.

### (3) Besondere Personalangelegenheiten

Die Einstellung von Mitarbeitern in wichtigen Positionen hat so weitreichende Konsequenzen für das Unternehmen, daß der Vorgesetzte gut daran tut, sich persönlich zu engagieren. Eine Fehlentscheidung kann dem Unternehmen teuer zu stehen kommen.

Ebenso ist bei Disziplinarverfahren die Autorität des Vorgesetzten unabdingbar.

### (4) Krisenmanagement

Wenn es brennt, muß der Vorgesetzte selbst die Löscharbeiten leiten. Das Beste ist, schon in friedlichen Zeiten eine Strategie zu entwickeln, was im Krisenfalle zu tun ist. Dazu gehört zum Beispiel eine klare Ver-

teilung der Aufgaben und Kompetenzen, Adressenlisten, Telefonnummern und alternative Informationskanäle, falls die Telefonzentrale zusammenbricht und der Computer streikt.

Schaffen Sie klare Richtlinien, wer Stellungnahmen im Namen des Unternehmens an Journalisten in Zeitungen, Radio und Fernsehen abgeben darf. In speziell wichtigen Fragen wird der oberste Chef oder sein Stellvertreter an die Öffentlichkeit treten.

### (5) Betriebsgeheimnisse

Wenn ein Unternehmen sich um eine offene Kommunikation bemüht, folgt daraus automatisch, daß innerbetriebliche Angelegenheiten sowenig wie möglich einer Geheimniskrämerei unterworfen werden sollten. Das gilt besonders für die Zielsetzung und Politik des Unternehmens. Der Stempel der Vertraulichkeit bedeutet ja, die Information auf einen kleinen Kreis von Eingeweihten zu begrenzen.

Anders verhält es sich mit Informationen an Außenstehende, zum Beispiel über technische Verfahren und Forschungsergebnisse. Von dieser Art Betriebsgeheimnis sollten sowenig Menschen wie möglich Kenntnis erhalten, denn die Industriespionage ist weit verbreitet.

# 3. Arbeitsmethoden für Projektarbeit und Organisationsentwicklung

Wenn Kommunikation und Mitwirkung mehr als ein Lippenbekenntnis sein sollen, ist es wichtig, daß Chef und Mitarbeiter an den gleichen Schulungsmaßnahmen teilnehmen. Solange die Führungskräfte einen exklusiven Managerkurs besuchen und die Mitarbeiter ein x-beliebiges Seminar, lernen sie nur mit dem Kopf und nicht mit dem Herzen, d. h., sie verstehen die Botschaft rein intellektuell, schaffen es aber nicht, ihr Verhalten im beruflichen Alltag zu ändern.

Dies gilt speziell für die Organisationsentwicklung. Wenn das Topmanagement alle Entscheidungen an der Spitze zentralisiert, ohne den Mitarbeitern eine Möglichkeit zu geben, an der Gestaltung ihres Arbeitsplatzes mitzuwirken, kann es auch nicht deren Potential für die Ziele des Unternehmens nutzen.

Die nachfolgenden Übungen haben zum Ziel, die Mitwirkung motivierend und effektiv zu gestalten:
- Die Erwartungen aufzeichnen
- Sich auf die Spielregeln einigen
- Brainstorming – Organisationsentwicklung
- Meinungsverschiedenheiten beilegen
- Festgefahrene Positionen aufweichen – Konflikte lösen
- Die Dinge aus der Sicht des anderen sehen
- Das Problem neu definieren
- Prioritäten setzen
- Einen strategischen Plan entwerfen
- Kosten einsparen.

## Übung 12
## Die Erwartungen aufzeichnen

**Sinn und Zweck:**
Die Erwartungen der Beteiligten in bezug auf eine wichtige Besprechung, ein neues Projekt oder ein Seminar aufzuzeichnen ist wichtig, damit der Leiter oder Vorgesetzte mögliche Probleme antizipieren kann.

Falls eine solche Aufklärungsrunde zum Beispiel an den Tag bringen würde, daß die Mitarbeiter ganz unrealistische Erwartungen haben, kann er dies im vorhinein richtigstellen und damit spätere Enttäuschungen vermeiden.

**Achtung Fallgrube!**
Das Aufzeichnen der Erwartungen sollte nicht in Form eines Verhörs geschehen, in dem der Leiter abfragt und die Teilnehmer sich genötigt fühlen, etwas Intelligentes zu sagen, um ihrem Chef zu imponieren.

Versetzen Sie sich in die Lage eines Teilnehmers zu Beginn eines Seminars. Er ist oft unsicher und angespannt. Schaffen Sie deshalb eine entspannte Atmosphäre.

Auch wenn Sie der Chef sind und im Unternehmen das große Sagen haben, widerstehen Sie der Versuchung, Ihre Mitarbeiter bei späterer Gelegenheit für ihre Äußerungen zu bestrafen. Sonst war es das erste und letzte Mal, daß sie Ihnen gegenüber ehrlich waren.

Falls Ihre Mitarbeiter Ihrer Meinung nach ganz schiefliegen, nutzen Sie die Gelegenheit, ihnen das Was und Warum zu erklären. Mit dieser Einstellung können Sie selbst aus kritischen Bemerkungen noch etwas Konstruktives machen.

Ich empfehle folgende 3 Methoden zum Aufzeichnen der Erwartungen:

**1. Mündlich**

Der Leiter bittet die Teilnehmer, ihre Erwartungen zum Ausdruck zu bringen, und gibt ihnen 1 – 5 Minuten Zeit zum Nachdenken und Stichworte-Machen. Dann erteilt er irgendeinem Teilnehmer (doch bitte nicht dem Chef/Ranghöchsten) das Wort. Wenn er fertig ist, geht das Wort im Uhrzeigersinn von dem einen zu dem anderen, bis sich alle geäußert haben.

**2. Flipchart**

Wie oben. Der Leiter schreibt alle Erwartungen auf einen Flipchart und hängt die Seiten an der Wand auf. Dann kommentiert er die Äußerungen. Falls genügend Zeit vorhanden ist, kann die Erwartungsrunde auch in eine Diskussion über Ziel und Zweck des Projektes oder der Maßnahme u. s. w. ausmünden.

**3. Pinnwand-Methode**

Die Pinnwand-Methode wurde von der Firma Metaplan entwikkelt. Sie hängen einfaches braunes Packpapier an die Wand und präparieren es mit Spray-Leim. Sie haben im voraus eine entsprechende Anzahl DIN-A4-Seiten in Längsrichtung zweigeteilt und geben nun jedem Teilnehmer einige Blätter und einen schwarzen Filzschreiber. (Das Arbeitsmaterial kann auch über die Firma Metaplan bezogen werden.) Jeder schreibt nun seine Erwartungen in Stichwörtern auf, geht nach vorn und klebt sie an die Wand. Der Leiter sortiert das Material in Zusammenarbeit mit den Mitarbeitern nach Themenbereichen und kommentiert es.

## Übung 13
## Sich auf Spielregeln einigen
## Umgekehrt-Methode

**Sinn und Zweck:**
Konflikte vermeiden, indem die Gruppe sich im voraus auf Spielregeln einigt. Die Zusammenarbeit wird um so besser funktionieren, wenn die Teilnehmer einander und die gemeinsam festgelegten Regeln respektieren.

Die hier beschriebene Umgekehrt-Methode erlaubt auch jedem einzelnen, gleich zu Beginn einer Besprechung, eines Seminars u. s. w. eventuelle Befürchtungen zu äußern. Wenn alles auf den Tisch kommt, können die Teilnehmer sich dann voll und ganz auf die Arbeit konzentrieren und brauchen sich nicht durch unterdrückte nagende Zweifel ablenken zu lassen.

**Achtung Fallgrube!**
Spielen Sie nicht den Oberlehrer, der seinen Zöglingen das ABC beibringt. Je mehr Sie mit dem Zeigefinger drohen, desto aufmüpfiger werden die Teilnehmer werden: „Nun erst recht!" Gebrauchen Sie lieber Humor.

Mit Hilfe der Umgekehrt-Methode antizipiert der Leiter, was alles schieflaufen kann. Er fragt die Teilnehmer zu Beginn einer Sitzung, eines Seminars oder eines neuen Projektes:
„Was können wir tun, damit diese Besprechung (dieses Seminar, Projekt u. s. w.) so unangenehm wie möglich wird?"
„Was kann jeder von Ihnen dazu beitragen, damit dieses Projekt in die Binsen geht?"
„Wie sollen wir die Arbeit organisieren, damit sichergestellt ist, daß Sie diesen Raum möglichst frustriert verlassen?"
„Was ist das Schlimmste, das passieren kann?"
u. s. w.

Jeder Teilnehmer kommt mit destruktiven Vorschlägen. Der Leiter schreibt alles auf den Flipchart auf und hängt die Seiten dann für alle gut sichtbar an die Wand.

Zum Beispiel:
Zu lange Monologe / Vorträge
Langweilige Themen
Arroganter Gruppenleiter
Scheindiskussion – in Wirklichkeit ist ja schon alles entschieden
Querulant
Einander das Wort abschneiden
Zu spät kommen
Zu wenige oder zu kurze Pausen
Mit faulen Tricks spielen
Manipulieren
Einander in den Rücken fallen

Falls nun wirklich im Verlauf der Sitzung oder des Seminars einer der Teilnehmer die Spielregeln verletzt, deutet der Leiter auf den entsprechenden Punkt auf dem Flipchart und sagt etwa folgendes:
„Hier blinkt ein rotes Warnlicht. Sehen Sie das?"
„Jetzt ist Gefahr im Verzuge. Stimmen Sie mir zu?"

Am Ende der Besprechung evaluiert der Leiter zusammen mit den Teilnehmern das Arbeitsklima anhand der Spielregeln, auf die sich alle anfangs geeinigt hatten.

## Übung 14
## Brainstorming – Organisationsentwicklung

**Sinn und Zweck:**
Brainstorming ist eine sehr nützliche Methode zur kreativen Lösung von Problemen.

**Achtung Fallgrube!**
Viele sind der Auffassung, daß es keine Regeln beim Brainstorming gibt. Ich persönlich halte das für falsch. Brainstorming ist ein „strukturiertes Chaos". Nachstehend folgen einige Spielregeln.

Damit Sie nicht in der Fülle der vorgebrachten Vorschläge ertrinken, lohnt es sich, das Material nach Sachgruppen zu sortieren und Prioritäten zu setzen. Unter Punkt 3 finden Sie einen Vorschlag zu einem Analyseschema.

**Anwendungsbereiche**

- Organisationsentwicklung:
  Die hier beschriebene Methode ist sehr gut dazu geeignet, einen Überblick über den Ist-Zustand eines Unternehmens oder einer Institution des öffentlichen Dienstes zu schaffen. Die Führungskräfte listen zusammen mit den Mitarbeitern starke und schwache Stellen auf.

- Marketing:
  Wenn Sie neue Wege im Marketing gehen oder einen klangvollen Namen für ein neues Produkt finden wollen, ist das Brainstorming einen Versuch wert.

- Strategie:
  Lassen Sie auch bei der Suche nach einer neuen Strategie der Phantasie zunächst freien Lauf. Streichen können Sie später immer noch. Das Brainstorming wird besonders produktiv, wenn Sie zuvor eine Entspannungsübung machen und die anvi-

sierten Ziele visualisieren (siehe Übung 7). Lassen Sie sich von Visionen leiten, d. h., denken Sie mehr an Möglichkeiten als an Begrenzungen.

- Personalentwicklung:
  Um den Bedarf an Aus- und Weiterbildung festzulegen, können Sie eine schriftliche Befragung vornehmen (siehe Anhang) oder zusammen mit den Mitarbeitern ein Brainstorming vornehmen.

Der hier beschriebene Brainstormingprozeß ist inspiriert von Ichak Adizes Methoden zur Organisationsentwicklung und besteht aus 6 Phasen:

**1. Individuelles Einsammeln von Ideen**

Der Leiter gibt eine kurze Einführung, teilt den Grund und das Ziel der Besprechung mit und gewährt je nach Thema und Bedarf eine Denkpause von 1–20 Minuten.

Jeder Teilnehmer notiert sich seine Stichwörter auf einen Zettel. In dieser Phase sollte absolute Ruhe herrschen, damit sich alle auf die Arbeit konzentrieren können. Falls das individuelle Einsammeln von Ideen länger als eine Viertelstunde dauert, empfiehlt es sich, anschließend eine Pause einzulegen. Die Teilnehmer sollten jedoch noch nicht darüber sprechen, welche Punkte sie auf ihrer Liste haben.

**2. Gemeinsames Einsammeln von Ideen**

Alternative 1:
Jeder, der will, kann das Wort ergreifen.

| | |
|---|---|
| Vorteil: | Größere Spontaneität |
| Nachteil: | Einige Teilnehmer dominieren, andere kommen nicht zu Wort. Gute Vorschläge gewinnen kein Gehör. |

Alternative 2:
Der Leiter erteilt irgendeinem Teilnehmer das Wort (doch bitte nicht mit dem Ranghöchsten in der Gruppe beginnen!). Wenn dieser fertig gesprochen hat, gibt er das Wort an seinen Nachbarn zur Rechten weiter, so daß jeder zum Zuge kommt.

Vorteil: Jeder kommt zu Wort.
Nachteil: Bei vielen Teilnehmern dauert es zu lange, bis der einzelne wieder an die Reihe kommt. Die Ungeduld wächst.

**Regeln für das Brainstorming:**
- 6–20 Personen.
- Eine entspannte Atmosphäre.
- Jeder Teilnehmer präsentiert nur einen einzigen Vorschlag auf einmal. Wenn er fertig ist, gibt er das Wort an den Nachbarn / die Nachbarin weiter, indem er den Namen nennt: „Bitte schön, Frau Meier."
- Keine Unterbrechungen.
- Der Leiter schreibt die Vorschläge in numerierter Reihenfolge auf den Flipchart und bittet einen Assistenten, die Blätter an die Wand zu hängen. Wenn Sie sehr viele Vorschläge erwarten, ist es von Vorteil, daß zwei Personen schreiben. Der eine notiert dann die Probleme 1, 3, 5, 7 u.s.w. und der andere 2, 4, 6, 8 u.s.w.
- Die Teilnehmer sollen sich so kurz wie möglich fassen.
  Bei einem Projekt zur Organisationsentwicklung kann man zum Beispiel folgende Formulierungen wählen:
  Wir brauchen
  Wir vermissen
  Zu schlecht
  Zuwenig (von etwas Gutem)
  Zuviel (von etwas Schlechtem)
- Die Teilnehmer sollen sich so konkret wie möglich ausdrücken.

Bei einer Analyse von innerbetrieblichen Problemen ist zum Beispiel die Formulierung „schlechte Führung" zu ungenau. Bitten Sie um eine Präzisierung: Wo? In welcher Abteilung? Worin besteht die schlechte Führung? Zuwenig Information über was? Zuwenig Mitwirkung an was? Der Chef ist zuwenig zugänglich wann und für wen?

- Sprechen Sie über die Sache, und gehen Sie nicht zum Angriff auf eine Person über!
- Beim Einsammeln von Ideen ist keine Diskussion erlaubt.
- In der Brainstormingphase ist es streng verboten, zu kritisieren, einen Vorschlag zu verwerfen oder lächerlich zu machen. („Das stimmt doch gar nicht!", „Ich glaube, der Kruse spinnt", „Hast du schon einmal so etwas Idiotisches gehört!" u. s. w.)
- Wenn ein Teilnehmer den Inhalt der Worte nicht versteht, darf er fragen: „Meinen Sie ..." (aktives Zuhören, siehe Übung 9), und der Vorschlagsteller antwortet nur mit „ja" oder „nein". Bitte keine langen Erklärungen!
- Keine Pausen zwischendurch.

  Das Brainstorming löst eine eigene Dynamik aus. Bei einer Analyse von Problemen beginnen die Teilnehmer in der Regel mit den ungefährlichen Dingen („Der Kopierer ist zu oft kaputt.") Nach einer halben bis einer ganzen Stunde wagt plötzlich der erste zu sagen, was wirklich Sache ist. Das ist dann der Durchbruch. Nun wagen auch die anderen, den Mund aufzumachen. Eine Pause würde diesen dynamischen Prozeß unterbrechen. Das dringende Bedürfnis nach einer Pause ist oft ein unbewußter Fluchtversuch, denn jetzt wird es brenzlig.
- Zeitaufwand 20 Minuten – 2 Stunden (Organisationsentwicklung).

**3. Sortieren und Strukturieren**

Sortieren und strukturieren Sie das Material in Gruppenarbeit anhand eines vorgefertigten Analyseschemas. Jetzt ist es an der Zeit zu diskutieren: Warum haben wir das Problem? Wie können wir es lösen?

Für die Organisationsentwicklung im öffentlichen Dienst können Sie zum Beispiel folgendes Analyseschema verwenden:

**Analyseschema**

1. Rahmenbedingungen
   1.1 Gesetzliche Regelungen und Vorschriften
   1.2 Budgetmäßige Rahmenbedingungen
   1.3 Politik und Gesellschaft

2. Organisationsstruktur
   2.1 Abgrenzung der Arbeitsaufgaben zwischen verschiedenen Abteilungen auf gleicher Ebene
   2.2 Verteilung von Verantwortung auf unterschiedliche Ebenen in der Organisation
   2.3 Flexibilität bei der Projektarbeit

3. Ziel und Strategie
   3.1 Ziele, Pläne, Visionen
   3.2 Kontrollroutinen
   3.3 Information

4. Mitarbeiter und Arbeitsklima
   4.1 Rekrutierung und Einführung von neuen Mitarbeitern
   4.2 Beförderung
   4.3 Weiterbildung
   4.4 Innere Einstellung zur Arbeit, zwischenmenschliche Beziehungen, Teamarbeit
   4.5 Betriebsklima

5. Erstellung von Dienstleistungen
   5.1 Räumlichkeiten und Büromaschinen
   5.2 Arbeitsroutinen
   5.3 Persönliche Planung

6. Verhältnis zum Publikum und zu den Kunden
   6.1 Serviceeinstellung

6.2 Qualität der Dienstleistung
6.3 Zugänglichkeit

Auf ähnliche Weise können Sie für jeden beliebigen Themenbereich ein passendes Analyseschema entwerfen. Es hilft Ihnen speziell bei einer großen Sachmenge, den Überblick zu bewahren.

Bei Projekten der Organisationsentwicklung kommen bei einem Brainstorming oft 200–300 Vorschläge auf den Tisch. In diesem Falle empfiehlt es sich, noch eine weitere Feinsortierung vorzunehmen, indem innerhalb jeder Kategorie (5.1 oder 3.2 u. s. w.) ähnliche Probleme zu einer Problemgruppe zusammengefaßt werden.

Zum Beispiel:
2.1.1 Unklare Abgrenzung von Aufgabenbereichen
5 Überlappende Arbeitsaufgaben
102 Zuviel Doppelarbeit
34 Grauzonen
267 Die eine Hand weiß nicht, was die andere tut
(Die Zahl vor dem Text gibt die Nummer des Problems an.)

Auf diese Weise können Sie zum Beispiel 200 verschiedene Vorschläge auf ca. 20 reduzieren. Nun haben Sie die volle Übersicht.

**4. Bewertung von Vorschlägen**
Diskutieren Sie Vor- und Nachteile der Vorschläge mit Ihren Mitarbeitern. Ich empfehle Ihnen in diesem Zusammenhang die PMI-Methode (siehe Übung 16).

Einige Vorschläge sind sicher zu teuer, zu zeitraubend oder aus anderen Gründen nicht durchführbar. Denken Sie daran: Der Papierkorb ist der beste Freund des Menschen!

**5. Prioritäten setzen**
Sie können nicht alles auf einmal machen. Die tägliche Arbeit darf

nicht liegenbleiben, weil alle jetzt vollauf mit Organisationsentwicklung beschäftigt sind. Sie müssen Prioritäten setzen.

Methoden hierzu finden Sie in Übung 19.

**6. Handlungsplan**

Entwerfen Sie einen realistischen Handlungsplan. Die drei wichtigsten Fragen sind in diesem Zusammenhang:

- Was? Seien Sie konkret.
  Hüten Sie sich vor Verallgemeinerungen: Ab morgen muß alles anders werden.
- Wer? Nennen Sie die Person(en) beim Namen, und schieben Sie die Lösung des Problems nicht auf die lange Bank durch unverbindliche Formulierungen wie „alle".
- Wann? Bestimmen Sie ein genaues Datum: „am 1. August" und nicht „sobald wie möglich".

## Übung 15
## Meinungsverschiedenheiten beilegen

**Sinn und Zweck:**
Einigen Sie sich im voraus darauf, was im Falle von Meinungsverschiedenheiten zu tun ist.

**Achtung Fallgrube!**
Sie haben soviel Angst vor Konflikten, daß Sie Meinungsverschiedenheiten erst gar nicht aufkommen lassen. Der Chef hat immer recht.

**1. Der Vorgesetzte entscheidet allein**
Der Vorgesetzte entscheidet nach eigenem Ermessen. Das ist das hierarchische Modell. Der Vorteil dabei ist, daß es sehr schnell geht, einen Beschluß zu fassen. Der Nachteil ist jedoch, daß die anderen sich wahrscheinlich übergangen fühlen und dann im stillen Kämmerlein auf Rache sinnen.

**2. Die Entscheidung aufschieben**
Wenn die Probleme sehr komplex sind und die Gruppe noch nicht den vollen Überblick hat, kann es vernünftig sein, lieber die Entscheidung bis zur nächsten Besprechung aufzuschieben, als einen überstürzten Beschluß zu fassen, der dann hinterher wieder revidiert werden muß.

**3. Einen Kompromiß schließen**
Einen Kompromiß schließen bedeutet, daß jeder ein bißchen von seiner Position abrückt und dem anderen auf halbem Wege entgegenkommt. Der Vorteil eines Kompromisses besteht darin, daß jeder einzelne das Gefühl hat, sowohl zu geben als auch zu nehmen. Der Nachteil besteht jedoch darin, daß zum Schluß vielleicht keiner so richtig zufrieden ist. Um des lieben Friedens willen wird unter Umständen eine schlechte Lösung gewählt. Die Konflikte werden nur aufgeschoben.

**4. Eine Abstimmung vornehmen**
Wenn es anders gar nicht möglich ist, zur Einigkeit zu gelangen, können die Teilnehmer auch Handaufzeigen oder eine geheime Abstimmung vornehmen. Der Vorteil dabei ist, daß es sich hierbei um eine demokratische Lösung handelt, die von allen respektiert wird. Der Nachteil ist jedoch, daß ein solches Vorgehen Sieger und Verlierer schafft. Niemand liebt es zu verlieren. Besonders bei knappen Abstimmungen ist die Gefahr groß, daß die unterlegene Partei negative Gefühle aufstaut, sich apathisch zurückzieht oder zum offenen Kampf bläst.

**5. Vorteile und Nachteile gegeneinander abwägen**
Bei Meinungsverschiedenheiten dauert es oft nicht lange, bis es eine Prestigefrage wird, wer recht und wer unrecht hat. Jeder hat Angst, das Gesicht zu verlieren, und kämpft deshalb verbissen für seinen Standpunkt, obwohl sich vielleicht schon insgeheim die ersten Zweifel regen. Nachgeben bedeutet Schwäche.

In einer solchen festgefahrenen Situation gewinnt oft derjenige, der die höchste Position im Unternehmen hat oder der rhetorisch am besten geschult ist. Das ist aber nicht immer derjenige, der die beste Lösung vorschlägt.

Anstatt sich verbissen zu bekämpfen, können die Teilnehmer in aller Ruhe die Vorteile und Nachteile des jeweiligen Lösungsvorschlags gegeneinander abwägen und erst dann zu einer Entscheidung kommen. Im Licht der neuen Erkenntnis ist es dann möglich, in allen Ehren von liebgewonnenen Vorstellungen Abschied zu nehmen (siehe auch Übung 16).

## Übung 16
## Festgefahrene Positionen aufweichen – Konflikte lösen – PMI-Methode

**Sinn und Zweck:**
Mit Hilfe der PMI-Methode können Sie festgefahrene Positionen aufweichen und Konflikte lösen.

**Achtung Fallgrube!**
Mangelnder Wille, das Problem zu lösen. Wenn Sie oder die Teilnehmer so negativ eingestellt sind, daß Sie sich nicht einmal die Mühe machen wollen, eine Sache von verschiedenen Seiten zu sehen, dann nützt auch diese Methode nichts. Geben Sie sich also einen Ruck, und überwinden Sie Ihren inneren Schweinehund.

Die hier beschriebene PMI-Methode (P = plus, M = minus, I = interessant) wurde von Edward de Bono entwickelt und ist u. a. in seinem Buch *Conflicts* beschrieben.

In einer Konfliktsituation spielt sich oft folgendes ab:
- Wer einen Kampf gewinnt, ist oft eine Frage der Macht (Titel, Stellung, Argumente) und nicht der Qualität (was dient der Sache am besten).
- Je aggressiver der Angreifer wird, desto verbissener verteidigt der Verlierer seinen Standpunkt.
- Beide werden mehr und mehr rigide (streng, steif, starr).
- Keiner von beiden versucht, eine neue Idee zu entwickeln. Es geht nur noch ums Gewinnen oder Verlieren.
- Auf diese Weise verschwenden beide viel Zeit und Energie mit unproduktivem Streiten.
- Die Kreativität der Beteiligten richtet sich nicht darauf, Verbesserungen anzustreben, sondern nur darauf, dem Gegner einen vernichtenden Schlag zu versetzen.
- Zum Schluß siegt die Idee des Stärksten, aber das ist nicht unbedingt die beste Idee.

Um aus dieser Falle herauszukommen, schlägt de Bono vor, mit Hilfe der PMI-Methode Ideen erst zu erforschen, d. h., die Sache von mehreren Seiten zu sehen, anstatt sie gleich zu verwerfen. Diese Vorgehensweise hat folgende Vorteile:

- Keiner geht zum Angriff auf die alte Idee. Falls die Beteiligten nun wirklich nichts Besseres finden, kann sie – ohne daß jemand dabei sein Gesicht verliert – wieder zu Ruhm und Ehren kommen.
- Vom ersten Augenblick an denken die Beteiligten kreativ.
- Kostbare Zeit wird nicht mit unnützem Streiten verschwendet, sondern zu positivem Denken verwendet.
- Da es nicht das Ziel ist, etwas in Verruf zu bringen, ist es möglich, eine gute Idee noch weiter zu verbessern.
- Es herrscht ein Klima der guten Zusammenarbeit.
- Keiner hat ein Eigentumsrecht auf eine gute Idee („deine" Idee ist schlecht, „meine" ist viel besser).

Bei der PMI-Methode machen Sie zuerst ein Brainstorming in bezug auf alle positiven Seiten einer Sache. Schreiben Sie alles auf einen Flipchart, und hängen Sie die Blätter an die Wand. Dann listen Sie alles Negative auf und hängen es an die Wand. In der dritten Runde schreiben Sie auf, was interessant ist, ohne eigentlich negativ oder positiv zu sein.

Ich habe sehr gute Erfahrungen mit der PMI-Methode zum Beispiel bei folgenden Problemstellungen:

- Vorteile und Nachteile bei einem bestimmten Lösungsvorschlag.
- Nach welchen Kriterien sollen wir unsere Mitarbeiter befördern?
- Wie sollen wir bewerten, was geschehen ist? Was können wir daraus lernen?
- Nach welchen Kriterien sollen wir bestimmen, wer in welcher Projektgruppe mitarbeiten soll?
- Nach welchen Kriterien sollen wir die Aufgaben der einzelnen Abteilungen voneinander abgrenzen?

## Übung 17
## Die Dinge aus der Sicht des anderen sehen

**Sinn und Zweck:**
Viele Konflikte beruhen auf Mißverständnissen aufgrund von unklarer Kommunikation. Wenn die Streitenden sich dazu zwingen, den Standpunkt des anderen korrekt darzustellen, hilft ihnen das, die Dinge aus der Sicht des anderen zu sehen und Verständnis für seine Einstellung aufzubringen.

**Achtung Fallgrube!**
Diese Übung erfordert sehr viel Selbstdisziplin. Bei tiefen Interessengegensätzen mangelt jedoch oft der Wille zur Verständigung. Der Ausgang des Konflikts ist dann eine reine Machtfrage.

Dies ist ein Rollenspiel, das sich in zwei Varianten durchführen läßt.

**1. Zweiergespräch**
Zwei Personen sprechen miteinander über ein Problem, über dessen Lösung sie unterschiedliche Meinungen haben. Person A muß den Standpunkt von Person B zu deren Zufriedenheit darstellen und umgekehrt.

**2. Gruppengespräch**
Eine Projektgruppe, die sich nicht über eine Angelegenheit einigen kann, teilt die Beteiligten in zwei Gruppen ein. Gruppe A ist per Definition pro und nennt nur die positiven Seiten eines Lösungsvorschlags. Gruppe B ist kontra und zeigt nur die negativen Seiten auf.

## Übung 18
## Das Problem neu definieren

**Sinn und Zweck:**
Wenn Sie herausfinden, was das Problem ist und was es nicht ist, haben Sie schon den ersten Schritt zu seiner Lösung getan. Deshalb ist es wichtig, das Problem genau zu definieren.

**Achtung Fallgrube!**
Nehmen Sie sich Zeit zu einer gründlichen Analyse, und versuchen Sie nicht die erste beste Lösung, bevor Sie sicher sind, daß Sie den Kern des Problems wirklich verstanden haben.

Geben Sie Ihren Mitarbeitern eine Problembeschreibung, und machen Sie dann ein Brainstorming zu möglichen Varianten des Problems.

Die Definition des Problems in Verbindung mit Überstunden kann zum Beispiel sein:
„Wie sollen wir die Überstunden abrechnen?“
„Warum arbeiten einige Mitarbeiter Überstunden und andere nicht?“
„Wie können wir effektiver arbeiten, um Überstunden zu vermeiden?“
„Wie können wir unsere Projektplanung verbessern?“
„Sind Überstunden denn ausschließlich negativ zu bewerten?“
„Können wir die normale Arbeitszeit besser ausnutzen?“
„Wer soll Überstunden machen?“
„Wie können wir die Überstunden besser voraussehen und planen?“
„Warum folgen wir nicht festen Regeln für Überstunden?“
„Was motiviert den einzelnen, Überstunden zu arbeiten?“
„Sollen wir lieber neue Leute einstellen, als Überstunden arbeiten?“
„Sind Überstunden ein zeitweiliges oder ein ständiges Problem?“

## Übung 19
## Prioritäten setzen

**Sinn und Zweck:**
Zielbewußtes Arbeiten setzt voraus, daß Sie Prioritäten setzen. Wenn Sie alles auf einmal wollen, machen Sie nichts richtig. Sie stehen in der Gefahr, sich zu verzetteln.

**Achtung Fallgrube!**
Bereiten Sie sich darauf vor, daß bei der Diskussion über die Prioritäten bisher verborgene Meinungsverschiedenheiten und Interessengegensätze an die Oberfläche kommen können. Schließlich geht es hierbei um die Macht und das Geld.

Versuchen Sie deshalb zu antizipieren, und werden Sie sich im vorhinein über das Vorgehen bei Meinungsverschiedenheiten einig.

Vermeiden Sie auch, daß die Diskussion sich allmählich endlos im Kreise dreht und keine neuen Gesichtspunkte mehr hinzukommen.

Die nachfolgend beschriebenen Methoden sollen Ihnen helfen, effektiv und kreativ zu arbeiten.

**1. „Elefant-Gallup"**
Dies ist eine Variante der Metaplan-Methode. Der Leiter schreibt die verschiedenen Lösungsvorschläge an eine Stellwand (Flipchart, Tafel u.s.w.). Die Teilnehmer bekommen einige Minuten Zeit zum Überlegen.

Der Leiter teilt „Elefanten" aus, d.h. kleine Abziehbilder, die Sie in jedem Schreibwarengeschäft kaufen können. (Sie können natürlich auch andere Motive oder farbige Punkte wählen. Lustige Bilder heben die Stimmung.)

Auf Kommando gehen alle Teilnehmer gleichzeitig nach vorne und kleben ihren „Elefanten" an die gewünschte Stelle.

Der springende Punkt hierbei ist, daß keiner genau beobachten kann, wie der andere stimmt. Auf diese Weise umgehen Sie, daß alle einem Leithammel folgen. Der einzelne fühlt sich auch freier, wirklich seiner Meinung Ausdruck zu geben, ohne eine spätere Bestrafung von seiten des Chefs zu befürchten.

Das visuelle Ergebnis macht in der Regel einen starken Eindruck.

**2. Gegeneinander abwägen**

Gruppieren Sie die verschiedenen Lösungsvorschläge paarweise, und wägen Sie sie gegeneinander ab.

Zum Beispiel:
A und B: Welcher Vorschlag ist wichtiger? Welcher soll wegfallen?
C und D: "
E und F: "

In der zweiten Runde wählen Sie vielleicht zwischen
A und D
u. s. w.

## Übung 20
## Einen strategischen Plan entwerfen

**Sinn und Zweck:**
Einigen Sie sich auf eine gemeinsame Zielsetzung, und entwerfen Sie eine Strategie und einen Handlungsplan, um das Ziel zu erreichen.

**Achtung Fallgrube!**
Wenn Sie mit einer negativen Einstellung an die Sache gehen, wird Ihre schlechte Laune auch die anderen anstecken. In einem solchen Klima kann keine Kreativität gedeihen. Hören Sie erst zu, bevor Sie Vorschläge verwerfen: „Das geht nie und nimmer!"

Beginnen Sie mit Entspannungsübungen und einer Visualisierung von Zielen. Machen Sie dann ein Brainstorming in bezug auf folgende Fragestellungen:

1. **Zielgruppen**
   - Wer sind unsere Kunden?
   - Prioritäten setzen: Wer sind unsere wichtigsten Kunden?
2. **Bedürfnisse**
   - Welche Bedürfnisse haben unsere wichtigsten Kunden?
   - Prioritäten setzen: Was sind die wichtigsten Bedürfnisse unserer Kunden, die wir decken können und wollen?
3. **Produkte und Dienstleistungen**
   - Welche Produkte und Dienstleistungen produziert unser Unternehmen?
   - In welchem Grad decken wir die Bedürfnisse unserer wichtigsten Kunden?
   - Was fehlt? Was ist überflüssig?
   - Welche starken und schwachen Seiten hat unser Unternehmen in bezug auf die Bedürfnisse unserer wichtigsten Kunden?

- Welche Kompetenz haben wir?
- Welche Kompetenz brauchen wir?
- Welche Kompetenz sollen wir erwerben?
- Welche Kompetenz wollen wir nicht erwerben?

**4. Strategie und Handlungsplan**

- Definieren Sie die Bereiche, in denen Sie sich künftig verstärkt engagieren wollen.
- Entwerfen Sie einen Handlungsplan:
  Wer?
  Was?
  Wie?
  Wann?

## Übung 21
## Kosten einsparen
## Administrative Wertanalyse

**Sinn und Zweck:**
Ihr Unternehmen muß abspecken. Anstatt daß die Unternehmensleitung alles allein bestimmt und damit den sicheren Zorn der Mitarbeiter auf sich zieht, können Sie Ihre Mitarbeiter in die Arbeit einbeziehen. Außerdem kennt jeder einzelne seinen eigenen Aufgabenbereich am besten. Die Qualität der Vorschläge wird bei aktiver Mitwirkung der Betroffenen besser.

Sie können mit dieser Methode Einsparungen bis zu 20% erzielen. Das gilt insbesondere für Unternehmen, die im Laufe der Zeit ihren bürokratischen Apparat allzusehr aufgebläht haben.

**Achtung Fallgrube!**
Zuwenig Information über die Notwendigkeit der Einsparungen.

Die administrative Wertanalyse eignet sich nicht für Unternehmen, die schon bis zum letzten durchrationalisiert haben oder an Mangel an qualifizierter Arbeitskraft leiden.

**1. Übersicht schaffen:**
Jeder einzelne Mitarbeiter listet seine Arbeitsaufgaben auf. Was sind meine Endprodukte im Laufe eines Monats? Wer sind meine Kunden? Wieviel Zeit brauche ich für die einzelnen Arbeitsaufgaben?

**2. Einsparungen:**
Sie stellen sich vor, daß Sie ab morgen über 20–40% weniger Ressourcen (Zeit, Geld, Arbeitskraft) verfügen werden:
- Was würden Sie anders machen?
- Wo könnten Sie einsparen?

- Was könnte ganz wegfallen?
- Wie könnten Sie effektiver arbeiten?
- Was könnten Sie einschränken?

**3. Evaluierung:**
Sie bewerten die Qualität der Vorschläge, indem Sie sie in drei Kategorien einteilen:

| | |
|---|---|
| A-Vorschlag: | Eine tolle Idee. Warum sind wir nicht schon früher darauf gekommen? Kein Zweifel, das machen wir! |
| B-Vorschlag: | Das müssen wir erst noch genauer untersuchen. Steht das Ergebnis im richtigen Verhältnis zum Aufwand? Würde die Qualität unserer Produkte oder Dienstleistungen zu sehr leiden? Werden die Kunden negativ reagieren? |
| C-Vorschlag: | Auf keinen Fall! Sofort in den Papierkorb! |

**4. Analyse:**
Gründliche Analyse der B-Vorschläge. Sie werden entweder angenommen (A) oder abgelehnt (C).

**5. Handlungsplan:**
Sie entwerfen einen Handlungsplan:
Was?
Wer?
Wie?
Wann?

# Literatur

In meinem Bücherschrank stehen mehrere Meter Management-Literatur. Folgende Bücher haben mich bei meiner Arbeit am meisten beeinflußt:

**Über Umstellung und neue Herausforderungen**
Naisbitt, John: *Megatrends*. Futura Maconald & Co. London & Sydney 1982.

Nussbaum, Bruce: *Das Ende unserer Zukunft*. Kindler. München 1984.

Perlitz, Manfred: *Innovationspotentiale und Marktveränderungen aufgrund der demographischen Entwicklung in der Bundesrepublik Deutschland.*

**Über Kommunikation**
Ailes, Roger: *You are the Message*. DJI. 1988.

Bono, Edward de: *Conflicts*. Mica Management Resources Ind. 1985.

Carnegie, Dale: *Sorge dich nicht – lebe!* Scherz Verlag. München 1984.

Carnegie, Dale: *Wie man Freunde gewinnt.* Scherz Verlag. München 1984.

Dickson, Anne: *A Woman in Your Own Right – Assertiveness and You.* Quartet Books. London 1982.

Gordon, Thomas: *Managerkonferenz*. Rowohlt Taschenbuch Verlag. Reinbek 1982.

Höhn, Reinhard: *Die innere Kündigung im Unternehmen*. Verlag für Wissenschaft, Wirtschaft und Technik. Bad Harzburg 1986.

Kotter, John P.: *Überzeugen und Durchsetzen*. Campus Verlag. Frankfurt am Main 1987.

Kurtz, Irma: *Malespeak*. Jonathan Cape. London 1986.

Leeds, Dorothy: *Die Kunst der Kommunikation*. Orell Füssli Verlag. Wiesbaden 1988.

Loden, Marilyn: *Als Frau im Unternehmen führen. Feminine Leadership*. Freiburg im Breisgau 1988.

McCormack, Mark H.: *What They Don't Teach You at Havard*. John Boswell Associates Book. 1984.

Smith, Manuel J.: *When I say No, I Feel Guilty*. Bantam Books. London 1981.

Vangaard, Thorkil: *Angst. En psykoanalyse fra time til time*. H. Aschehoug & Co A/S. Oslo 1988.

**Über Mitwirkung**

Carlzon, Jan: *Riv pyramidene*. Gyldendal Norsk Forlag. Oslo 1985.

Höhn, Reinhard und Böhme, Gisela: *Die Verwirklichung der Führung im Mitarbeiterverhältnis in der Verwaltung*. Verlag für Wissenschaft, Wirtschaft und Technik. Bad Harzburg 1971.

Jenks, M. James und Kelly, John M.: *Don't do. Delegate!* Copyright Jenks and Kelly. 1985.

# Anhang

## Fragebogen für eine Untersuchung der Motivationsfaktoren im Betrieb

**ausgearbeitet von Gisela Hagemann, Incita Management**

**Einleitung**

Die Zielsetzung dieser Untersuchung besteht darin, herauszufinden, was die Mitarbeiter im Unternehmen xyz motiviert und was sie demotiviert. Genaue Kenntnisse hierüber sind eine Voraussetzung für ein maßgeschneidertes Projekt der Managementschulung und Personalentwicklung.

Die Beantwortung der Fragen sollte anonym erfolgen. Deshalb wäre es sinnvoll, die ausgefüllten Fragebogen zur Auswertung an eine neutrale Person, z. B. an einen externen Berater, zu geben. Hierfür können Sie sich auch an die Autorin wenden, die Sie über den Verlag erreichen können. Frau Hagemann steht Ihnen auch für sonstige Anfragen zur Verfügung.

| **1.** | **Ihre Arbeit** |
|---|---|
| | 1.1 (a) Wie wichtig ist es für Sie, sich bei Ihrer Arbeit fachlich weiterzuentwickeln?<br><br>−2 −1 0 +1 +2<br><br>Ich habe einen speziellen Bedarf an Training in folgenden Bereichen:<br><br>(b) Wie wichtig ist es für Sie, daß Ihre Arbeit Ihnen auch Möglichkeiten zur Persönlichkeitsentwicklung bietet |

| | |
|---|---|
| | (zum Beispiel: Training in zwischenmenschlicher Kommunikation und Lösung von Konflikten, Entspannungstechniken, Selbstmanagement usw.)?<br>−2 −1 0 +1 +2<br>Ich habe einen speziellen Bedarf an Training in folgenden Bereichen: |
| | 1.2 (a) Welche Möglichkeiten gibt Ihnen das Unternehmen zur fachlichen Weiterbildung?<br>−2 −1 0 +1 +2<br>(b) Welche Möglichkeiten gibt Ihnen das Unternehmen zur Persönlichkeitsentwicklung?<br>−2 −1 0 +1 +2 |
| | 1.3 Wie beurteilen Sie Ihr persönliches Wohlbefinden bei der Arbeit?<br>−2 −1 0 +1 +2 |
| **2.** | **Ziel und Strategie** |
| | 2.1 Beschreiben Sie mit Ihren eigenen Worten, was Ihrer Meinung nach die übergeordnete Zielsetzung des Unternehmens xyz ist. |
| | 2.2 Beschreiben Sie mit Ihren eigenen Worten, welche Strategie die Unternehmensleitung Ihrer Meinung nach verfolgt, um das Ziel zu erreichen. |
| **3.** | **Einstellungen zur Um- und Neuorganisation im Unternehmen** |
| | 3.1 Die Mitarbeiter stehen einer notwendigen Um- und Neuor- |

ganisation in einem Unternehmen erfahrungsgemäß oft skeptisch gegenüber.

(a) Haben Sie in dieser Beziehung auch bei uns negative Haltungen bemerkt?

ja nein weiß nicht

(b) Falls ja:

Welche?

Was ist Ihrer Meinung nach der Grund dafür?

3.2 Was kann Ihrer Meinung nach die Unternehmensleitung und/oder Ihr nächster Vorgesetzter tun, um die Mitarbeiter dazu zu motivieren, Veränderungen eher als Chance anstatt als Bedrohung zu begreifen?

3.3 Was können Sie selbst dazu beitragen?

**4. Arbeit in Projektgruppen**

4.1 Wie funktioniert Ihrer Meinung nach die Arbeit in Projektgruppen?

−2 −1 0 +1 +2

4.2 Haben Sie Verbesserungsvorschläge? Welche?

4.3 Hört sich Ihr Gruppenleiter/Vorgesetzter Ihre Meinung an?

−2 −1 0 +1 +2

4.4 Wie beurteilen Sie Ihre Möglichkeit, aktiv am Geschehen mitzuwirken?

−2 −1 0 +1 +2

4.5 Wie beurteilen Sie den Informationsfluß im Unternehmen?

- zuwenig Information
- zuviel überflüssige Information
- es bleibt dem Zufall überlassen, wer welche Information erhält
- es ist schwierig, den Verantwortlichen anzutreffen
- die Information erfolgt zum falschen Zeitpunkt:
  - zu früh
  - zu spät
- andere Probleme im Zusammenhang mit Information? Welche?

4.6 Wie beurteilen Sie die Qualität der fachlichen Besprechungen?

- sehr gut
- gut
- weniger gut
- schlecht vorbereitet
- schlecht geleitet
  - zu autoritär
  - zu wenig strukturiert
  - zu ausschweifend
  - andere Probleme?
- zu viele Besprechungen
- zuwenig Besprechungen
- zu lange Besprechungen
- zu kurze Besprechungen

4.7 Die Arbeitsmethoden und -techniken sind

- effektiv
- wenig effektiv
- motivierend
- langweilig
- abhängig von der Person des Leiters der Besprechung

| | |
|---|---|
| | – zufällig<br>– der Art des Projektes genau angepaßt<br>– andere Bemerkungen? |
| **5.** | **Verhältnis Vorgesetzter – Mitarbeiter** |
| | 5.1 Ist Ihr nächster Vorgesetzter ein guter Zuhörer?<br>−2 −1 0 +1 +2 |
| | 5.2 Begründet Ihr nächster Vorgesetzter, wenn er Ihrem Rat nicht folgt?<br>−2 −1 0 +1 +2 |
| | 5.3 Sind Sie als Mitarbeiter an der Entscheidungsfindung beteiligt?<br>−2 −1 0 +1 +2 |
| | 5.4 Werden die einzelnen Mitarbeiter unterschiedlich behandelt?<br>ja nein weiß nicht<br>Falls ja:<br>– Einige sind die Favoriten des Chefs, andere werden übersehen.<br>– Bei uns ist es von großem Vorteil, eine Frau zu sein.<br>– Bei uns ist es von großem Vorteil, ein Mann zu sein.<br>– Andere Bemerkungen? |
| | 5.5 Beurteilen Sie die Qualität der Mitarbeitergespräche<br>(a) Durchführung des Gesprächs<br>−2 −1 0 +1 +2<br>(b) Umsetzung der Pläne |

| | |
|---|---|
| | −2 −1 0 +1 +2<br>(c) Welche Erwartungen stellen Sie persönlich an ein Mitarbeitergespräch?<br>(d) Haben Sie konkrete Verbesserungsvorschläge? Welche? |
| | 5.6 Finden Sie, daß die Anforderungen, die an Sie gestellt werden, mit Ihren faktischen Möglichkeiten übereinstimmen?<br>– Ja.<br>– zu unklare Anforderungen. Ich weiß oft nicht, was von mir erwartet wird.<br>– zu große Anforderungen. Ich bin schon mehr als ausgelastet und ertrage nicht noch einen größeren Arbeitsdruck.<br>– zu geringe Anforderungen. Meine Arbeit gibt mir kaum eine Gelegenheit zur Selbstverwirklichung.<br>– Mal so, mal so. Ich kann keine klare Strategie meines Vorgesetzten erkennen.<br>– Andere Bemerkungen? |
| **6.** | **Kommunikation** |
| | 6.1 In welchem Grad fühlen sich Ihrer Meinung nach die Mitarbeiter im Unternehmen xyz sicher genug, um zu sagen, was sie wirklich denken, auch wenn es um kontroverse Dinge geht?<br>−2 −1 0 +1 +2 |
| | 6.2 Wie wichtig sind Lob und Anerkennung für Sie?<br>−2 −1 0 +1 +2 |
| | 6.3 Bekommen Sie in Ihrer täglichen Arbeit das positive Feedback, das Sie verdienen und erwarten?<br>−2 −1 0 +1 +2 |

| | |
|---|---|
| | 6.4 Wie wichtig ist es für Sie, konstruktive Kritik zu bekommen, von der Sie etwas lernen können?<br>−2 −1 0 +1 +2 |
| | 6.5 Bekommen Sie in Ihrer täglichen Arbeit konstruktive Kritik, wenn Sie etwas falsch gemacht haben?<br>−2 −1 0 +1 +2 |
| | 6.6 Schenkt Ihr nächster Vorgesetzter Ihrer Arbeit genug Aufmerksamkeit?<br>−2 −1 0 +1 +2 |
| | 6.7 Bekommen Sie Ihrer Meinung nach zuviel unspezifische und übertrieben negative Kritik, wenn etwas schiefläuft?<br>ja nein weiß nicht |
| | 6.8 Wie beurteilen Sie das Betriebsklima?<br>−2 −1 0 +1 +2 |
| | 6.9 Gibt es in Ihrem Unternehmen viele spitze Ellbogen, bösartigen Klatsch oder Intrigen?<br>ja nein ab und zu |
| **7.** | **Motivation** |
| | 7.1 Was motiviert Sie? |
| | 7.2 Was demotiviert Sie? |

| | |
|---|---|
| | 7.3 Was kann Ihr nächster Vorgesetzter dazu beitragen, daß Sie mehr Freude an der Arbeit bekommen? |
| | 7.4 Was können Sie selbst dazu beitragen, damit die Arbeit mehr Spaß macht? |
| **8.** | **Management- und Personalentwicklung im Unternehmen xyz** |
| | 8.1 Wie beurteilen Sie die innerbetrieblichen Maßnahmen zur<br>(a) Managementschulung<br>−2 −1 0 +1 +2<br>(b) Personalentwicklung<br>−2 −1 0 +1 +2 |
| | 8.2 Wäre es Ihrer Meinung nach wünschenswert, wenn Vorgesetzte und Mitarbeiter zusammen das gleiche Training durchgingen?<br>ja nein weiß nicht |
| | 8.4 Haben Sie Verbesserungsvorschläge in bezug auf die Management- und Personalentwicklung im Unternehmen xyz? Welche? |

# Stichwortverzeichnis

**S**



**T**



**U**